思想觀念的帶動者

文化現象的觀察者

本土經驗的整理者

生命故事的關懷者

心靈工坊 PsyGarden

Master

對於人類心理現象的描述與詮釋

有著源遠流長的古典主張，有著素簡華麗的現代議題

構築一座探究心靈活動的殿堂

我們在文字與閱讀中，找尋那奠基的源頭

道德的重量

What Really Matters

living a moral life amidst uncertainty and danger

不安年代中|的|希望與救贖

Arthur Kleinman
凱博文——著

劉嘉雯、魯宓——譯　余德慧——審閱

推薦文

凱博文教授是一位傑出的人類學取向的精神醫學家。他著作等身，曾編著專書將近三十種，發表學術論文超過兩百篇，影響深遠。

本書主要內容是報導與分析多位平凡人士的生命故事，從而獲知在現實生活的危險、迷惑、困頓及掙扎中，他們如何體悟人生的意義、存在的底蘊及為人的價值，進而經由艱辛的實踐過程，為自己創造一套有效體現真實道德的生活方式。兼具學術的與實用的價值，值得有關領域的專業人員細讀，也適合社會中眾多好學深思之士參閱。

閱讀本書之後，讀者應會獲得幾點心得：一、現實生活中確有危險性與不確定性的人事物，不免會引起焦慮與憂鬱的負面情緒；但也有很多安全而可靠的人事物，人們應從而積極建立個人的自信與自尊。二、只記取抽象的道德教條是不夠的，必須在具有危險性與不確定性的現實生活中，持續鍛鍊與檢驗自己的道德觀念與原則，建構一套在不利生活環境中仍能有效運作的實踐性眞實道德。三、人人都希望減少或避免自己生活中的危險性與不確定性，但將心比心，人也要努力去減少別人生活中的危險性與不確定性。

——楊國樞（前中研院院士、臺大心理學系退休教授）

本書作者凱博文教授，關懷著世事多變，個人往往無力招架現世的挑戰，他也體認在活生生世界的時代洪流中，個人隨時會面臨不同層面道德與價值之衝突，而陷入無法自拔的人生陷阱。《道德的重量》生動地刻劃出劇變的人類聚落中，具代表性的七個故事。故事的主角，包括作者凱博文教授本人，都是現實滾動社會巨輪下，耐力十足、努力用心生活的過來人。

凱博文教授和我相識了三十多年，對我而言，凱博文教授亦師亦友。他爲人敦厚、熱情、正直，是學問淵博之資深學者。他特以他深厚的學養與研究心得，深入淺出地闡述七位故事主角的人生經歷，直指當代人類在處處是窘境與不確定性的現實生活中，眞正地、實質地左右每個人人生方向（含精神不健康的行爲表現）的最主要動力，正是個人生活中的文化意義、社會經驗與個人的主觀性。當代人無法全然解決所有人生的種種難題，又必須以眞實道德的基點，來度過人生的種種挑戰，以順利開拓眞實人生美感的歷練時，就必要掌握這三個要素。

這本書，除了闡述凱博文教授的學說要旨外，更具醒世、脫俗的教化效果，是不可多得、值得精讀的好書。

——胡海國（台灣大學醫學院精神科教授、財團法人精神健康基金會董事長）

本書敘說什麼是「眞實」，以及在眞實中，如何自處與待人處事的故事。所謂「眞實」就是「有苦也有樂」、「常在變動中」、「不完美」、「不確定和危險」。它並非安逸與規律，常常是重要的價值觀和情感受到威脅或面臨喪失，甚至極度苦難的生命經驗。然而，這就是你我「眞實道德」的場所。故事中的主角，並不是改造世界的「典型英雄」，卻讓我們見證了一種生存方式——將生活中所面臨到的危險，轉變爲對個人和整個世界都更美好的事物。

作者自述本書呈現的故事，有異於哲學家所強調的深度道德反省，而接近於人類學者、社會歷史學者、傳記作者和心理治療師所經常提到的，在眞實中的思索與行爲方式。這種呈現，應該與作者從事三十年精神醫學和人類學的研究有關。因此，作者雖然承認人的自我與靈魂被簡化情緒的神經生物學，和由基因框架出的粗略人格固定住，然而，他更肯定道德和情感的潮流，具有改變自我的力量。這是本書值得推薦之處。另一個値得推薦之因，也是因爲作者是如此地實踐他的宣言，以至於將自己在人生中曾面臨的道德想像和責任，記錄在本書中一章。換言之，他和每個人一樣，也無法置身於社會變動和道德困境外，也有著關於道德經驗和努力求生存的故事。

——羅正心（東華大學族群關係與文化研究所副教授）

真理何在：在無常與危險中過一道德人生

人生目的何在？生命意義何在？人間眞理何在？這類「大哉問」的問題，正是本書所探討的主題。

處在生老病死、天災人禍的無常世界中，人如何面對困境？如何活下去？在人生列車即將抵達終站時，什麼才是眞正重要的事？

凱博文教授這本看似傳記文學式的小書，其實是他本人結合精神醫學、文化人類學、社會學、歷史學、宗教、藝術、心理學以及倫理學等，融會貫通、嘔心瀝血大作。

做為一位桃李滿天下，足跡遍全球的頂尖學者，同時也是悲天憫人、身體力行、吃苦若補的眞理追求者，凱博文透過本書八位主角的故事，加上現身說法的自傳，論述人生的終極關懷以及生命眞正重要的意義是什麼。他們的悲劇性傳奇遭遇，與道德重整的心路歷程，及其對人類社會芸芸衆生的寶貴啓示，在這位倫理哲學與心理治療大師的筆下，字字扣人心弦，句句敲入靈魂深處，令人感同身受、悲喜交集。在人生苦難深淵中，喜見救贖光明；在生命的盡頭，重享愛與希望。

對華人文化與精神健康領域鑽研甚深的凱博文教授這本書，乃集其博大精深專業學問與人生智慧而成的精華創作。其中隱約可見華人易經哲學與關係理論的影子，特別是其中一位主角嚴仲叔醫師的故事讀來令人感動之餘，別有一番戚戚滋味在心頭。

本書作者所提倡的倫理治療及對自我批判、關係轉化與道德重建的描述，其造詣之高深實已超越精神分析、或一般社會心理治療的境界。這實在是一本言簡意賅、深入淺出、用字精準、渾厚有力、內文交待完整，不用他人贅序或導讀的文學精品，可說是愈看愈發人深省的諾貝爾獎級經典之作。

——文榮光（慈惠醫院院長）

1977-1978，筆者與莊桂香女士一同擔任凱博文教授在台灣做有關「乩童」研究計畫的研究員。

1987-1988，筆者至哈佛進修醫學人類學期間凱博文是指導教授。

本土心理與文化療癒的道德轉向

一九八八年，凱博文教授在《談病說痛——人類的受苦經驗與痊癒之道》這本書的結尾中語重心長的提醒我們：「病痛和醫療更是太重要了，不能單獨留在醫療專業人員手中，特別是在擠壓我們人性的架構中，勾畫這些固有人類問題的醫療專業人員。長期病人的醫生之工作，難道不是：在受苦的經驗領域中與其患者及家屬守在一起。……在最壞的時刻，他也要在病痛經驗對患者和家屬所造成的意義上做等量的**道德參與**。」

將近二十年後的今天，凱博文教授延續對「道德議題」的關注，就人類的生活處境以及醫療專業工作者的**倫理性**，提出他深刻的見解。他說：「甚麼是道德的，這需要從在地的觀點去瞭解；而**在地的觀點**則需要倫理上的反覆檢視。……「**倫理**」指的是一套能夠適用於所有情況的道德準則，必須從經常變動和不確定的「**道德經驗**」中去理解，才能提供社會更適切的價值觀，也才能因應生活中的衝突和變動。」

凱博文教授的《道德的重量：不安年代中的希望與救贖》這本新作，正為當前台灣的社會臨床與精神醫學之「**本土心理與文化療癒**」的**道德轉向**，提供了一定的思維能量與無可迴避的切身性。簡單的說，「本土心理與文化療癒」的提法與實踐工作，必須放在**台灣心理學本土化運動**的歷史脈絡中才能見其端倪，也才能走出一條另類、寬廣的道路；而其重點應在於承認其基本理路與邏輯，與在地人們生活中的理路與邏輯的**共在性**，以及其間的隔閡，如此才能夠將焦點擺放在瞭解並建立一個消化轉化的機制，讓兩者的邏輯理路勾連起來。這樣的方向不是局限於「中西之別」的對立建構，而是轉向**創造性的轉化與整合**。

因此，「本土心理與文化療癒」的希望工程，必須在倫理照顧與心理療癒的各個施行領域，建立非計算性的倫理照顧模式，描述其原初現象與基本樣態，尋找其生成、發展與改變的模式。這項工程朝向建立「以care增補於cure」、「以生活關懷增補於專業治療」，以及「以照顧現象增補於機構診療」的倫理照顧與心理療癒領域，且以更寬廣、全景的視野，對助人／自助的照顧模式以華人本土社會的意涵來分析，無論其是宗教性、社會性、倫理性、哲學性，乃至終極性的關懷。

凱博文教授的這本書，正是以東西方社會各種生活底層之民眾的生命故事或社會苦痛（social suffering）爲素材，試圖以深層的對話與同理的瞭解做爲精神醫療與心理療癒的起點，並尋找具在地觀點的道德想像與社會責任的倫理化入口，以期奠定「真實道德」的存有論基礎。

《道德的重量：不安年代中的希望與救贖》，不是一本書。

它是一種態度，一種希望，也是一種力量。

好比愛情……

——余安邦（中央研究院民族學研究所副研究員）

這是一本引人入勝且饒富趣味的書，由一位出色的人類學家、精神科醫師和教授執筆，提供一種令人反覆思索的深度，卻不僅止於分析而已；至少對我而言，這本書最主要的價值來自於克萊曼博士所講述的故事，其中包括他的個案、朋友、以及一位不凡的歷史人物——這些複雜交錯的故事，勇於正視我們生命中所面臨到的不幸，並且重新定義了『啓發人心』這個早已被貶低的字眼。

——崔西・季德（Tracy Kidder，一九八二年普立茲文學獎得主，著有《愛無國界》〔*Mountains Beyond Mountains*〕、《學童紀事》〔*Among Schoolchildren*〕等書）

透過熱烈而深刻地文字書寫，亞瑟・克萊曼在本書中引領我們深入眞實與文化矯飾這兩個對比的世界裡，而這也是他花了大半輩子去探索的事情。我認爲作者所下的精闢注解『反英雄式的日常生活特質』，是十分難得一見、具有力量的文字描述。

——史景遷（Jonathan D. Spence，十六世紀以來的最有影響力的漢學家之一、耶魯大學中國近代史教授著作甚豐）

在這本令人眼睛爲之一亮的書裡，大師級的學者凱博文透過幾篇故事，開啓了個人經驗與宏觀脈絡之間互通的領域，例如戰爭或疾病，我們便在其中度過短暫的一生。相對於目前暢銷書排行榜上膚淺的自助書籍，本書嚴謹而謙卑的內容，提供了另一種不同的選擇。它同時也是一本具有教育意義、令人深受感動、並且超越世俗經驗的心靈書籍。

——法默醫師（Paul Farmer，長期在海地照護窮病患者，素有窮人的保護者之譽）

目錄

【序二】

八千里路，相會於心

國家衛生研究院精神醫學與藥物濫用研究組主任
林克明

初識亞瑟（凱博文教授的英文原名），已是三十多年前的往事。那年盛夏，旅美剛滿兩年，對這個試圖去認同、融入的國度，仍充滿好奇、迷惘。也還有許多懵懵懂懂、不得其門而入的疏離感。因爲對這身歷其境的社會文化有那麼多的能言說與不能言說的不解，從而對這世界的繽紛多彩，更增添了許多的憧憬。千里外的人們，思維舉止、言行好惡，是如此相似，又時常令人訝異得無可理解。而無盡的鄉思，帶來的卻往往是更深沉的迷惘。我對那滋養我的鄉土、文化，眞的有所瞭解嗎？作爲一個台灣人、一個華人，我的人生經驗與我當時的同事們，有什麼樣的不同？我的異鄉傳承，相對於我當時的處境，有多少是負擔，有多少是珍貴的資產？

亞瑟居然就在這重要的關鍵時刻出現！自從我一九七四年誤打誤撞，來到這好山好水、宛如仙境的西雅圖，就經常傳聞有這一號人物的到來，兩年間，他奔波於波士頓、南北加州、台灣……爲華盛頓大學精神科帶來「文化」的時程一延再延，我們幾位對「文化精神醫學」有興趣的青年學子，引頸盼望。一九七六年盛夏，亞瑟終於來了，帶來了琳瑯滿目、一整片櫥窗的書籍，數不清的檔案櫃與似乎總是耗不盡的精力。一下子，寧靜如鄉間小鎮的西雅圖就這麼熱鬧了起來。

期待了那麼久，與亞瑟的初次見面，卻是有點令人失望的。我的英語，或許是因爲緊張的關係，更加不流暢，而或許初到的忙亂，亞瑟也沒什麼耐心，給了我幾篇文章，要我看完了再去找他。坦白說，那時亞瑟的文章並不是那麼容易理解的，太多新穎的思緒，交纏堆疊在結構複雜的文句裡，每讀一次，往往有一層新的理解。幾個星期後，我終於自覺通過了這樣的「試煉」，開始覺得或有資格自認爲是他的及門弟子。

西雅圖那段日子，對我們來說，已是遙遠的往事。其後的二、三十年，我一直在加大，亞瑟則又回到他的母校哈佛，訓練了一批又一批的醫學人類學家、社會醫學家、關懷社區且植根於人文的精神科醫師。他的徒子徒孫們遍佈北美，並及於全世界。他的「新」文化精神醫學，已成爲當代顯學。從美國國家衛生研究院（NIH），到美國精神醫學會、美國醫學研究所（Institute of Medicine），乃至國際衛生組織（WHO），他從

「荒野的聲音」逐漸成爲醫學的主流，進而影響許多國家衛生政策的制定與執行。他的博學與通達、他的專注與執著，乃至他處理人事的能力，促使美國的精神醫學更爲人性化，也更具國際觀（這裡的國際觀，指的是現代社會的專業人員對尚待開發地區及當地少數族群人民生活，健康及醫療應有的關懷與瞭解）。一轉眼已是二〇〇七，我本來就不多的頭髮所剩無幾，亞瑟則久已無需以鬍鬚來增添他的威儀。而這是何等珍貴的三十年啊！

亞瑟的性格中，最引人注目的，應該是他的剛猛進取，那有時表現爲急躁、不耐煩（這也難怪，他比大多數人聰明太多了，叫人總是跟不太上）。在公共的場合，也常看到他因爲意見不同，而爭得臉紅脖子粗（的確是如此，更嚴重時則呼吸急促、渾身發抖，因爲這已不只是「情緒」的反應，他應該是整個人——身與心——都投入進去的）。但也因爲這剛猛進取、認眞執著，精神醫學界與醫學人類學界許多的創新得以推動、許多偏執的見解有機會得到修正與深化。他付出一生中大半的精力，去瞭解人生中無時不在的病痛、苦難、限制，即使他那剛猛精進的本性卻不見得容許他接受太多的限制。由於他對華人文化長期的興趣，在八〇年代，大陸對國際學術交流剛開放，一切條件機會都不具備時，他幾乎就是第一個衝進去的。攜家帶眷，在沒有空調沒有冰箱，夏天如火爐、冬天如冰窖的內地省份，一住經年。書寫成了，人進了醫院，差點把命也給賠上。

書《道德的重量》裡。的確，作爲猶太後裔，不管他們的家族去美多少代，不管他們對猶太文化有多少認同或理解，他們依然背負著先祖們數千年漂泊流徙的烙印。加以亞瑟又生於全球經濟大蕭條的後期，二次大戰的前夕，原本富裕的家庭，歷經變故，生父一生未曾謀面，身世（至少就父系一面來說）一直都是個謎，有這樣的成長背景，也難怪他會時時有難以歸屬的流離之苦。

然而在某一個層次，不管我們喜歡不喜歡，承不承認，我們不也都是邊緣人？我們不也都不時有種種失落的感覺？我們不也都時時在尋找我們的方向、我們的定位？我們不也常常在自問，我到底是誰？唯其我們至少時或有這樣的能力，來自問、自省或甚至自嘲，我們才比較不會輕易去接受那些簡化的、制式的答案，不會人云亦云，跟著起鬨；也比較不容易輕易成爲希特勒、史達林或毛澤東（或是麥當勞或瑪丹娜）的信徒及犧牲品。心靈的自由，是創意與發展的基礎，但是自由不是沒有代價的。而某一程度的疏離感，邊緣人的感覺，也許就是免不了的代價。

在這不停尋找方向也尋找自我的過程中，在有如希臘神話裡推著石頭的薛西弗斯，辛苦前行的過程中，能感覺到有人走在我們前面，走在我們身旁，陪伴著我們一步一步地往前走，不就是人生最美妙的一回事！

【序二】

以身作則的道德實踐家

和信治癌中心醫院醫學教育講座教授、神經學主治醫師
賴其萬

當心靈工坊邀我為哈佛大學醫學人類學及精神醫學的凱博文教授二〇〇六年出版的新書《道德的重量》一書作序時，我因為對他心儀已久，就毫不猶疑地答應下來。看完書，深覺能夠推介這本書給國人是一件非常有意義的事。

凱博文教授在第一章的序言裡，開宗明義就道出這本書的目地，是寫出幾位平常人在平常日子以及後來經歷到不尋常時刻時，他們的道德經驗（moral experience）以及他們如何應付人生的危險與不確定的考驗。他說人們常認為危險和不確定是人生旅途中不正常的變卦，但他卻希望讀者能透過書中幾位主角的眞實故事，領悟到危險和不確定是人生不可避免的一段經驗，而因為有這些插曲，才知道自己眞正關心的是什麼，而使人生變得更有意義。

的一封短簡，使他能夠堅持下去唸完醫學院。在同一章的後半段他描述唸完第一年的醫學院，利用暑假到以色列從事猶太人尋根之旅所碰到的一位長者，這人負責招募世界各地的優秀猶太青年，回到以色列參加農園經濟的重建。作者說，他雖然很清楚地告訴這位招募者，他對國家的認同是傾向於自認爲猶太裔的美國人，而非以色列國民，但他因爲這位長者的開導，而瞭解猶太人的「傳承」、「責任」，而很有感慨地說：「我曾經姑息刻意的無知與否認，但現在我不會忘記，我不再是以前那個人了，我能聽見受害者的哭嚎。」這兩個人，一個是非猶太裔的紐約下階層勞工，一個是爲了猶太人建國美夢而毅然放棄美國優裕生活的農經學者，帶給了他不同的道德經驗，而影響到他日後教導後進的胸襟。

就認識凱博文教授而言，我可以說是後知後覺。雖然凱博文教授曾經到台大醫院精神科，也在台灣住過一段時間，許多精神醫學、社會學、人類學的學者們都和他很熟，但他的造訪都是在我離開台大神經精神科、出國專攻神經內科以後，所以我到目前爲止，一直沒有機會見到他。而說也慚愧，我雖然喜歡看書，仍與凱博文教授不太有緣份，我一直到一九九八年快回國前，才接觸到凱博文教授的作品。我在哈佛大學研究所唸書的甥女，因爲知道我對癲癇這種神經科疾病的興趣，而介紹給我一本好書《麗亞的故事》（*The spirit catches you and you fall down*）。這是一本介紹苗族家庭與美國醫生由於截然不同的文化社會背景，而對癲癇產生很難令對方瞭解的認知差異，因而導致醫療上的悲劇結果。作者安・法第曼（Anne Fadiman）在書中用了整整一章，引述凱博文教授的主張：當醫療團隊與病人和家屬分屬不同文化背景時，需要考慮到「八個問題」，努力瞭解彼此對疾病、病因、預後與治療的看法，就是這段醫學人類學的經典論述使我茅塞頓開。接著我有幸讀到凱博文教授的成名作《談病說痛》（*The Illness Narratives: suffering, healing and the human condition*），使我更深入地瞭解醫者所關心的疾病（dis-ease）與病人和家屬所感受到的病痛（illness）有非常大的不同，也因此使我領悟到如果要消除社會對疾病的誤解、偏見與歧視，我們必須要讓大眾及醫療團隊有機會聆聽病人與家屬對病痛的感受，才能激發大家的同理心。

我雖然尚未有機會認識凱博文教授，而且又那麼晚才接觸到他的作品，但我希望能竭誠推薦這部好書給愛看書的朋友，藉著這緣份，幫忙他們由「不知不覺」晉升為像我一樣的「後知後覺」，而對人生有更上一層樓的認識。

【序三】

從眞實道德看見「終極關懷」

慈濟大學宗教與文化研究所教授
余德慧

凱博文教授的新書《道德的重量》涉及了後現代不確定年代裡的眞實道德處境，個人如何從眞實的困境發展出自身的生命風格。所謂「眞實道德」完全迥異於傳統教條式的道德，「眞實道德」深植於生活的根源之處，搖擺於人的不定遭逢裡頭，無法事先被訂出規範，也無法提綱挈領地以明確的道德準繩來衡量；相反的，每個眞實道德主體都只能從自身的處境裡逐步地發展自身的主觀過程，自行發現自己與眞理的關係，人生裡不斷發生的事故、機緣、變化與外在的衝擊，都無法以原則性的概念加以通約，裡頭也沒有首尾一貫的邏輯，所有的變故都意味著轉化的力量，所有的轉化都朝向個體化的風格塑形，而在這過程裡，有些「眞正事關緊要的東西」就會發生，而到底何者是生命最緊要的？這個問題沒有普遍的答案，只能循著個體的生命獨特機緣、命運去發現。

凱博文教授說了七個生命故事（包括他自己的），每個生命故事都有其獨特的眞實道德處境，有殺敵的英勇軍人科恩，他對自己殺害日本軍醫的殘忍感到無可忍受的自責，那種「說眞話」的主觀化過程其實就是眞實道德的緊要之處：有一股緊張的力量眞實作用著，不必奢談道德價值，不必把公共道德當作規範，而是一種眞實的挫敗，也不能以簡單的精神疾病的稱呼將之病理化，所有的憂鬱、驚悸、創傷都是眞實道德引出的處境倫理。這個觀點與目前主流的精神醫學相違背，卻含有深刻的眞知灼見。精神醫學對倫理道德的病理化始之於二戰之後，五十年代的精神醫學還帶著精神分析的人文氣息，那時的重要精神分析者如荷妮、柯赫、溫尼克、佛洛姆、阿德勒、蘇利文等有著濃厚的人文氣息，他們談論社會興趣、道德、愛情、倫理、謊言、惡行，但是病理化的論述卻已經悄悄地進行，例如蘇利文的人際關係理論已逐漸跨入病理論述，而在爾後四十年的發展，生物醫學逐漸佔領精神醫學，現代精神醫學就接收了生活人文，以病理論述覆蓋所有生活領域，這就是爲什麼自殺者被蓋上憂鬱症、好賭者被蓋上不自主強迫症、偷竊成爲怪癖症，這種病理覆蓋的現象一方面作爲內心除罪化的消解個人承擔，也說明科技時代的系統效應，科技包山包海的將經濟、政治、健康、幸福、快樂、飲食、休閒捲入它的系統，而人文的異化也隨著發展。

最簡單的例子是療癒的概念。療癒與俗世的治療完全是兩回事，療癒自古以來就涉及超越界，無論宗教、倫理、道德、哲學或所謂的「明道」，都屬於療癒領域的超越行動，但是直至今日，最不瞭解療癒的大概就是精神醫學，在精神醫學的脈絡裡，這行業的人無法瞭解療癒者的他者人格、療癒的超越行動（信仰）對療癒者多麼重要，甚至將之與治療混爲一談，依舊以「功能論」來論斷療癒。療癒的超越就在「成爲自己的不是」（becoming whom I am not），這與非超越的俗世心理學的自我追求背道而馳，療癒超越的行動拒絕自我認同（ego-identification），甚至發展各種「消解認同」的修練技術，也就是發展無爲、無我的修道領域。當然，療癒的發生有其必要的深刻理由，尤其涉及人在世界沈浮多年之後，在眞實道德的折磨，而發現俗世心理學的改善技術於事無補，就如末期病人也承認藥石罔效之後，產生的必要行動。這無涉領域的偏見，也無關乎對俗世的批判，而僅僅是人類的智慧傳統對自己生命的終極解脫的緊要性。然而，病理化畢竟把過去曾經浮濫的泛道德化縮小範圍，但也連帶把眞實道德的困境將以埋葬，使得一般人無法看見自殺、自責、完善主義背後的罪惡感的生活源頭，反而透過精神醫學病理化論述的掩蓋，眞實處境消失了，所有的問題「都是精神醫療的問題」。

凱博文教授是一個資深的精神醫學教授，也是重要的醫學人類學開創人物，深諳人文臨床的領域，他雖然以精神醫師的立場爲病人做精神診療，但他並未被現代精神醫學對道德處境的病理化所惑，他也深諳「療癒」的概念。早在七十年代，他就以台灣乩童的療癒過程作了非常詳盡的研究，當年與他相熟的學者幾乎都跨文化與精神醫學兩個領域，如林憲、葉英堃、李亦園等諸先進，也正式出版多本以台灣乩童療癒爲基本素材的書籍，論及涵化與療癒之間的關係。不過當時他還只是從文化意義將精神醫學的知識生產導向人文化，並沒有如本書的智慧與成熟，很清楚地將眞實道德以及原初倫理（接近法哲列維納斯的思路）呈現出來，彷彿讓現代精神醫學所埋藏的古老精神再度出土，讓我們直接面對倫理的困境，以便消除科學理性所帶來的理性幻念。這是後現代對生活方式的直覺所產生的對治之道。

凱博文教授在最後提到W.H.R.黎佛斯，就是透過黎佛斯的病人，詩人齊格菲・薩松的「病人之眼」，「他的力量並不在於他所說或寫的……而是在於他本人，」黎佛斯不願意將戰場的精神官能症汙名化，來自於他對人類心靈的根源的終極領悟：「只有當生命遭受到威脅的時候，為了生存所做出的直覺反應，這也是人在大戰中無法面對、在臨床上屢見不鮮的情況。」而這些直覺正是牽扯在國家價值、忠貞、勇敢、家庭名譽、男性尊嚴等所有眞實道德失調的衝突點上，反而是做爲病人的薩松自己提出「和平主義」的觀點，有效地自我解除了自己的蒙羞，而黎佛斯也發現自己作爲「治療軍官」的社會體制的自限性，而放手讓病人自行解放，更重要的是，黎佛斯能夠掌握到病人的直覺智慧，而稱之爲「自識能力」，這種自識超越狹隘的精神病理，直接將廣泛的社會與政治都串連起來理解，一種超乎理性主義的高度綜合，凱博文教授爲他下了一個註腳：「他從造就了他與他事業的文化價值中脫身而出。黎佛斯的生活說明了，我們必須先覺察到既有的正常道德標準也可能有危險，然後打造一個更具包容性的生活空間，讓所有人能夠建造他們自己的道德事業，能夠從中選擇建立不同的道德規範及正常生活，如此我們才能以更賦予個人主體性的方式，將情感與價值觀結合在一起。」

從另一個角度來看凱博文教授，他的一生志業很自然地關注社會受苦經驗，精神醫學只是他對這受苦經驗的探測器，他與黎佛斯一樣，曾經轉變爲人類學者，而終至爲人文的關懷者，在凱博文教授身旁的同事或學生，多少都燻聞著凱教授對社會受苦經驗的深度關切，唯其關切之切，他才能夠「花數十年的時間才讓自己擺脫專業解釋的自我保護」，眞正聆聽病人眞實的生存反應。對現代所謂「專業者」來說，專業知識一方面是理性知識的洞識，另一方面也是生活智慧的閉塞來源，專業者的成長，一方面強化專業知識，另一方面也要消解專業的閉塞，就如新陳代謝，有進有出，有吸收也有消解，既建構也解構，但是，智者多少知道曾經有個源頭，那是尚未成爲知識的眞實處境，裡頭有各種無法被理性整頓的混亂與無法被語言所調製的秩序，那是非知識之地，卻是知識的源頭，各種知識不過是被裁剪的成品，而那源頭，如人類的受苦處境，卻不斷地如紅塵滾滾的塵埃，總是漫天漫地構成人類永存的背景，跟隨著任何時代的人類。這不僅是醫療人類學等專業範疇的源頭，也是終極關懷的主題。

凱博文教授與台灣文化的關係接近一個甲子，本書的出版，一方面是讓華人明白一個傑出的醫療人類學者的世紀箴言，一方面也紀念凱博文教授對台灣受苦社會的關注，謹爲之序。

【序四】

一位人類學家的道德使命

慈濟大學人類學教授、人文社會學院院長
許木柱

這是一本談論道德的書，但是它的目的不在倡議所謂的「生活道德」，而是在彰顯「道德勇氣」或是「具有道德感的生命」。一反多數人尋求幸福與快樂的傾向，它將生命中的危險和不確定視爲人類生命的常態。在遭逢逆境或失敗時，一般人採取的反應是退化、退縮、妥協或自我貶抑，但是有些人在適應挫敗的過程中，卻能將負向情緒轉化爲正向的投入，甚至堅持一貫的良善理念。套用第三章最後一節的標題，本書的宗旨可以說是在探索：「美好善念，從何而來？」

本書所舉的例子都是在極爲偏遠或危險的地區，進行實際救援工作或田野研究的案例，其中最讓我動容的是第六章的女主角莎莉・威廉斯的遭遇，這是關於住在紐約一位年過半百的藝術家，在與丈夫分居後的二年間，因爲吸毒而感染愛滋病的故事。在面對這嚴重的世紀疾病時，多數人都採取退縮、隱瞞，少數人甚至採取「感染別人」的報復心態。但是莎莉卻勇敢堅毅的面對她的不幸，不僅坦然告訴親人與朋友，而且將她畫廊的大部分收入捐給國際愛滋病防治計畫，並到愛滋病問題比較嚴重的烏干達、南非、泰國、巴西等國，去探視當地的防治狀況，也參加國際性的大會與防治運動。在經驗分享與自我批判的一篇短文中，莎莉相信：「我們會成為什麼樣的人，要看我們如何面對世界真正的危險。」

另一個案例與學術道德有關。第八章描寫著名的心理人類學家黎佛斯的故事。黎氏在二十世紀初曾經接受英國人類學會的委託，到澳洲和新幾內亞間的托勒斯海峽進行跨文化比較研究。但本章討論的重點是黎氏於第一次大戰期間，無懼於當時一般精神科醫師對參戰的英國士兵罹患戰爭症候群的否認態度，堅決認爲這些現象並非逃避戰爭的「懦弱藉口」，而是可以理解的身心反應，在象牙塔過著安逸生活的醫生或學者，如果只用當代的「道德」眼光看待這些現象，將會失之偏頗。黎氏的堅持在強調批判與省思的學術圈其實是一種常態，但在戰爭期間，學術界也無可避免的陷入愛國主義的狂熱，士兵被期待英勇面對「敵人」。違反了當代的「道德觀點」，通常會被視爲異端，各種型態的批判或揭弊，就會接踵而至。當時的英國雖然沒有台灣這麼嚴重的「戴帽子」文化，但是說出「戰場的情境與象牙塔的想像有很大的距離」這個可能的事實，在愛國主義者的眼中，顯然不符合當時的道德預期。黎氏在強大的道德壓力下，能夠勇敢說出他的看法，其實需要具備相當程度的「道德勇氣」。

作者凱博文是極為知名的精神科醫師兼人類學家，曾經擔任哈佛大學人類學系系主任多年，直至五年前才卸任。他一向直言不諱，並因此而導致哈佛大學校長於二〇〇六年下台。當時的哈佛大學校長桑德斯是一位年輕氣盛而才華橫溢的經濟學家，二〇〇五年在一個非正式的場合中，不經意的告訴在場的人士，他根據一些「科學研究」的結果，發現男女兩性在邏輯思考能力上確實有顯著差異。這種論點在強調兩性平等的美國，特別是在學術界具有指標意義的哈佛，當然引起軒然大波。在普遍的失望感中，凱博文第一個發難，高分貝批評校長的不當言論與思維，並率先在文理學院推動教職員對校長的「不信任投票」，結果以超過半數的三百多票，建議校長下台。哈佛大學董事會雖然沒有立即將他撤換，但沒多久後，桑德斯就因為另一些領導風格的爭議而請辭，哈佛大學隨後在今年（二〇〇七）二月，產生有史以來的第一位女校長（歷史學系的Drew Faust教授）。哈佛大學校長一向具有非常崇高的聲望與威權，能夠勇於向當權者說不，其實需要相當程度的道德勇氣。

凱博文在醫學人類學界和台灣與中國研究上享有極高的聲望，他在二十多年前將台灣的醫療體系區分為專業、民俗和普遍等三種體系，至今仍被廣泛引用。他和台灣的淵源可以溯至一九七〇年代，在台北進行關於「乩童」的醫學人類學研究，並於一九七五年在中央研究院民族所集刊第三十九期（現已更名為《台灣人類學刊》）發表一篇文章，探討精神醫學和人類學間的關係；後來並進行一連串研究，探討中國人心理狀態的「身體化」（somatization）現象。除了實際現象的探討外，他在研究方法的觀點也引起相當注意，特別是他強調被研究者主觀經驗的「解釋模型」（explanatory model，簡稱EM），反映了一九七〇年代以後，在社會科學界逐漸抬頭的質性研究的人本取向，這種深刻的人文觀照明顯反映在他利用「述說分析」（discours analysis）而發表的許多著作，其中最為知名的是一九八八年出版的《談病說痛》。

本書是採取述說分析方法中的一本，書中某些詳細的描述或許會讓讀者感覺過於冗長，但如果從前面所說的幾個觀點，例如文化主位的解釋模型、述說分析，我們或許會比較容易（或願意）深入男女主角（以及作者）的心靈深處，去感受他／她們無以倫比的道德勇氣。作者將這種道德界定為一種「價值觀」，從人類學家一貫強調的「文化相對觀」，這樣的定義表面上和一種「生活方式」似乎沒有兩樣，但我們環顧周遭，在台

【序五】

先行者與領路人

加拿大多倫多大學人類學系助理教授
宋玟靜

本書作者亞瑟是連結醫學與人類學兩個看似不相關的學科，使之得以對話的先行者之一。同時，他對教育的熱誠，持續帶領無數醫生、公衛學家、心理學家、人類學家進入醫學人類學的領域。不斷開展新的研究課題，豐富學科的內容，甚至啓發學生應用醫學人類學從事全球性的疾病防治。

在數十年的學術生涯中，亞瑟先後從不同的角度去連結社會科學與醫學，不變的是亞瑟對受苦經驗的關懷，始終如一。亞瑟主張，個人所承受的病痛以及苦難，根本而言都是社會性的（social suffering）。爲什麼呢？其一，誠如亞瑟在其早期成名作《文化脈胳下的病患與療者》（*Patients and Healers in the Context of Culture*）中所揭示，所有的醫療體系（不論是家庭、民俗、中醫、西醫等各專業）實際上都是社會所建構的文化系統，不只病人在這些多重的醫療文化中理解自身疾病的意義，經驗疾病所帶來的生理不適或隨之而來的社會歧視，包括治療者也在其所屬的醫療文化中推斷疾病的發生，進而試圖找出可行的療法。其二，受苦經驗是社會性的，因爲有時大環境的動盪不安便是造成個人病痛的主要原因，如八〇年代早期，亞瑟在中國大陸觀察到文化大革命對個人健康造成的影響。七〇年代末期，毛澤東過世，四人幫下台，文化大革命正式宣告結束。

之後，在新的政治氛圍中，中國逐步對世界重新開放，外國學者得以獲准到中國探訪社會的改變，亞瑟也是其中之一。他在湖南湘雅醫學院的診療室看到很多病人抱怨有神經衰弱的症狀，包括頭痛、暈眩、耳鳴、疼痛、胸悶、喘不過氣來。與病人深入談話之後，他發現這些人的生理不適與在文革中經歷的苦痛相關。雖然文化大革命作爲一歷史事件已經結束，但對親身經歷過的人們，文革對親情、社會道德、個人學業、工作、自我形象所造成的巨大撕裂，在多年之後仍然迴盪不已。在眞實生活中，這些社會事件，不是過去式，而是現在進行式。文革在他們的心靈中烙印，也在他們的身體上烙印。記憶的形式，除了是心理的，也是生理的。其三，從存有的層面而言，因爲自我與他者的不可分離，世界從來就不是單靠自我所能完成，因此個人的受苦經驗本質上就是社會性的。

本書所呈現的七個生命故事，便是亞瑟從「自我與他者的不可分離」這個觀點，來凝視人生的根本處境。這本書是為大衆而寫的。在書裡，亞瑟褪去學術語言，用動人的眞實故事直指生活處境的核心。書中人物，多是亞瑟深交的朋友或熟識的病患，他們的共同之處就是平凡。他們不是名留青史的英雄，除家人朋友等少數的人，他們是否存在過對這個世界毫無差別，但是，他們與他者的緊密關係不能被輕易否認。他們的生命行經到某處，或因疾病，或因社會失序、戰亂頻生：自我與他者的關係陷入根本性的緊張關係：自我否定、困惑、失落、羞愧、忿恨、不確定感，一波一波地相繼襲來。其間，看似平淡的人生實際上卻是驚濤駭浪。而這樣的混亂不安，其實是每人一生中都不能避免的。同時，當人遭逢這樣的危機時，往往沒有既定的做法或答案可以依賴，他必得探索對自己而言什麼才是至關緊要的，而在做出此價值判斷的同時，他成就了新的自我，也開啓了與他人的新關係。這種人性的掙扎與蛻變是《道德的重量》最動人心弦之處。如同書封林布蘭畫作「浪子回頭」，年邁的父親彎身低頭擁抱著歸來的浪子，而背對著我們的浪子平靜地依靠著父親。亞瑟的故事，描畫的便是這些人與人相遇的動人時刻。對亞瑟而言，書中人雖是非聖非賢的平凡人，卻可堪為道德典範。因為他們試圖在令人絕望的處境（demoralized situations）中肯定他人和自己的緊密關係，重新發現自己與世界的關連，尋求人生的意義（remoralize）。

在本書的最後兩章中，亞瑟也揭露他一貫的學術關懷——對受苦經驗的關注是從何而來。在亞瑟的自傳章節中，我們看到他自己如同其筆下的人物，也經歷過無數的道德困境。最後一章講述黎佛斯的故事。和亞瑟一樣，他是醫生也是人類學家，更重要的是，黎佛斯是亞瑟矢志繼承的學術先行者，激勵著亞瑟開啓醫學與社會科學的對話。

在閱讀這些章節時，我不時想到在哈佛大學受教於亞瑟時，亞瑟對我及其他學生的教導。我與亞瑟的初次邂逅是在美國西岸一個大學圖書館裡。那時我剛負笈美國改念人類學不久。對人類學是什麼還懵懵懂懂，未來要做什麼更是不甚清楚，課餘時間在圖書館裡找書看，試著找尋答案。有一次，我看到一本書《*Illness Narratives*》（即《談病說痛》原文書），隨手翻開後，一頁一頁地讀，竟欲罷不能——作者就是亞瑟。回家上網查找了資料，發現他是哈佛大學人類學系的教授。那時非常憨傻天眞，看著電腦上他的照片，想著原來他已有把年紀，說不定要退休了，得趕緊申請才能當他的學生。直到幸運進入哈佛後，聽同學說起，才知道亞瑟在醫學人類學的深遠影響。

初見亞瑟，不太能跟他寫的書聯想。原本想像是個笑容可掬、和藹可親的教授。不料亞瑟行事坦率直接，非常有威嚴，笑容不多，話不多，但每句話都一針見血，顯示他對事跟對人的敏銳觀察力。在學術上，亞瑟對自己、對學生，跟對其他醫學人類學家的研究，一律是高標準要求。除了在作品裡不斷反省自己過去的觀點，在學術研討會上，他犀利的提問有時讓學者難以招架。系裡的教授對待學生的方式各有特色：有的下了課之後，把學生當朋友一樣相處，邀請學生到府作客且做飯請學生吃更是常事，出外旅行時，請學生免費到家裡住，好幫忙看房子餵貓。亞瑟對學生的付出則是另一種方式。在系上的走廊偶爾遇到了，他挑挑眉當作打招呼，就走開了。他不跟學生閒聊，你以爲他對學生很冷漠，其實不是。在哈佛的教職員中，亞瑟對學生的忠誠是出名的。對他而言，重要的不是要讓學生如沐春風，或是讓學生喜歡他，重要的是如何指導學生作研究，如何讓學生成長。週末假期，他每天早上八點鐘進辦公室，讀書、批改學生的文章、處理系務、跟學生面對面討論他們的研究。儘管非常忙碌，他總是把指導學生的研究當成最優先的事。如果學生交報告給他，一、兩天之內，就會在信箱裡收到他批改過的報告。這是其他哈佛教授很少做到的。亞瑟的書架上，還有一面專門放他指導過的學生畢業論文，他以學生的成就爲自己的成就而由衷開心。

亞瑟甚少用言語直接對學生表達他的關懷，他對學生的付出多在他的行動中體現。他雖不跟學生閒聊，但對學生的觀察非常精準，因應不同個性，用不同的方式幫助他們面對生活中的困境。有回，一位同學在學期中遭遇母喪，寫信告訴亞瑟及其他教授要請假回家奔喪。這位學生銷假回校後，亞瑟立刻請她到他辦公室，好瞭解她回家後的情況。後來，亞瑟甚至在課堂討論到受苦經驗時，直接點名要這位學生跟其他同學分享她對喪失至親的感受。這位同學後來告訴我，如果用一般美國人尊重隱私的觀點來看，可能會覺得亞瑟的做法太不近人情。但對她而言，這可能是幫助她的最好方式。她非常感激亞瑟的關心。同時，對另一位學生，亞瑟雖感受到她被生活中的種種變動所牽絆，卻從不開口問，不是不關心，而是他看出對這學生而言，最好的療癒方式不是讓她開口說，而是裝作不知道。透過不聞問的方式，亞瑟期盼她能學習如何忘卻生活的煩憂而專注研究。

大學教育對亞瑟而言是起自教室裡的寧靜革命。每年亞瑟都在大學部開授醫學人類學導論，他非常看重這門課，因爲修課的學生多是打算日後申請醫學院的理科生。對亞瑟而言，改變醫療體制，讓病人有更好的醫生，讓醫生能對自己的社會角色有更多的反思，就是從教室裡做起。面對這群未來的醫生，亞瑟一方面引介醫學人類學的主要研究，深入淺出地引導學生思考醫學與文化的各種議題，另一方面，亞瑟要學生交報告分析自己生病的經驗，讓學生試著從社會文化的角度討論他人的疾病經驗，最後一個報告則是讓學生自由選題檢驗現行醫療體制或醫學知識的問題。透過這些循序漸進的作業佈置，亞瑟導引學生對自身及他人疾病經驗的觀察，分析醫療體制的問題，並逐步發展自己的觀點。

在公共事務中，亞瑟的行動力及大膽直言來自他對社群的道德責任。二〇〇五年，當哈佛校園爲當時的校長行事風格而掀起風暴時，身爲人類學系系主任的亞瑟，在一次校務會議中，率先當著校長的面前，質疑他的領導對學校造成的傷害。有了亞瑟開頭之後，其他教授也一一附和。教授跟校長之間的衝突，過去在哈佛或其他美國大學都是少見的。這件事隔天就上了紐約時報。上報當天，亞瑟上課或跟研究生討論時完全不提。我想對他而言，這不是什麼值得誇口的事，他只不過是做了件他覺得應該做的事。

十年前因翻開亞瑟的《談病說痛》而改變了我的人生。十年後，我有幸爲亞瑟的新書《道德的重量》寫序……眞是一件奇妙的事。雖然勉力爲之，仍然覺得這篇文章不過像個小水滴，只能反應出亞瑟其人其思想的一面，他思想的深度與廣度，仍要靠讀者細細品味。

【導讀】

發展跨地域性的眞實道德

台灣大學心理學系教授
吳英璋

本書作者凱博文是位精神科醫師，於哈佛修習文化人類學博士學位時，來台灣進行田野研究工作，收集人們如何發現自己生病了，又如何進行處置。他認爲對每個人來說，「病」的意義必須在其身處的文化脈絡以及個人成長經驗脈絡中，方能有較眞實的瞭解。二、三十年前，他即經常質疑精神醫學對精神疾病的分類與解釋方式，認爲應該回到文化脈絡與個人的情緒與道德經驗中，更眞切的瞭解「症狀」的意義。他的這本著作，則更進一步探討每個人面對生命中的困厄所表現出來的行爲之背後的決定力量，他稱之爲「眞實道德」，並且嘗試區辨個人的「眞實道德」與一般社會中「共通的道德」兩者間的差別與關係。藉由這項努力，他試著主張：「人們在面對危險和不確定的環境時，可以建立某種超越地域性（團體）的眞實道德。」所以這是一本有趣又引人深省的著作。作者以精神醫學執業者以及文化人類學研究者的雙重專業背景，將學術論著的理念架構隱藏在故事的背後，試著叙說人生的眞象與最理想的發展終極目標，期望說服衆生面對且認淸生命本質上的無常與苦，朝向「眞實道德」精進。他的理念架構似可以分析如下：

第一章交待了經由作者觀察人生現象所得的初步資料與引述自文獻的資料，兩者交互推論所形成的研究主題：

前提：「危險和不確定是人生中無法逃避的面向；危險和不確定（可以）讓人生變得更有意義。」【註1】

問題：「人們在面對（危險和不確定的）環境時，如何試圖實踐「眞實道德（有意義）」的生活？」

他首先著手定義兩種道德：「道德（人們共通的道德經驗），不等同於倫理上的善，人們共通的道德經驗無法用好或壞來形容，……有時可能並不符合人性……（如：壓迫少數族群……大屠殺或是種族奴役）……像這樣的共通的道德經驗……從外部（受害者的觀點）看來是錯誤的，但對於內部的共同參與者來說，卻完全不同。」

「眞實道德是具體化自己所信奉的道德標準。意我們想像一種可以引導生活朝向正確方向的方式，這種『方式』可以讓我們感受到對他人的責任，可以回應那些令人困擾的事或身陷的麻煩，讓自己覺得做了些好事。……身處不同情境的他人也都同意這些行為（方式）是道德的。……真實道德與倫理概念之間有密切的關係。……」

經由這項定義，上述之問題可以延伸如下：

延伸問題（1）：「人們在面對（危險和不確定的）環境時，如何試圖實踐『眞實道德』的生活？」

延伸問題（2）：「期望能建立某種超越地域性（團體）、並能引導我們生活的價值觀（眞實道德）。」

接著，作者指出：「目前（美國）文化的發展，以科技可以克服各種問題以及危險管理兩項迷思，矇騙大眾老是以為我們能掌握自我和這個世界，使得我們幾乎生活在一個完全看不到、聽不到既存事實（生活存在著混亂與不安）的專制世界裡，……反而成為一種危險。……那些所謂的具有專業技術的專家們，引導我們過著一種膚淺、沒有靈魂、並且否定道德重要性的生活模式，其中最破壞人性價值的例子就是（將社會現象）醫療化：平常的不愉快和喪親的痛苦變成了憂鬱症；日常生活中的焦慮和擔心變成了焦慮症；……於是痛苦經驗被重新定義成精神疾病，需要接受專家（藥物）的治療……這些都是在貶低一個人的價值，輕視並且同質化人類經驗的多元樣貌……將人們置於前所未見的危險中……人們可以透過消費（如藥物）產品，來滿足所有的慾望，卻活得沒有靈魂。……只是（社會）害怕如果我們承認了上述（被矇騙……生活得沒有靈魂）的真實情況，個人和社會都會因此崩解。」【註2】

作者以他三十年的行醫經驗和人類學的研究，「保證」不會如此，反而是勇於面對「眞實」，才可能回歸到擁有眞實道德的生命。

這些論述是要支持作者的前提可以成立，因此延伸問題〔1〕、〔2〕是有效的問題。作者進一步提出解決問題之可能的策略：

策略〔1〕：「你必須面對這個（世界是不確定的、危險的、既疏離又令人恐懼的）事實，才能找到讓事情變得更好的可能性。真實的世界並非只看到人生不好的經驗，也包含喜悅、豐富、和滿足感，只是面對陰暗和危險，可以讓我們更加瞭解和珍惜曾經擁有過。」【同註2】

策略〔2〕：「（相信）我們有能力重新修正自我和所處的這個世界，以回應危險和不確定。」【同註2】

策略〔3〕：「宗教、倫理、藝術能夠結合價值觀和情感，創造出新的力量，使得

我們獲取個人和集體的價值感、宗教的超然力量、以及基本的秩序感和控制感。」【同註2】

策略〔4〕：「更深入、更細微地去認識社群共通的道德經驗和個人的真實道德，以及兩者所各自代表的重要性。」【同註2】

策略〔5〕：「細察道德與不道德行為之間的灰色地帶，因為那些代表最困難的道德經驗的灰色地帶，能讓我們瞭解生活是多麼的不易。」【同註2】

策略〔6〕：「回顧個人的道德與情緒經驗，因為這類經驗對我們的影響，可能大到足以讓我們變成完全不同的人……重新塑造我們的核心價值……。」【同註2】瞭解我們當下的真實道德之由來，可以達成策略〔4〕、〔5〕所強調的目標。

其實就一篇苦口婆心勸人向善的文章來說，寫到這裡將六種策略（手段）也都陳述清楚了，應該可以打住停筆。只是作者的研究者角色不容許他停下來，另外想說故事（寫小說）的衝動更令他往下寫出九個人的故事（在寫他自己的那一章，同時包含了兩位影響他甚鉅的人物）。每一個人的故事也都是一份個案研究的資料，故事寫得精彩的部分不用進一步的分析，但個案資料則需要檢視其與研究主題間的關係。

第一個主角溫斯洛普・科恩，是作者二十五年前執業初期的個案，依當時的診斷是位「憂鬱症」個案。二十多年後，作者以爲現在他更能洞悉個案的憂鬱所彰顯的生命意涵：以社會共同道德經驗爲基礎的、贈予個案的英雄勳章，並無法抹去個案自身所建立的眞實道德的詰問：「你是個殘忍的殺人兇手！」儘管事業成功家庭美滿，歲月的增加只能強化自我審判的嚴厲……。這份個案資料充分說明了社會大眾共通的道德與眞實道德的不同。這份眞實道德「超越地域性（團體）」的期望（延伸問題〔2〕）。作者同時以策略〔4〕、〔5〕、〔6〕仔細檢視這份個案資料。

第二則是伊蒂的故事。伊蒂是作者的好友，在非洲進行人道救援的工作。她無法贊同多數人道救援團體的作法，也常批評那些遠離難民與流民的、一起工作的歐洲人與美國人，然而她需要從這些團體與工作伙伴取得有用的資源。她必須面對當地政府的腐敗與貪婪，與之周旋，以協助於貧困和疾病中掙扎的婦女與小孩，讓他們的男人得到復健的機會。可是，這樣的努力卻常被暴動的軍隊橫掃一空，她更經常暴露在槍口的威脅之下。伊蒂有一段時間是孤立無援、憂鬱、煩惱和絕望，她需要作者的關愛與關心。她得到了，卻堅持回去工作。作者後來結論：「……她已經發現對她來說最重要的事，那就是堅守自己的信念，奉獻給最需要她的地方和人們。」

第三個故事是中國的嚴仲叔醫師經歷文革的生命經驗。嚴醫師不只是如同伊蒂無法對抗他人不道德的作爲，他本身及家人更遭受殘酷的對待，然而在他有機會報復令他與許多人受苦的對象時，他選擇不做他的道德不允許他做的事。嚴醫師與伊蒂相同的是，他倆均發展出某種超越地域性（團體）的眞實道德，只是伊蒂可能有份奉獻之下的內心的舒坦，而嚴醫師則不免覺得委屈與無奈。這兩份資料均指出在危險與不確定的困境裡，人們可以建立出超越地域性的眞實道德（延伸問題〔2〕，策略〔1〕、〔2〕、〔5〕與〔6〕）。

作者就是如此地邊說故事，邊檢視個案資料與其研究主題的相關性。就說故事的角度來看，故事與故事之間的銜接似有其規則：第一個案例彰顯了眞實道德的問題；伊蒂與嚴醫師則說明了生活中的困厄並不能阻止個人發展出期望的眞實道德；第四個故事，傑梅森牧師的慢性疼痛說明了宗教的救贖功能；而第五個故事，莎莉先是以藝術將自己從吸毒的生命谷底提升上來，接著面對生命的終點，將自己奉獻給整個世界的愛滋病防治。接下來說關於自身的故事時，連帶以比爾和辛查兩個人對自己的影響，說明期望的眞實道德之發展歷程。最後，作者藉他心儀的歷史人物黎佛斯指出從政治著手，可能是修正這個世界的重要途徑。最後是豐富且多元的研究結果與結論。

台灣目前的社會情況是不同的團體激盪出多種的「共通道德經驗」，而有相互衝突的思考、主張與行爲。內部參與者以爲是天經地義的價值觀，由外部（他團體）的觀點來看則是錯誤的。作者積極主張人們即使在生活的危險與不確定情境下，仍應該（且能夠）發展出超越地域性（團體）的眞實道德，而往這個方向發展的最主要策略就是面對眞實的生命狀況。每個人都需要面對他自己獨特的生命經驗，而不是跟著社會（團體）一般性的道德（僞裝的善）的叙說或主張。細察這二類經驗所指陳的道德之差異與重要性（策略〔4〕），進一步細察道德的灰色地帶（策略〔5〕）與個人的成長經驗（策略〔6〕），再藉由宗教、藝術、倫理的涵蘊（策略〔3〕），試著抓緊屬於個人卻跨越地域性的眞實道德。

期待可以有更多的人追隨作者凱博文教授的主張，發展出跨越地域性的眞實道德，或許這就是解決台灣以及整個世界、整個地球之困境的良方。

【註1】引號內的文字（楷體）引自本書，引號內括號中的文字（明體）爲筆者所加添。以下之引用方式均相同。
【註2】引號內的文字整理自本書，引號內括號中的文字爲筆者所加添。

【第一章】

眞實道德的思索

這本書是關於一群平凡人的故事，敘述他們在人生的不同時刻當中，所認爲最重要的價值。本書主旨在於眞實道德【編按】，以及個人和群體如何去掌握危險和不確定的經驗。一般人習慣將危險和不確定看作是人生中的變數，或是平靜世界中突然發生、無法預期的事故，我的看法則恰好相反，我認爲危險和不確定是人生中無法逃避的面向，事實上，我們應該瞭解的是，危險和不確定讓人生變得更有意義，因爲它們定義了身爲人類的價值。這本書的內容便是關於人們在面對環境的挑戰時，如何試圖去過眞實道德的生活。

「眞實道德」是一個難以定義的名詞，因爲我們所謂的「道德」，代表了兩種不同的意義。從比較廣泛的定義來看，「道德」指的是價值觀，因此，人生便具有道德的必

【編按】原文爲 moral life，本書翻譯爲「眞實道德」，除了避免和行文中一般常見的「道德」一詞相混淆，更因爲書中所述說的 moral life，完全迥異於傳統教條式的道德，無法事先被訂出規範，也無法提綱挈領地以明確的道德準繩來衡量。特此說明。

然性，因爲對於每一個人來說，人生和那些我們認爲最重要的事情有關，從維持基本的生活、維繫重要的人際關係、從事有意義的工作，到選擇適合自己居住的所在等，都是上述所定義的道德經驗。

然而這裡所謂的「道德」，並不等同於倫理上「善」的概念。人們共通的道德經驗無法用好或壞來形容，我們所呈現出的價值觀有時可能並不符合人性，例如：地方社區內對於少數族群的壓迫，或是某些個人贊同奴隸制度、雛妓、性別暴力或其他形式的虐待行爲等，在這裡，道德經驗也可能包括恐怖行爲的共謀，像是對於猶太人進行大屠殺或是種族奴役。像這樣一般且共通的道德經驗是最令人感到困擾的，因爲從外部（或是從受害者的觀點）看來絕對是錯誤的行爲，但對於內部共同參與或共謀犯罪的人來說，卻可能完全不是這麼一回事。這也就是爲什麼以這第一種定義來看，什麼是道德的，需要從在地的觀點去瞭解；而在地的觀點則需要倫理上的反覆檢視，包括外部的監督，以及內部對既有在地價值觀的挑戰。

從較爲狹隘的定義來看，「道德」指的是個人對錯的標準。我們所謂的眞實道德，便是將自己所信奉的道德標準具體化，我們想像一種可以引導生活朝向正確方向的方式：可以感受到自己對他人的責任，並且遵照這些感受行事；可以去回應那些令人困擾的事或身陷麻煩的人，讓自己覺得在這世上做了些好事。在這第二種定義之下，我們期待身處不同情境的他人也都同意這些行爲是道德的；即便沒有得到別人的認同，我們自己也會因違背「去做對的事」這個核心概念，而感到羞愧不安。

試圖去實踐眞實道德生活的人可能會察覺到，若按照第一種定義的道德標準，自身所處的環境反而是不道德的，那麼，無論必須對抗多麼強大的勢力，或是所做的選擇會產生如何負面的結果，他們仍然會以批判、抗爭和獨身奮鬥的方式，堅持去做對的事情，許多人並不會動搖信念，他們的內在本質、眞實道德會反映出外界的道德問題（這也就是爲什麼某些人會公開支持不道德的政策，不久卻又感到內疚和後悔，而此同時，另外一些人自始至終都站在反對的立場）。當然，也有一些人完全沒有道德敏感度，對於其他人的感受漠不關心。我們應該能夠瞭解，眞實道德和倫理概念之間具有密切的關係，也因此期望能建立某種超越地域性、並能引導我們生活的價值觀。

逼視生命中的危險和不確定

從這些身處不同環境、但都在遭遇危險和不確定時，仍然堅持眞實道德的故事主角身上，我們能夠學習到什麼？是否眞的能找到一種方法，讓我們在違反自己道德觀念的環境下，仍然能夠生存？當面臨完全無法預料的情況，或是極度嚴重威脅到個人重要價值時，我們該如何抉擇？

日常生活中經常遭遇到的麻煩和困擾，會破壞我們對於一些重要事物的掌控，例如自我價值、親密關係，或是宗教信仰，而一般常見到的不幸，例如：離婚、失去親人、遭受歧視或不公平的對待、工作面臨瓶頸、失業、意外事件、長期病痛、技術或藝術作品上的失敗、宗教信仰上的疏離等，也有可能會打擊我們所堅信的人生價值，或是摧毀我們能夠掌握自己命運的信念。

一項驚人的統計數字顯示，二〇〇六年美國每七十五個家庭中就有一個家庭瀕臨破產，另外有更多的家庭長期處於經濟崩潰的邊緣。在紐約，一位中年經理人因心臟病發而無法繼續工作，他的失業使得整個家庭陷入財務危機，也促使他重新去思考人生的意義。在波士頓，我們看到一個年輕的電腦軟體研發者，因爲找不到新的工作，嚴重打擊她的自我價值，陷入沮喪並有輕生的念頭。在紐奧良，我們看到身處艱苦環境的黑人勞工階級家庭，先是在伊拉克戰爭中失去唯一的兒子，幾個月後的卡崔那颶風又摧毀他們居住了三個世代的家園，原本已經戒酒的父親再度酗酒。另外我們看到一對在巴黎受過高等教育的巴勒斯坦籍父母，震驚於曾是高中資優生的女兒，竟是以色列公車站的自殺炸彈客，她留下錄影帶說明她反抗教會、轉而投身於伊斯蘭教聖戰的行為……上述只是少數的實例，說明我們在生活中隨時可能遭逢危險和不確定，並且深受打擊，讀者如你將毫無疑問地瞭解其他雖未提到、但和自己生活息息相關的事物。

更進一步來看，晚間新聞的報導經常提醒我們，自然和人為的災難，瞬間便能顛覆人們的生活，海嘯、地震和颶風的力量能夠摧毀整座城市，造成無數人們死亡和流離失所；在非洲和亞洲的落後地區，飢荒和內戰使得無數人民生活於窮困之中；恐怖份子在紐約、馬德里、倫敦或耶路撒冷的攻擊，讓恐怖威脅瀰漫於全球最繁榮的城市之中；一連串因為禽鳥類流行性感冒致死的案例，引發可能影響全球的流行性傳染病。

無處躲藏的存在焦慮

然而對於生存最直接的威脅，則來自於最切身相關之處：在我們的身體之內。舉例來說，由於過去五十年來醫療的突破性進展，大多數人都知道許多疾病雖可以控制，卻是無法治癒的，我們勢將面臨各種慢性疾病的痛苦和限制，先不說那些讓人害怕到不敢多想的疾病：例如糖尿病、心臟病、潰瘍、各種癌症、氣喘病、狼瘡、肝炎、腎衰竭、骨質疏鬆、失智症，更何況是當我們的精力隨著老化而逐漸耗損、身體變形、思考和行動都變得遲緩，以及每個人都將面臨的死亡——我們如何也躲不過。

即使沒有任何的不幸或傷病，人們終其一生還是要不斷努力守住最重要的事物，例如社會地位、工作、金錢、家庭、性與親密關係、規律和自制、健康、生活本身、宗教信仰、政黨傾向，以及各種文化和個人相關的特殊議題，這些每天都要面對的難題，可能會令人感到痛苦和失望，因爲總有無法兼顧的時候。當我們發現對於自己所處的環境，甚或是內在自我的掌握有限時，一種巨大、令人感到無力的焦慮便油然而生，這是一種存在的焦慮，會讓我們在午夜夢迴時嚇出一身冷汗，也是一種從內心發出、令人恐懼的聲音，因爲生命中至關緊要的事物受到了威脅。

我們會用許多不同的方法，去處理這種因無法掌握而產生的不適感和存在焦慮，有些人裝做漠不關心似地徹底否定；還能夠應付生活的人，則帶著逃避主義的厭世心態：暫時別想那麼多吧；少數樂觀的人用幽默感去回應；宿命論者，如同在二〇〇五年七月七日倫敦恐怖攻擊中的生還者哈維・迪登（Harvey Deaton），在接受《紐約時報》訪問時所說：「如果你的時候到了，那麼就接受它吧！」還有一些正值荷爾蒙旺盛時期的年輕人，則尋求生理上的挑戰，例如高空彈跳和其他激烈運動——用短暫但可掌握的刺激和危險，去逃避長遠而不可預見的殘酷現實。

掙脫自我控制的迷思

相信技術能夠完全駕馭人們的生活，以及一次只應付一個危機事件，是美國傳統文化中另一個奇特的處理方式，於是財務顧問、保險經紀、外科醫生、心理諮商師、保全專家和許多專業人員，便開始大量地販賣這種讓人感到安心、本質上卻在誤導大衆的「確定感」。「危機管理」是另外一個社會迷思，每當發生令人措手不及的災變（從颶風到流行病）時，就會不攻自破。這些存在於我們文化中的因應方式，藉由矇騙人性的本質而得以運作。

令人感到不可思議的是，即使生活中的變動如此明顯，我們所表現出的行爲、思想和文字，卻老是以爲能夠掌控自我和這個世界一般。軟弱和能力有限，在美國文化中是不被贊同、並且極力避免的，不可否認的，我們的社會有很大一部分是建立在自我控制的迷思（即美國第三任總統湯瑪斯・傑弗遜（Thomas Jefferson, 1743-1826）所主張「人性的完善」）、對環境的主宰（開拓邊疆領域）、社會秩序的慈善（嶺上之都【譯註1】），以及否定人類能力的限制之上，其中甚至包括最終極的死亡。社會中普及的消費文化，則建立在另一個控制的迷思上——相信購買的產品可以解決問題；政治活動和娛樂事業也同樣用簡單的解答模式，去簡化現實的危險和不確定。這種短視的文化如今已發展到了極限，不僅僅被美國資本主義社會贊同，包括實行社會主義的國家也都認爲，對於人類生活的處境和可能性，不應該抱持過於憂慮的看法，甚至是今日大部分的主流宗教，都已經從認爲人類處於危險狀態的早期觀點，轉而接受部分上述的謊言。現代性，好像就是奠基於製造這個虛構的假象，一種處在全球文化核心之中的謬誤氛圍。

然而，大部分的人遲早還是會因爲遭逢逆境和身體衰老，或多或少被迫去面對人生的低潮，當這樣的情況發生，我們通常會以幽默和嘲諷的態度去掩飾，試圖逃避現實的黑暗；我們也可能堅信只要照著以往的方式過日子，就可以平安地應付過去。不可否認地，爲了生存，我們需要在某種程度上矇騙自己，如果一個人每天重複想著「肉體要承受的無數次打擊」，就像莎士比亞所形容的，那麼他可能永遠都下不了床，因此，對一般人而言，否定現實生活中的混亂和不安，似乎是一種必要且有益健康的做法。然而，當這種否定變得如此絕對，使得我們幾乎生活在一個完全看不到、也聽不到既存事實的專制世界裡時，反而會成爲一種危險，這也就是爲什麼那些災難、失落和挫敗的深刻經驗，會讓人感到如此地驚恐不安，因爲虛幻的假象被戳破了，我們卻找不到立足之地，我們變得無所適從，因爲看到了一個前所未見、不美好的世界。

這並非意味著生活只剩下一連串的失敗與不幸，我們不時還是會嚐到成功的滋味，尤其是對於那些擁有足夠資源（包括財務、教育和社會資本，以及良好的身心狀況）、有能力應付生活中緊急事件和沉重壓力的人來說，實現人生的抱負和成就並不難。除此之外，年輕時的生活也充滿了許多愉悅與樂趣，尤其是當全力投入家庭、工作、人際關係、開創人生機會及未來發展時，容易讓人忘卻現實的殘酷與無情，當然這多少也是因為年輕時沒有太多失去親人、感到焦慮和挫敗的慘痛經驗，很難體會到生存悲觀的一面。

正視內心恐懼，看見人性意義

現實生活裡，偉大的英雄和邪惡的魔鬼都不存在，大多數人會慢慢瞭解到，生存之所以是個嚴肅的課題，是因爲日常生活中所直接面臨的試鍊，至於所謂的成功，例如升職、賺大錢和計畫實現等，在某種程度上畢竟都是短暫而有限的。美好和愉快的事物可以讓生活多姿多采——在富裕的國家和社區裡，大多數人的生活是如此，然而當人漸漸變老，外表的光鮮亮麗會因爲生活中的沮喪、失望和年華不再，而漸漸消褪。偉大的美國心理學者和哲學家威廉・詹姆斯（William James, 1842-1910）認爲所謂的「眞實」，除了直接感受到興奮的那一刻之外，還包括偶爾發生、但令人心情激動的奇妙經驗，甚至是長期的快樂和生活中一件又一件瑣碎的小事，而日常生活裡的試鍊——厄運、痛苦、甚至是巨大的不幸，則讓我們學會了忍耐，以及接受眞正的現實。

時至今日，我們對於眞實的瞭解愈來愈模糊，所謂具有專業技術的專家們，引導我們過著一種膚淺、沒有靈魂，並且否定眞實道德重要性的生活模式，其中最破壞人性價值的例子便是醫療化：平常的不愉快和喪親的痛苦，變成了臨床上的憂鬱症；日常生活中的憂慮和擔心，變成了焦慮症；而政治暴力後的精神傷害，則被稱之爲創傷後壓力症候群（post-traumatic stress disorder，簡稱 PTSD）。於是，痛苦的經驗被重新定義爲精神疾病，需要接受專家治療，其中最常見的便是藥物治療，我認爲這些都是在貶低一個人的價值，輕視並且同質化人類經驗的多元樣貌，同時將人們置於一種前所未有且令人害怕的危險中：人們可以透過消費，諸如藥物這樣的產品，來滿足所有的慾望，卻活得沒有「靈魂」——一個交雜著矛盾對立的情緒和價值觀的產物，它混亂的獨特性，卻是人之所以存在的重要核心。如果有靈魂，人的內在就不可能相同，我們會不同於祖父母那一代，而我們的下一代又會是另一個樣子，從本書的某些案例中，便可以看到這種情形。只是現在似乎普遍存在著一種恐懼：如果我們承認了上述的眞實情況，個人和整個社會都會因此崩解。

然而，從事了三十年精神醫學和人類學的研究，我並未發現任何具說服力的證據顯示，勇於面對人性會導致不良的後果。事實上情況正好相反，本書的故事可以說明：看見這個世界的危險和不確定，反而可以令人達到平靜的解放，讓我們找到新的出路去做自己、過生活、甚而影響他人。更特別的是，正視內心最深處的恐懼，反而意味著不再受它影響，並且有機會反省自己在精神和道德上所受的羈絆。

由古至今，我們看到許多不畏懼現實黑暗的勇者，創造出人類文明的卓越成就。自古希臘時代以來，西方悲劇體裁的文藝作品，便取材於人們在對抗傳統規範時所展現出的非凡智慧，只要想想安蒂岡妮（Antigone）【譯註2】或是李爾王的神話，便可以瞭解這種對抗力量是如何使我們的生活更豐富，再看看本書封面那幅美麗的畫作：林布蘭（Rembrandt, 1606-1669，荷蘭畫家）的作品「浪子回頭」（Return of the Prodigal Son），這幅畫之所以美麗，是因爲它充分描繪出人生最深刻的痛苦和失落。林布蘭的作品結合了美學的傳統和宗教，或許可以看作是從逆境和失敗的經驗中，發展出倫理意義的最佳呈現，這同時也是舊約聖經〈約伯記〉和新約福音中所要傳達的主旨，以及佛教、印度教、儒教、道教、伊斯蘭教和其他許多民間傳統信仰的教義和儀規。上述這些例子告訴我們：安逸和規律的人生是如此容易變動，而在面臨極度的苦難時，我們要如何努力地掙扎，才能夠維持自我認同和文化價値觀，然而，也就是因爲這樣的努力和掙扎，如同安蒂岡妮、李爾王和林布蘭的作品，我們才得以看見人性的意義。

重建自我和世界的能量

在過去幾年的研究和臨床經驗中，我遇到許多對人生持有上述看法的人。其中一位來自紐約，五十二歲的失業經理人，患有嚴重的冠狀動脈疾病，他這麼說：「在你成長的過程中，『美國』社會讓你相信人是被保護的，所有事情都是輕鬆而簡單，於是你認爲人生就是如此。直到某件意外發生……你才瞭解到生命有多麼危險，在我的人生中就有好幾次這樣的經驗，所以我必須做好準備，然而我能夠做的，也只是謹愼小心地行事……不管任何時候。這就是爲什麼無論在工作時、在社區裡，甚或在家裡，你都得小心翼翼的，甚至是對待自己的身體。我經歷過在一家公司工作了二十年後被解雇、嚴重的車禍意外，以及女兒因爲嗑藥而自殺身亡，現在則是我的心臟病。我們生活在一個充滿危險的世界，或許比我所願意承認的更加危險。」

另一位受訪者，是一九九〇年代住在北京的六十八歲中國知識份子，他回想自己所經歷過的一段特殊文化背景時說到：「在軍閥割據的時期，我祖父便告誡過我父親；中日戰爭的時候，我父親同樣地告誡我；然後到了文化大革命時期，我又告誡我的子女，但就算我兒子明白又怎麼樣？他還是沒能活命。我相信即使生活在這個繁榮昌明的時代，我女兒還是會繼續告誡我的外孫女：要小心！千萬要小心！時代在改變，歷史也在改變，世界雖然變得不一樣了，但是生活中永遠充滿危險。」

同樣經歷過上述情況的人們，會感受到自己的人生變得和原來不同，既無法理解又令人不滿，生命的所有都充滿了危險和不確定性。一位七十五歲的法國學者被問及，這一生他經歷了戰時德軍佔領、戰後興起的存在主義和抽象表現主義文化運動、一九六〇年代學生示威抗議和政治分裂時期，然後是自由貿易主義興盛、回歸溫和派政治及文化、帶著反外來移民和反全球化的民粹運動色彩的一九八〇和一九九〇年代，到最後這個伊斯蘭教恐怖主義的時代，最後獲得了什麼？他悲傷地說道：「亞瑟，這個世界讓人感到不可思議！你無法預料有什麼事情會發生。和我周遭的許多朋友一樣，我覺得自己愈來愈疏離，就像是在一旁看著一個又接著一個的災難發生，我們生活在一個危險的地方。如果你能夠超越一般人的想法去看這個世界，去看我們的現在和未來，你就無法誠實地跟自己說……你瞭解到發生了什麼事情，於是……你感到格格不入，或者更確切地說這個世界便是如此，既疏離又令人恐懼。」

「喔，世界本來就是這樣不完美的……如果你深入去瞭解的話，就會明白。」與他結褵四十年的畫家太太，同時也是納粹大屠殺的倖存者，突然輕聲地說：「不正是如此嗎？所以我們只好像奧登（Wystan Hugh Auden, 1907-1973）在藝術博物館（Musée des Beaux Arts）這首詩中的農夫一樣，把眼光轉向他處。如果去看那文明底下的陰暗和邪惡，便會覺得殘酷和害怕，你必須面對這個現實，才能找到讓事情變得更好的可能性。」

這些來自不同地方的人都堅信，現代文化中存在著一個大謊言，我們將那些無所不在的危險隱藏起來，去維持一個錯誤的假象。如果我們對於自我的認識是錯誤的，又如何替未來預做準備？我認爲，就像前面三小段故事中的主角一樣，如果能夠學習去面對眞實的世界，我們會活得更好，這便是我寫這本書的目的。

艱困中，創造美好和秩序的新現實

我所說的去面對眞實的世界，並非意味著只看到人生中不好的經驗。喜悅、豐富和滿足的感受，和我所關注的那些較爲陰暗和危險的時刻一樣，都是眞實人生的一部分。愛和希望並不會因爲失落和威脅而被否定；就算會，也讓我們因而更加瞭解和珍惜曾經擁有過。是那些喜劇收場的好萊塢（以及寶萊塢）電影，讓人對於眞實的經驗產生誤解，之前提到的那些深入探究悲劇的藝術家們則告訴我們，眞實人生的成功是如何珍貴而得之不易。讓我們再一次回到林布蘭的「浪子回頭」：父親和兒子的重聚充滿了喜悅，對照著年老父親臉上因多年痛苦而刻畫的痕跡，更讓人感受到他們因爲重聚而洋溢的幸福。人生有苦也有樂，我們可以從這個故事中看到它們如何同時存在，對於眞實世界的領悟，不會讓我們感到沮喪，反而會讓日常生活中的小成就和喜悅變得更有意義。

事實上，我們有能力重新修正自我和所處的這個世界，以回應危險和不確定的事物，即使有能力上的限制，這樣的努力仍然是值得的，而這也顯示出抱負和期望的重要性。經歷生活裡的限制，以及生活中無可避免的試鍊，並不代表在倫理、宗教或藝術上的挫敗或絕望；倫理、宗教或藝術能夠改造我們的日常生活實踐，結合價值觀和情感創造出新的力量，進而使得個人和集體的重要價值、宗教的超然力量，以及基本的秩序感和控制感賦予我們新生。

當個人、家庭或社區遭遇重大災難時，人們通常會求助宗教尋求解釋，他們尋求支持內心最重要的價值，救贖存在的失落感和畏懼，以及重新燃起希望。宗教儀式以及信衆和宗教領袖間的關係，便具有這樣的功能，它們讓人重新尋回最重要的價值。人生的失敗和不幸促進了宗教的發展，宗教又回過頭來讓人們更有力量去面對逆境，克服自我懷疑和對失敗的恐懼，繼續生活下去。因爲九一一事件以及美國在全球展開的反恐戰爭，重新喚起基督教徒熱情的現況，不就令人感到驚訝嗎？然而另一方面，我們也看到宗教對於災難所帶來的生存威脅，愈來愈無法回應，正如大家都知道的自殺炸彈客，其中很多人便是因爲懷有宗教熱誠，認爲所信奉的伊斯蘭教價值面臨威脅，才做出毀滅性的攻擊行爲；而具危險性的宗教熱情，同時也在印度教、佛教、基督教和猶太教中、將基本教義和民族主義混爲一談的教徒之間，製造了仇恨和殺戮。

文化呈現出所有人類都具有的特殊本質，也因此每一個人都是獨特的個體。我們可以看到歐美各國在戰爭和納粹大屠殺後的荒廢狀態中，大規模重建文化的過程：藉由結合美學和倫理學的創新運動，重新去建構人類生存的意義，像是現代主義、存在主義、抽象表現主義、納粹大屠殺的文獻，以及其他的文學和藝術運動等。這些運動創造出新的方式，使混亂和毀壞的世界變得可以理解，每當既有的文化規範受到威脅、或是被質疑其正當性和適切性時，它們便設法替人們的生活重新找到價值。即使作品調性充滿痛苦憤恨、風格嘲諷，以及表現個人被孤絕於世界之外的道德態度，但這種在艱困中創造美好和秩序的過程，仍然賦予我們一種全新的人性價值，由此看來，是這些美學和倫理學的創新運動，重新建構了這個世界。即使是處於現在這個複雜的時代，當世俗社會的文化強調身體和生理慾望的救贖時，我們又開始重新去想像自己是誰、將往哪個方向去，也就是前面所提及的，存在的核心價值。你或許在另一個傳教士的世界裡，重新找到自己生命的意義；我則在這個計畫遨遊大海的快艇世界裡，找到自己人生的路，但我們可能都欣賞能夠與我們對世界的想像產生共鳴的抽象畫作。就生存而言，這不過是兩種對於人生的不同追求，但都是能夠從混亂和險惡中創造出規律和美感的新現實，藉以維持並重新賦予人生希望。

最困難的道德經驗，卻是生命新契機

對許多人來說，最令人感到不安的，或許是就這樣沒沒無聞地走過一生。當我們想到自己的生活是如何微不足道、如何容易被世人遺忘的時候，便會開始憂慮自我的重要性、親近的家人和朋友，以及生活的周遭環境。我們此時的存在是重要的嗎？當我們離開的時候，還會有人記得我們嗎？對於自己的不存在，我們會感到恐懼，於是，我們的特殊與存在感，再一次需要藉由宗教、倫理和藝術等具有聯繫個人和外在環境功能的活動，獲得展現和肯定。所謂的內在世界，是指能夠讓我們感到生命充滿活力，同時相信對於我們所愛的人、對於具有共同信仰或藝術喜好的同儕團體，或者至少對我們自己來說，我們的生命具有獨特的重要性，藉此，我們能夠避免犬儒主義和無政府主義的思想，願意承擔社會義務並保有個人進取心；我們能夠培養幽默、樂觀以及總會渡過難關的想法；同時仍得以維持生命的韌性。對我們來說，重點並不在於這樣的文化因應方式是否具有深度或是膚淺，重要的是它重新恢復了我們對於人生的情感，讓我們去欣賞自己在這世界上的存在。事實上，人生除了思考生存意義、發揮生命韌性時的冷酷嚴肅之外，還可以陶醉於聲光帶來的激動、味覺產生的魅力、觸摸時興奮的愉悅，以及愛情那令人讚賞的神祕中。

我所要指出的重點是，這個世界帶領我們走向之處、和我們自己所追求的去處永遠會有落差，但承認這個事實並非意味著接受悲觀的看法；相反地，這代表我們需要更深入、更細微地去認識社群的道德經驗和個人的眞實道德，以及它們所代表的重要性。身處更寬廣的道德脈絡之中，我們需要知道怎麼做才能幫助自己過得更好，因此，細察眞實道德與不仁行爲間的灰色地帶，便具有特殊的意義，因爲代表著最困難的道德經驗的灰色地帶，能夠讓我們更瞭解生活是多麼的不易。

人生過程中，道德和情緒經驗對我們的影響可能大到足以讓我們變成完全不同的人，亦即人生各個階段的轉變會重新塑造我們的核心價值。那麼，什麼是核心價值？我們又是什麼樣的人？我們必須拋開那種認爲人性堅固到像能抵擋洪水的橋墩、能夠抗拒所有外界變化的想法；堅固對橋來說或許需要，但卻不適用於人性。這個比喻的靈感來自於新英格蘭沿岸的景象，當時我和家人在緬因灣（the Gulf of Maine）渡假，往下看便是一條距大西洋海岸約兩公里、潮汐落差很大的河流。河中時而平靜、時而洶湧，乍看之下河岸就像散佈岩礁和岩石的海灘，如果你是一個認眞的划船者，無論是否已經在地圖或是導航系統上預測過危險，仍舊必須十分小心謹愼。由於潮汐的狀況和不時而來的暴風雨，讓岩石、暗礁和做好標記的浮標……這些看起來不會有什麼變化的事物，都有可能改變，有時甚至能讓一個具有二十年經驗的漁夫，駕駛著將近一千公尺長的捕龍蝦船擱淺。如果你定期在岸邊觀察就會發現，儘管變化值都在當地地質學和水文學所界定的範圍內，但變化是持續不斷發生的。人的自我和靈魂也是如此，雖然生物學、心理學的定律和實證結果設定了界限，人的自我被簡化情緒的神經生物學，以及由基因框架出的粗略人格所固定住，然而，道德和情感的潮流，卻不斷沖擊改變著自我的地形圖。

神經傳導體讓人初步感知痛苦和憤怒，但悔恨、遺憾以及其他複雜的情緒與價值觀，卻受到人際關係和互動所產生的意義所影響，而這些才是構成人類複雜與微妙情感的主要元素。文化、政治和經濟等因素，也會讓我們有所轉變，即使不是每天受到影響，也可能是因爲工作職位轉換、事業發生變化、家庭歷經成長和變故、婚姻生活的高低潮，以及歷史因素所造成的國家命運對人民的影響，而這一切所帶來的折磨、耗損、轉變和破壞，都讓我們學會釋懷，並且繼續向前。

詭譎的道德正當性

危險的產生，來自於我們重要的價值觀和情感面臨威脅或喪失的時候。當人們感受到嚴重的威脅時，他們自己反而會成爲危險的來源，然後會不時地做準備，以保護那些對他們來說最重要的事，在這極度壓力之下，人的自我會重新被塑造：最沉靜溫和的人也可能變得殘暴，做出壓迫或犯罪等違反人性的事。猶太人遭受集體屠殺便是個顯著的例子，遠從中世紀開始，直到一八八〇年代俄羅斯帝國的屠殺行動，讓成千上萬的猶太人遷移至美國，以謠言掩飾對社會動亂和政治變動的恐懼，將某一個特殊族群污名化爲「他者」，然後消滅他們。於是，當某種致命的傳染病、公衆意外事件以及政治鬥爭發生，並足以威脅到當地人民和中央政權的時候，猶太人便成爲最容易利用的代罪羔羊。納粹大屠殺（對於歐洲猶太人的滅種行動）便是在這樣的一個時空背景下發生：德國人民爲了擺脫蘇維埃政權的威脅而支持納粹，容忍納粹對於猶太人進行屠殺便成爲「與惡魔的交易」。

塞爾維亞人和克羅埃西亞人大肆屠殺波士尼亞的伊斯蘭教徒，也是發生於類似的社會情境下：認爲道德秩序所面臨的重大危機，與另一個群體有直接關係（在這個例子中，民族國家已分裂成幾個相互敵對的種族和宗教團體），或是間接地將過錯歸咎於他們，這便導致了所謂的「次級危機」，而且這通常是更爲致命的危險，感受到威脅的團體不是積極地付諸行動，便是默許毀滅「他者」的行爲發生。我們在這裡淸楚地看到存在的主旨是如何冷酷：爲了生存的需要，我們會不計一切代價；當面臨嚴重的威脅時，暴力便成爲先發制人的手段，甚或是預先計畫的報復行動。

我們可以從九一一事件之後美國發動伊拉克戰爭、向恐怖主義宣戰的回應上，看到上述的社會邏輯。對於許多美國人來說，推翻阿富汗塔利班政權、摧毀蓋達組織訓練營，就和國際追捕恐怖主義份子以及他們的資金來源一樣，是再理所當然不過的事。然而，入侵並佔領伊拉克，以及之後因爲暴動和內戰所造成的無數傷亡，顯示出我們的回應過分激烈，並且已經演變成暴力行爲，也就是之前所指稱更具危險性的次級危機。現在復仇似乎變成新的合理行爲，爲了平撫我們所遭受的創痛，同時驗證這個世界更爲安全的迷思，無論造成多少傷亡都在所不惜。此外，因爲我們對於內心缺乏安全感、對於無形敵人感到過於恐懼，以致於願意限制，或是乾脆廢除那些在憲法上規定的、不可侵犯的權利。由此看來，我們對於保障人權、合法程序，甚至是全球民主化的信仰已經改變了，相較之下，我們認爲更重要的是：保障國家安全、復仇所帶來的正義，以及對於全球秩序的控制。至於所謂的全球民主化，則愈來愈像是掩飾殘暴罪行的藉口了。

正當我們繼續施行這種自以爲是合乎道德的政策時，卻遭到許多伊斯蘭教國家控訴我們挑起戰端，許多歐亞國家控訴我們讓這個世界變得愈來愈不安全。伊斯蘭教提供許多年輕信徒道德上的支持，而這些我們稱之爲恐怖主義份子的年輕人，在伊斯蘭世界卻被視爲神聖的鬥士，自殺炸彈客與他們所屬社群的人士，將這些恐怖行動視爲道德正義的表現。於是，我們看到兩種截然不同的道德正當性的辯論。

從道德經驗體會了存在意義

如果拋開那些雙方都自認爲理所當然的行爲不談，很明顯地，包括自殺炸彈客在內的恐怖主義者的作爲，是十分不合乎道德且泯滅人性的；然而另一方面，我們自己的價值觀和所表現出來的行爲，如同前面所提及，也是有問題的。因爲同樣具有危險性，這兩種道德標準都是我們無法接納的，因此，爲了解決這個問題，我們必須設法創造一種超越地方性、但又能夠適用於各地的倫理道德標準。我認爲，這種標準必須能夠有效地在群體中實行，同時能應用在個人生活的建立上，而這也是我在本書中希望探討的議題之一。

接下來的章節裡，我會敘述人們在實踐眞實道德時遭遇困境的故事，有些是我在人類學、精神科以及中國研究的職業生涯裡所遇到的案例；有些則是取材自私人情誼。和我們一樣，這些人生命裡最重要的事物，在特殊的情況和文化環境下，面臨到他人或社會危急存亡的挑戰，例如：其中一位曾經接受勳章表揚、後來成爲成功律師的退伍軍人，他回想起在太平洋戰爭中所犯的暴行，瞭解到那些難以抹滅的證據不僅是他個人道德上的汙點同時也是整個社會用來掩飾殘酷戰爭的僞善手段，因爲戰爭，說穿了，就是把人變成殺人兇手，而當情勢轉變、暴力成爲過去之後，社會便將個別加害者的眞實道德棄之不顧。對這位憤怒的中年人來說，個人的倫理標準和社會道德現實之間的緊張日益擴大，最後演變爲他和精神科醫師在治療憂鬱症上的爭執。悲劇事件的發生，是否成爲需要以抗憂鬱藥物對治的疾病？將曾經犯過的暴行當成終生不可告人的祕密，應該是醫學還是道德方面的疾病？是否有所謂的道德失序和道德治療？自責、遺憾和懺悔，可能不單是減輕症狀的特效藥，而是願意面對道德缺失的治癒結果？

一位幾乎無法抑制自己性衝動的新教牧師，發現媒體和街上的買春廣告，對於他自己和教區內的青少年來說，在道德責任上存在著極大的威脅。他所經歷到的存在於宗教戒律和性慾（包括社會的和他本身的）之間的衝突，先是從罪惡感轉變爲肉體上的痛苦，之後又從痛苦轉變爲神聖事物，這個故事將帶領我們進入宗教和醫學之間的未知領域。另外一位中國醫生及知識份子，在面對文化大革命的政治鬥爭直接威脅到他的理想、家人、事業和生命時，他瞭解到在一個經濟改革、與過去截然不同的年代裡，妥協、默從、善於欺騙與剝削的社會性格，會營造出讓人難以實踐眞實道德的危險環境。

雖然身處的環境、條件和結果都不盡相同，接下來我們會看到的主角們，都從道德經驗中瞭解到人類存在的意義，他們被迫去面對自己，但也因此爲人類的存在，以及我們共同擁有的人性下了註解——儘管他們精彩的生命故事來自於如此強烈起伏的人生遭遇。我用這些故事來描述，無論是對個人還是群體來說，眞實道德都具有可塑性，同時也以此來說明我們自己和身處的這個世界，正面臨什麼樣的危險。

站上旁觀席，重新思考

是否能夠從研究少數人的經驗裡，讓我們學會因應未來將面臨的挑戰？由於這裡所提到的許多挑戰似乎是無法掌控的，那麼我們又能從中獲得什麼樣的啓示？

答案是：我們必須從克服既有的否定、確認自己的生存環境開始做起。若以征服的概念來看，像這樣的危機和限制是無法掌握的，我們必須從倫理、宗教和藝術上，去理解與回應這些挑戰。要掌握我們所認爲的重要價值，必須站在自我批判的位置，去檢視情緒和價值觀，試圖用旁觀的立場（或是眞正從外部的觀點來看），去檢視那些自認爲理所當然的想法及對自我的概念——這並不容易，但卻是我們能夠做到的。

學會從這樣的角度來看自己，我們才能面對更困難的問題：那些我們所認爲的重要價值，是否能夠讓生活過得更好？如果答案是否定的，很明顯地，我們需要重新思考自己的信仰，並且讓它們重新融入生活環境中；如果答案是肯定的，我們還是得找出可能會對生活產生影響的困難，以及哪些困難（如果有的話）是可以被克服的。即使得到的答案是我們現階段無法突破的障礙，具有創造力和道德的生活方式仍然是一種可能性；即使當核心價值受到威脅，我們還是能夠做些什麼，比如說，不讓自己和他人受到傷害。我們已經瞭解到初級危機（也就是那些威脅到內在價值的外部力量）會進而創造出次級危機（亦即那些爲了保衛重要價值而做出違反人性的行爲），如果打破這樣的串聯，對於改變個人和世界都會有極大的幫助，例如：終結復仇的循環，或是制止憤怒轉變爲自殘的行爲。開啓對於自我和世界反省與批判的大門，得以讓我們避免因爲環境改變的壓力而向下沉淪。我們可以做到拒絕或反對在家庭、工作場所和生活周遭發生任何違反道德的行爲，就算是無法改變生活環境，也不應該影響我們在道德行爲上的實踐，做自己認爲對的事。這絕對值得我們去努力，因爲它同時也能夠影響他人而有所改變。

我們從書中的故事學習到，直接去面對人生中的失敗，對於自我價值、所處世界以及生活周遭的他人來說，都是十分重要的事情。我們的道德責任在於確保所有人都能夠瞭解何爲社會公義，其中也包括我們自己的行爲後果，同時，對於不公義的事情進行撻伐，也是我們應盡的義務。

對於「倫理」的全新想像

從書中的一個故事裡，我們看到愛滋病是如何讓一個身爲人母的藝術家，從「接受者」轉變爲「給予者」，同時也看到疾病帶來的生存危機，是如何創造出新的眞實道德。在另一個故事中，我們看到一個曾經個性溫和的知識份子，如何從圖書館走向苦難大衆的生活，放棄了曾經讓他功成名就、卻也讓他因此瞭解文化偏見如何帶來政治和醫學災難的道德環境。我們所看到的不是典型的英雄主義，沒有任何光榮的勝利，反而是一種負面的，或是反英雄主義式的形象，在這裡沒有任何人改造世界，但卻幫助人們瞭解，當置身既不公義又缺少希望的世界裡，我們應該做些什麼改變。這種反英雄主義，爲人生提供了一個截然不同的答案，同時也讓我們見證了另一種生存方式。以英雄式的行爲去改造世界是極爲罕見的，而且多半是編造出的虛假謊言；而大多數像我們這樣的平凡人，充其量可以做到的，除了對抗和拒絕之外，就只是接受令人煩心和困擾的現狀。

以上這些故事提供我們對於倫理的全新想像。「倫理」指的是一套能夠適用於所有情況的道德準則，必須從經常變動和不確定的「眞實道德經驗」中去瞭解，才能提供社會更適切的價值觀，也才能因應生活中的衝突和變動。單就倫理這個概念來說，例如美德和正義的準則，有時可能無法連結到我們的日常生活；在地的道德經驗，例如美國南部實行種族歧視和壓迫的時期，人們並未能對那些不合乎倫理、甚至是極度罪惡的行爲，進行批判和反省。而我從書中的眞實故事裡，看到個人對於道德經驗和倫理進行整合的努力，這些人在不同情境下所經歷的眞實道德，引導他們形成對於這些情境的道德論述，同時更進一步超越目前的現實狀況，以尋求永恆的眞理。這個用於檢視實際生活的全新架構，讓我們淸楚地知道自己是誰、能夠成爲什麼樣的人，得以去回應現代更複雜的價值問題。

除此之外，我同時也將自己在人生中曾經面臨到關於道德想像和責任的議題，記錄於第六章，這種自我坦白的做法是爲了表示，身爲作者的我，也無法置身於社會變動和道德困境之外。和每一位讀者一樣，我也有著關於道德經驗和努力求生存的經歷。

我想，我們在這些故事中所看到的，和哲學家所強調的深度道德反省不同，反而是比較接近人類學者、社會歷史學者、傳記作者和心理治療師經常提到的：人們身處危險而不穩定的眞實道德中，加上經常以胡亂摸索出的錯誤方式，去改變或理解自己是什麼樣的人、要被這個世界帶往何處，然而，這就是我們的生活。那麼這一切是如何發生的呢？我們該如何去應付這個世界，並且發展出自我的道德價值觀？我認爲上述這些問題，便是書中每一篇故事所傳達的基本概念，同時兼顧了文化差異、社會多元性和個人獨特性的影響，而對我個人來說，這些都是最重要的價值，也是本書所欲主張的眞理。

【譯註1】清教徒領袖之一約翰．溫斯洛普（John Winthrop, 1588-1649），以「嶺上之都」（City on a Hill）作爲美國卓異主義（American Exceptionalism）的修辭隱喩，意即移民美國的新英格蘭清教徒社會，必須成爲世上其他國家之模範社區。

【譯註2】希臘悲劇中的主角，伊底帕斯王（Oedipus）之女，不理會國王禁令，殮其王兄，遭監禁而自殺。

【第二章】

心理創傷VS.靈魂危機

——溫斯洛普·科恩的故事

溫斯洛普·科恩（Winthrop Cohen）的故事在我看來，代表著兩種不同的意義：他一方面讓我們看到的是，個人的生活如何被社會環境所影響，以致於以完全失去人性的方式宣洩憤怒，並產生侵略的行爲；另一方面，他對於我們來說有種啓發和激勵的作用，即一個人如何用一輩子的時間，去抗議曾經被迫做出不道德的行爲，並且堅持以生命去懺悔。除此之外，對我個人而言，溫斯洛普·科恩這個個案，還有另一層更重要的意義，因爲我們看到了一個尖銳的問題：即日常生活中的不快樂和臨床上的憂鬱症，到底該如何分辨？當心靈遭遇的創傷被診斷成精神疾病，並且需要接受治療時，對我們來說又具有什麼意義？

這是我在二十五年前遇到的一個諮商個案，更精確地說，我是先遇到他的妻子，茱莉亞·科恩（Julia Richardson Cohen），及已婚的女兒，亞莉珊卓·佛洛斯特（Alexandra Frost），兩位都是身材修長、迷人、穿著保守，而且臉上帶著憂慮的女士。溫斯洛普在諮商的前一刻，臨時決定不和她們一起赴約。

「請問有什麼需要幫忙的呢？」我問她們。

「他不願意談，」科恩太太對我說：「他說他做不到，但是他的內在正逐漸被吞蝕。我原本嫁的是一個充滿朝氣又傑出的人，現在的他看起來卻如此悲傷和受傷，不應該是這樣的，他的事業成功，我們擁有其他人所羨慕的一切，但爲何他看起來如此不快樂？」

女兒補充說：「他完全把自己封閉起來。我們愛他，他也愛我們，但是我們無法談話，因爲他不告訴我們是什麼讓他如此受傷。我們都很擔心，眞的很擔心他。」然後母女倆同時啜泣起來。

當她們平靜下來之後，又向我保證溫斯洛普一定會來見我，因爲他愛她們，知道她們替他著急，希望他能夠接受專業的協助。果然，溫斯洛普在幾天後約定的時間出現了。

他矮壯結實，穿著打扮整齊，年約六十歲，舉手投足都像個軍人——挺直的背脊，寬闊的肩膀，筆直地坐在椅子的邊緣，留著五分頭、說話簡潔但不善於表達。溫斯洛普・科恩完全不想費力反駁他的妻女：

「或許她們是對的，我願意承擔所有的責任，都是我的錯。」

「你做錯了什麼？」

「我想，是我表現出來的樣子吧。」

「那是什麼？」

「呃，怎麼說呢？應該從哪裡開始？」

他嘆了一口氣，那是既緩慢又深長的一口氣。他看著地板，一臉絕望的哀傷，整個人顯得十分無助，現在我可以瞭解為何他的家人如此擔心，因為他看來就是瀕臨崩潰的邊緣。我耐心等待著，大概過了兩到三分鐘的沉默，他清了清喉嚨，咬了咬嘴唇，開始說下去：「是戰爭，都是因為戰爭時的經歷，我從未擺脫它，但我已學著與它共存。直到我六十歲生日的那一天，突然感受到一股前所未有的壓力，這件事開始在我腦中揮之不去，同時讓我非常沮喪，有時候我會坐上好幾個小時，被過去的憂傷所籠罩，想著我曾經看過、做了什麼。我女兒說這叫做憂鬱症，我不知道這到底是什麼，但無論如何，這是很糟的事。」

振興家業者還是殺人兇手？

溫斯洛普・科恩早年離開了位於下曼哈頓工人區的家，加入美國海軍，那時是一九四二年，他只有十八歲，看上去比實際年齡要成熟一些。在訓練營待了幾個月之後，他便被送往太平洋戰區，在戰爭結束之前，他參與攻擊沖繩等四個小島，因為英勇作戰而兩次獲頒勳章，也在身上留下兩處明顯的傷痕，一個在左臉頰的小燒傷，橫越頰骨之上，從眼睛下方一直到接近鼻樑處，相較於他臉部紅潤的膚色，傷痕的顏色比較淡，讓他看起來兇狠好鬥，卻又帶有貴族的氣派；另一個位於右臂、又長又深的傷疤，從手腕一直到手肘上，是砲彈碎片造成的，這個疤讓我聯想到建築工人在工作時可能受的傷。這兩種對比的印象——菁英份子和藍領階級，便是溫斯洛普給我的感覺。

一九四五年退役之後，溫斯洛普回到紐約，靠著退伍金讀完大學，並且申請到法學院的獎學金，畢業之後他搬到西岸，進入當地一家大規模的法律事務所工作，幾年下來，他的事業非常成功，如今是事務所的資深合夥人。他的妻子出身於南加州一個富裕的基督教新教商人家庭，結縭四十年來，他們育有一個女兒，家庭幸福美滿，成為當地富有且受人敬重的菁英份子。

溫斯洛普・科恩的父親是第二代猶太裔美國人，經營的生意接連失敗，是個落魄的生意人；母親是一位老師，一個不十分篤信猶太教的猶太人，她刻意給兒子取了一個聽起來具有貴族和清教徒身份的名字，似乎象徵著她對於他未來成就的高度期望【原註】。溫斯洛普的外祖父是成功的建築商人，因此溫斯洛普・科恩將自己形容為「振興家業者」，「我父親是個失敗者，無論是經營生意、家庭或是他自己都不例外；但我像我外祖父一樣，是個振興家業者，能夠成功地建立事業和家庭。我很驕傲自己在人生『這』一部分的成就。」

至於在海軍服役的三年期間，則讓溫斯洛普．科恩感到不光彩，在我和他碰面之前的四十年，無論是對家人、朋友，或是爲了生意上的往來，他都未曾談及此事，也刻意不去參加和退伍軍人有關的組織或戰時同袍的聚會，而刊載於一九五〇年代地方報紙上、一篇關於獲頒勳章的退伍軍人報導中，也只見到溫斯洛普的名字，沒有照片或故事，因爲他拒絕接受任何訪問，甚至在他退伍後的十年間，一直爲戰時感染肺炎而引起的併發症所苦，他還是堅持不去當地的退伍軍人醫院就醫。「我希望盡一切可能抹去這段經歷，即使是與此相關的回憶也想一起抹去，到今天爲止我算是做得很成功。我當然明白自己有一段不可告人的過去，有一部分的我是不堪的，我指的是曾經變得很不堪，

【原註】對我來說，他的名字帶有基督教新教上層階級及猶太教中下階層兩種對比的意義，如同我之前所提到他的兩個傷疤，其中一個像是菁英決鬥而造成，另一個則像是工人工作時所受的傷，都顯示出他人格上的對立性，而這也正好幫助我們瞭解他是個什麼樣的人。多年來，我想到的總是他的全名，溫斯洛普．科恩，而不只是溫斯洛普而已。我在本章中經常使用他的全名，就是爲了表達這個意義。

但我一直都控制得很好，直到現在。」

帶給溫斯洛普・科恩如此強烈震撼的，是那些戰時的回憶，包括登陸、在叢林中作戰，尤其是殺戮，「我完全變成一個殺手，一個熟練的、沒有惻隱之心的殺人兇手。我想我殺死了許多敵方士兵，其中大部分是遠距離的射殺，但也有一些是非常靠近的，我記得有一個敵軍潛入我們隊伍，我用槍托狠狠重擊他的頭部，他當時不過是個年輕小伙子，大概和我年紀差不多，而我不斷地用槍托攻擊他的臉，他的鼻子、嘴巴、眼睛，幾乎都被我打爛了。他之前在隔壁洞穴中砍死了一個人，當我聽見慘叫跑過去的時候，他已經呆住了，我大可以直接射殺他，但我想讓他更痛苦，所以我一槍又一槍地毆打他，直到槍托上佈滿了鮮血，然後我坐倒在地下，感到反胃想吐。另一個『小日本兵』……現在的我討厭這個字眼，但我當時經常使用……是個受傷的肥胖士官，也就是擊潰我們的機關槍部隊的一員，我開槍射殺他，但這並不能讓我滿足，當時的我處於極度憤怒的失控狀態，於是我拿起刺刀，然後……嗯，還是別提我做了什麼，總之很殘忍，有時候我們會兇殘地傷害敵方的士兵，而他們也會回以更殘忍的手段。

「然而這兩個例子還不算最壞的，至少你還可以理解它們爲何發生，或許還能替它們找到合理藉口，但我卻做了一件很可怕的事，找不到任何可以讓它看起來合理的理由或解釋。我犯下的罪行無可饒恕，這是這些年來我一直埋藏在心底、從未對任何人提起的祕密，一件無法彌補的錯事。

「他應該是一位軍醫，我們入侵他的陣地，一間小型的野外醫院，擔架上還躺著瀕死的傷患。他舉起雙手，聽診器掉在腳邊，在那之前，我想他正在擔架旁彎著腰治療一個胸口滿是鮮血的傷患。他舉起雙手，雙眼凝視著我，就只是注視著我。而我直到現在都還可以清楚地看到他——沉默地等待、深思而敏感、沒有任何的請求，他不發一語，動也不動地看著我。我強迫自己再從頭到腳打量他，他看起來是如此善良、富有同情心；他的臉部表情扭曲而悲傷，靜靜地等待著。天啊！我竟然向他開槍。我射中了他。他滑落到地上，眼睛始終看著我，然後我……我不斷地向他開槍。

「讓我們面對這個事實吧，在那當時，我們並未將他們當成戰俘，不過這種說法不太對，應該是說我大可以將他關進監獄，然而是我，溫斯洛普·科恩，不是別人，在沒有受到任何威脅的情況下，冷血地殺了他。不需要再多說什麼，就是我犯下了殺人的罪行。我殺死了一位醫生，正當他在照料傷患的時候，簡單地說，我殺死了一個無辜的人——不，我覺得遠比那還要糟糕。我經常想起那位醫生，他是個什麼樣的人、做過什麼樣的事、當時又在想些什麼，等在那兒的時候，他似乎已經知道我會動手，但他沒有逃跑、懇求或抵抗，就只是看著我。我的意思是，在我的夢中，他注視著、等待著，接受我對他所做的一切。

「我愈常想到他，他在我心目中就愈像個聖人，從他眼中的哀傷，到被子彈射穿的身體流出鮮血。我殺死了一位救人者，一位充滿人性光輝的醫生。我十分確信這點。

「我是怎麼了？我怎麼能夠做出這樣的事？」溫斯洛普・科恩流著眼淚說，聲音變得哽咽，現在的他無力控制宣洩的情緒，只能不停地啜泣。

我伸出手去拍了拍他的臂膀說：「我聽見了，我可以瞭解。」然而事實上，我並不瞭解也無法瞭解，這在我聽來是如此可怕的經歷。我們兩個人沉默地坐著，仍然震驚於方才那段恐怖的回憶，那位日本軍醫的影像在房間裡揮之不去。溫斯洛普・科恩所做過的事情永遠無法回復，而他所經歷過的一切也永遠無法彌補。

「這件事永遠不會結束，你知道的。沒有解決的方法，因爲我不可能回頭去改變已經發生的事，雖然我很想這麼做，我永遠都無法改變自己做過的事，這些我平常絕不會做的事……是戰爭，戰爭讓人做出這些可怕的事，我背叛了所有我所相信的純眞和善良，我從小就被教導要做對的事情，我母親是個人道主義者，她教導我要愛讀書，她讓我感受到身爲猶太人的不凡與特別，因爲我們信奉上帝，有義務對世人行善。但是你看看我，我破壞了從小被教導的價值觀，我該如何面對自己？

「當我們在軍艦上等待登陸小艇時，生平第一次，許多人都嚇到了，而且當我們愈想要掩飾時，就愈顯露出自己的恐懼。我們嚇得身體顫抖、說話結巴、嘔吐，甚至連褲子都尿濕了，我知道自己當時很害怕，然後，一位嚴厲的海軍少校轉向我們，一個一個點完名後，大聲吼說：『你們這些傢伙大部分會戰死在這海灘上，不過記住，當你們被槍打到時，要向下仆倒，這樣才不會妨礙到後面的人行進。』他說這話時是認眞的，因爲他的任務是佔領這個海灘並向前推進，你只不過是他用來完成任務的工具，是犧牲品。這對於未參與過戰爭的人來說，是無法體會的，你殺人也有可能被殺，這就是我們所受的訓練，你必須堅強，堅強到徹頭徹尾的冷酷無情，而這代表的正是沒有人性，殘酷到沒有人性。

「這就是戰爭的另一面。當時的我並未心神喪失，甚至可以說是非常正常，我是個英雄，一個被訓練成殺敵的英雄，然而我的行爲，卻悖離了所有在非戰時期被視爲合宜的價值觀念。如果你達不到要求，便會被別人嘲弄，直到能夠完成任務；否則的話，沒有人會理你，另一個可憐的傢伙會代替你完成任務。我覺得自己很可笑，因爲當時的我居然如此成功地達成任務……因爲我竟然沒能阻止或逃離這些事。」

伴隨著溫斯洛普・科恩的自責和後悔而來的狀況，幾乎符合美國心理協會出版的《精神疾病診斷與統計手册》（當時是第三版）中所列出的憂鬱症主要症狀：悲傷、缺乏快感、性慾降低、失眠、體力不濟、精神無法專注、情緒激動不安、食慾降低造成體重減輕十磅、行動遲緩、深度的罪惡感、無價值感及無助感。我當時已通過國家專科考試，就一個年輕精神科醫師知道的最佳處遇，便是結合精神疾病藥物治療，以及持續幾個月的每週心理諮商。溫斯洛普・科恩同意並且遵守我的建議。

不再完整的靈魂，如何安頓？

經過一段短時間的抗憂鬱藥物治療，加上從個人身世背景和親密關係的脈絡著手，針對戰時所受到的創傷，進行精神動力學派（psychodynamic）的心理治療後，溫斯洛普・科恩的憂鬱症逐漸好轉。八週之後，他不再兩眼無神、激動不安，或是陷入極度的沮喪之中，並且重新回去工作。他的妻子和女兒感謝我治癒了他這次的「崩潰」，但溫斯洛普・科恩卻從來沒有當面謝過我；相反地，在我們最後一次晤談時，他意有所指地認爲，我在某種程度上是社會結構的共犯，協助掩飾戰爭所帶給人們的險惡經歷，一如他所受到的創傷。

「我可以再次忘記這些經歷，不再被它壓得喘不過氣來；我可以恢復正常的睡眠、飲食和性慾，但是你我都很明白，我心中的困擾永遠無法被治癒。聖經中〈約伯記〉說：『**我將維持自身的廉潔，我將堅守自身的公正。**』而我兩者都做不到。我讓自己沾上了汙點，我與周圍的人一樣失去了人性。你沒有解決的方法，我也是，只好繼續這麼活著。當你能明白我所做過最糟的事，也就等於瞭解正常人如何做出萬惡不赦的壞事；瞭解美國人何以如此仇視中東民族，德國人何以對猶太人進行大屠殺；瞭解即使是像你我一般的正常人，都有可能變成殺人兇手。

「在戰爭期間，當所有的事物都遭到破壞、不受控制，所有的行爲都免於刑責的時候，你可能做出令人髮指的行爲，甚至還因此受到獎勵。戰爭結束之後，你照常過生活，在晚餐聚會中向人述說戰時的經歷，然而那些都不是眞實的故事，說實在的，有誰能夠面對那些醜惡的眞相？只有效忠國家的記憶存在著，而殺戮的事實早已被遺忘。人們會紀念那些苦難的經歷，因爲那是被允許談論的，至於不能爲外人道的，我指的是無法公開談論的，像我所做過的那些事。那麼，該如何處置我們的靈魂呢？」

這是溫斯洛普·科恩在二十年前提出的問題，我在諮詢紀錄中逐字記下他的話，至於我當時在旁所做的筆記，毋需在此贅述，因爲那些字句現在看來平庸、混亂而沒有重點，我當時必定覺得這個提問挑戰到我的專業能力，因爲筆記中只針對憂鬱症和它帶來的影響，以及處遇後的狀況評估，我當然知道，這背後涉及更多的倫理議題，但是我選擇了不去處理。

或許我當時被溫斯洛普・科恩最後的那句話所誤導，以爲到了最後，靈魂轉變爲他內在批判反省的力量，好像他的內在自我和外界是隔離的，然而他之前所說的每一句話，其實都指向我們所處的這個世界，那麼，這是一個什麼樣的世界？他的描述就像是沒有意義的咒罵，但聽起來卻又是最正確的結論。聖經〈約伯記〉中用希伯來語「ka'as」來形容這種狀態，意思和中國文化大革命的受害者所描述的「煩躁」相同，意指人們的內在狀態，因爲受到強烈的外力影響而焦躁不安。這使我聯想到個人的自我，和所處的大環境、情緒以及價值觀之間密不可分的關係，我也想到溫斯洛普・科恩，因爲他所受到的震撼來自戰爭的殘酷，而他的感受，不過是對於戰爭中一切經歷的正常反應。

具體實踐宗教理念

八年前，我從前同事的口中，得知溫斯洛普・科恩因爲肝硬化過世，這是他在太平洋戰爭中感染肝炎後，病情長期惡化的結果，於是我做了一件平時不太會做的事，我重新拿出當年諮詢的紀錄，因爲一直以來困擾我的是，那些我未曾得到解答的倫理問題，我試圖在更宏觀的二十世紀美國社會脈絡中，重新去思考這個個案。對於溫斯洛普・科恩來說，人生最重要的事情，是不斷地向前進步，最後達到功成名就，他的母親很早便替他設定了人生方向：從家道中落的中下階層猶太裔背景，變成主導美國社會的新教徒菁英階級；從她爲他取的名字、對他的教導以及高度的期望等，可以看出她所做的努力。外祖父的成就成爲溫斯洛普・科恩效法的目標，而父親失敗的負面形象則被掩蓋和忽略。

除此之外，溫斯洛普・科恩也是具體實現宗教理念的一個例子，他承載的是一個民族的重要特徵，用他的話來形容是：將自我價值建立在與上帝的特殊關係上；建立在長久以來對於倫理文化的崇高要求上；同時也建立在透過受苦、藥物和醫療的關係，努力使得宗教價值能夠幫助解決眞實生活所面臨的問題。在社會價值完全被顛覆的戰爭時期，溫斯洛普・科恩成功地成爲一個出色的戰士，就如同他之後在事業上的表現一樣，不斷超越自己的成就。然而在身爲一個人的存在價值上，他認爲自己是失敗的，他曾經殺過人，不只是因爲職責所在，也是爲了宣洩自己的憤怒。而在他所殺的人之中，甚至有一位正在實踐他所遵從的宗教價值，至少他是這麼對我說的，溫斯洛普稱這名軍醫爲「無辜者」、「救人者」，當然我們無從得知眞實的情況是否如此，這位日本軍醫可能也參與過許多殘暴行動，即使他個人未實際參與，但其他的日本軍人也曾這麼做。美國參與的所有戰爭，包括溫斯洛普所經歷的，似乎都具有爲了正義而戰的正當性，我們可以說溫斯洛普・科恩是爲了自己的生命而戰，即使這個理由實在不夠充分。

在戰爭的混亂之中，溫斯洛普做了必須去做的事——至少我是這麼想的，試圖用我自己的方式去解釋他的行爲，避免去傷害這位從未欺騙或爲自己行爲反駁的軍人。他對於自己永不停止的苛責，不正是他高尚人格的最好證明嗎？然而，對於溫斯洛普・科恩而言，最重要的還是在於他所想像的道德世界存在的事實。他所做過的，是他自己完全無法接受的行爲；他所做過的，不只是悖離他的理念而已，而且是嚴重到無法補償、只能接受懲罰的罪行。身爲一個成功地在基督教世界立足的猶太後裔，他竟然殺死了一個他認爲「像基督一樣的聖人」！現在我終於能夠完全明白：他所扮演的是古老傳說中極具毀滅性的邪惡迷思，於是我告訴自己，他個人的悲劇是因爲具體化這極度危險的集體迷思，而變得更加嚴重。

曾經的英勇，卻成一生罪疚

對於溫斯洛普・科恩來說，在他英勇而又恐怖的行爲當下，最重要的就是殺敵和避免戰死沙場，而他也的確向所有人證明了自己的能力。他從未忘記那段經歷，然而卻是帶著報復的心情，即使在經過了四十年之後，他仍然能夠立刻將自己拉回戰爭現場，但回憶是對自己的報復，因爲他無法忘記、更無法寬恕自己，其實在他心中早已有了公平的判決。於是，我們在這裡看到的矛盾既清楚而常見：一個精神官能症（憂鬱症）患者，對於日常生活的危險和道德責任的承擔，所表現的令人不安的敏銳洞察，而這可能是一個正常人所想不到也說不出口的。

我在序曲提到，這是一本藉由敘述平凡人在平常以及非常時期的經驗，來定義何謂眞實道德中的危險和不確定性。二次大戰時，曾有一千二百萬的美國人在軍隊服役，其中只有幾百萬人擁有武器裝備，更少數的人隸屬於戰鬥部隊，即使如此，還是有許多軍人和溫斯洛普・科恩有著相同的戰時經驗；他們不一定參與過殘暴行動，然而戰鬥本身必然包括殺人和被殺兩種意義，因此，溫斯洛普的經驗，可以看作是戰爭中一般人的道德經驗。我們無從得知有多少曾參與戰爭的軍人已經開始質問自己，不過至少我們可以從戰後的小說、詩歌和評論作品中，看出一些端倪，或許這也多少顯現出溫斯洛普・科恩的特別之處：他的晚年被戰爭的罪惡感所困擾，因爲那些他曾犯下的行爲，對他來說似乎愈來愈不符合人性，而且在倫理上完全站不住腳。

非常時期的經驗——生命的盡頭、緊急事件的發生、社會情勢的巨變，讓一般人能夠更專注地去思考，什麼是對於自己及周遭的人來說最迫切需要的事物，也正因爲如此，溫斯洛普・科恩瞭解到那些在戰爭中，對他個人及其他人而言最重要的事物是什麼。於是，他證明了自己是個傑出的戰士；他將自己的恐懼和憤怒，轉化成對於摧毀敵人的行動；他盡全力去保護自己，以及和他生死與共的同袍們——在他所受的訓練中，這些都是理所當然必須遵守、並且實行的承諾和行爲，因爲這在他當時所處的道德世界中是被認同的價值，直到他發現自己的行爲，已經超越了他所能夠認同的界線，即使正處身戰火激烈的前線。然後他開始質疑身處的道德世界：它的價值觀來源、那些被視爲理所當然必須遵守的行爲，還有它所造成的後果。他的道德責任在哪裡？哪些事情是他（也暗指其他人）能夠做和應該做的？他應該在什麼時候去釐清界線，以避免自己做出過份踰越道德標準的行爲？當他在戰爭結束後返回家鄉，再度面臨一個不同的世界，在這裡被認爲重要的事情，與戰時截然不同，而所有被許可和被視爲重要的行爲，也和之前完全相反；當身處的社會環境完全改變時，他又該如何去面對和處理戰時的殘暴行徑？

兩套價值觀織就的生命衝突

二〇〇四年，當我讀到美軍在伊拉克所進行的殘暴行爲時，又讓我想起了溫斯洛普・科恩，在我腦海中又出現的是，當所有的犯罪者、領導者，甚至整個社會，都已經習慣推卸責任的時候，只有他拒絕躲藏於既定的合理化藉口背後。這也難怪我們總想要（也需要）將道德經驗置諸腦後，尤其是在像戰爭這樣的非常時期，因爲瞭解到自己所處的世界可能遭逢遽變，許多重要的事物也都可能徹底被改變了，例如：生命變得一文不值、正直和名譽隨時可以拋棄；爲了生存，所有事情似乎都處於模稜兩可的灰色地帶，即使是狡詐和殘暴的行徑都可以被容忍……這種讓人感到無所適從的經驗，又造成人的疏離和沮喪。我們變得疏離，因爲改變前、後價值觀念上的落差，以及言行上明顯不一致；也因爲我們更淸楚地看到，那隱藏在曾經被視爲理所當然的價值觀背後的眞實意義。我們變得沮喪，因爲瞭解到自己在某些時刻是如何依賴既定的價值觀，輕易地做出之前並不認同、會帶來不利影響、甚至是改變自我忠誠的事情。我們同時明白，讓自己身陷危機的，並不只是那些危險的價值觀而已，而是缺乏開創另一種可能性的能力，無法在面對難關時堅守道德責任，或是無法阻止過度的報復行為發生，讓我們面臨到更嚴重的危險。

挑戰一般人既定的想法，甚至進一步去探究自己的感受，讓我們成為與衆不同的人，但與此同時也有可能侵蝕我們的自我概念，並且嚴重擾亂我們的情緒——這就是在溫斯洛普・科恩身上所發生的事，他一開始先是試圖遺忘眞實道德中不愉快的經歷，在經過四十年之後，他卻用最基本的話語，去批判他所生活的世界及他自己。他的憤怒，來自於看見兩套完全不同的標準：一套是在太平盛世時所看重的價值，另一套則是當人們感受到威脅時，實際上會做出的行為。他認為這樣的不同是一種偽善，這麼做或許是為了讓生存容易些，卻也助長了非人性和不符合倫理的行為。從這樣的觀點看來，日常生活中充滿了困惑與混亂，因為它粉飾了狡詐和縱容的行為，以維持人們的生存、安全及穩定。溫斯洛普在談話中曾經指出這一點，也提到更多直接的或隱喻的說明。

當回憶進一步轉變為報復的行動之後，可能（也眞的能）成為殺人的工具。這是我當時在心理治療紀錄上所寫下的字句，如今看來，我似乎完全遺漏了其中所反映出的倫理意涵，我太著重於治療溫斯洛普・科恩的憂鬱症狀，甚至認為這就是他的病因。溫斯洛普的症狀獲得了改善，但他認為憂鬱症並不是重點，困擾他的是更深層的事物，而當時的我並不知道那是什麼，也未做好處理的準備。他當時所指的是，道德經驗能夠使一個正常人變成殺人兇手，問題的癥結在於常態，而非病態，因爲被視爲常態的可能就是虐待的行爲，這點是相當危險的。

美軍在伊拉克阿布格拉比（Abu Ghraib）【譯註】監獄的殘暴行爲，便是在這樣一個容許甚至是鼓勵羞辱戰俘、污辱他們的文化價值，以及使用極刑虐待他們的情境下發生。這些暴行是以收集情報爲名在當地進行，事實上這種令人感到難過的情形，在美國駐守伊拉克的憲兵隊之中卻是司空見慣，軍中的上級長官爲這種行爲提供了合理化的解釋，即他們需要收集有關日益增加的伊拉克人民暴動，以及向美國進行恐怖攻擊的資訊。他們宣稱這些虐待行爲——放狗攻擊年輕的戰俘、強迫戰俘成群做出性交姿勢、甚至將幾名戰俘毆打致死——部分是違反了軍人守則；然而這些虐待行爲，尤其是遭受到非致命虐待的戰俘，是否已遠遠超過可用來擷取情報的人數？九一一的攻擊行動、對恐怖主義宣戰，以及意圖控制伊拉克境內日益升高的死亡暴動等，被美國國防部五角大廈和布希政府官員拿來當作侵略性詰問戰俘的理由，因爲得到這些官員的背書，加以心態上對於戰俘的暴動和混亂，有著愈來愈多的恐懼和報復，在這群看守監獄的憲兵之中，便形成將虐待當成家常便飯的氛圍。

上述場景，是一種在面臨危險時產生的過度反應行爲，且更進一步使危險擴張。我並沒有任何想要替這些施虐者脫罪的意思，他們應該要爲個人的行爲負責，尤其是當虐待行爲超出可被接受的倫理範圍，至少其中幾件個案，施虐者完全是以虐待戰俘爲樂，他們的所作所爲，不同於溫斯洛普・科恩在面臨生死存亡時的戰鬥行爲。然而，溫斯洛普已經提醒我們，更嚴重的虐待可能會發生，一定會發生，因爲是戰爭造成了這樣的道德情境。

抱持希望，走過絕望現實

當我重新去看當年的紀錄，在我的精神科診斷報告中，重新發現溫斯洛普・科恩對於倫理所發出的警告聲時，我震驚於自己竟然完全沒有察覺出他所堅稱的價值危機和人性悲劇，而這才是最核心的部分。當時我怎麼會完全沒有抓到重點？

我在紀錄中思考有關解離（dissociation）的問題——認知與情感的分離、行爲與道德感受的分離，這是當時精神病理界流行的一種分析方式。它的基本論點在於，當面臨極度威脅的情況時，我們會將思考與感覺分離，以逃避和對抗；或者當我們是受害者時，會將受虐的殘酷事實阻擋在外，將它凍結在意識和記憶之外的創傷空間裡。整件事情說明至此，似乎不難理解：人們在一段時間內或許可以壓抑創傷的記憶，但最終這些記憶還是會浮上檯面，帶來焦慮、憂鬱和其他的精神問題。這個理論認爲，當創傷分裂進入解離的狀態之後，會出現創傷後壓力症候群，或是其他的症狀。我原先對於溫斯洛普問題的分析，可以說是一個專業者沉迷於應用所學到的分析架構。創傷研究的權威，同時也是著名的醫療人類學家艾倫·楊（Allan Young），將這種對於專業知識的沉迷稱之爲「假象的和諧」（the harmony of illusions），楊指出：治療者運用一種詮釋的架構，去解釋創傷記憶所造成的症狀，而這個架構形成了治療者對於患者創傷後經驗的理解，一旦患者的情況被評估爲壓抑或解離的創傷，則之後所出現的種種，自然印證了理論的論點。事實上，這些都是無謂的贅述。但當時的我便是如此，陷入專業的圈套之中，聽不見溫斯洛普·科恩的異議：對他而言，最迫切需要協助的，是靈魂，而不是創傷；是道德危機，而不是伊底帕斯（Oedipal）情結之類的心理衝突。

我確信溫斯洛普最後的意思是，他帶著不愉快的心情結束治療。他希望我能夠感受他的感覺：讓他痛苦的並不是病痛，而是發生在他身上的悲劇。他無法說服自己戰時的行爲是正常、是符合道德規範的；他知道我的想法也和他一樣。他整個人被一種可怕的、具毀滅性的方式所改造，但後來反而刺激他進行自我批判與反省，正如同我在其他遭受政治暴力的研究個案身上所看到的，當人們處於安逸的錯覺被動搖了，會感到煩躁不安，而且這種狀態有可能會蔓延開來。當一個人在生活之中，被迫同時去面對正義和善良兩種價值，他反而會逐漸失去對這二者的信念。這樣的情形並不必然需要接受治療，取而代之的方式是，懂得去表露自己在人生中必須不時面對失敗的痛苦：當我們面對那看來似乎已經絕望的現實時，只有選擇去經歷它，想像自己能夠忍受那些無法掌握的事物。我們在這裡所看到的，正是宗教、倫理和藝術的功能，即重新賦予事物意義，並且創造希望。從這個角度看來，溫斯洛普．科恩所創造的倫理架構，對於他個人的生命和所屬的時代而言，具有某種令人振奮的意義。他的道德勇氣，以及堅持對個人和世界表達不滿的反省態度；他從未放棄承認自己曾經參與過的罪行；他感到自責與悔恨，願意付出一生的時間，去懺悔覆水難收的往事；這一切都讓我們看到了希望——當極度的危險和不確定降臨之時，唯有希望讓人得以生存。

【譯註】二〇〇三年美軍佔領伊拉克，憲兵隊被舉發在巴格達附近的阿布格拉比監獄虐待伊拉克戰俘。這個事件和之後一系列英美聯軍的虐囚事件，被國際媒體總稱爲「虐囚門事件」。

【第三章】

美好善念，從何而來？

——伊蒂‧伯斯凱—何馬克的故事

高瘦而健美的身材，白皙的膚色因爲日曬而長滿雀斑，褐黃色的頭髮向後紮成束馬尾，樸實的造型，襯托著她大而柔和的灰綠色眼睛——這就是伊達‧艾蓮娜‧伯斯凱—何馬克（Ida Hélène Bosquet-Remarque），我們都叫她伊蒂（Idi）。伊蒂是法裔美國人，從一九八〇到一九九〇年代後期，超過十五年的時間，她分別在好幾個不同的國際救援組織擔任駐外代表，包括後來的歐洲基金會，她最初在東南亞停留了一段短暫的時間，接下來的工作地點則是附屬於撒哈拉沙漠（sub-Saharan Africa）【譯註1】的非洲地區。伊蒂的專業是與難民、流離失所的婦女和小孩、政府官僚、警察、軍人、宗教信徒，以及衛生和社會福利的專業人員一起工作。我在這裡敘述伊蒂的故事，除了因爲我們是認識二十多年的老朋友之外，對我而言，她象徵著人性中最美好的善念，願意去正視他人所受的痛苦，並且奉獻自己的生命和工作，讓他人的生活（在實務上和倫理上）能夠有所不同，即使這些改變可能是有限而短暫的。我在這裡講述她的故事，因爲她對於身陷貧窮和絕境的人們，懷有強烈的道德責任；因為她願意默默地行善，而不追求任何職業成就或公衆名利。

伊蒂的主要工作是人道救援，工作的地點包括戰區、落後國家、政治不穩定的邊界地帶，以及遭受其他莫名形式的政治暴力荼毒的地方，例如因為國家政策和全球性勢力，而導致窮人生活陷入極度危機的結構性暴力：造成早產兒因為營養不良而死亡、無辜百姓暴露於生化毒物的威脅中、流行病的傳染，以及醫療資源不均等情況。雖然伊蒂擁有巴黎索邦（Sorbonne）大學社會學及倫敦大學國際公共政策兩個高等學位，她對工作的選擇，卻刻意避免在非政府組織裡擔任政策制定或管理階層的職務。

人道救援的現實內涵

伊蒂在非洲工作的時候，正值當地社會處於劇烈變動時期。一九七○至一九八○年代間，為了符合世界銀行和國際貨幣組織經濟援助對象的條件，這些接受援助的貧窮國家被迫必須實行結構性的調整政策，大量裁減醫療、社會福利和教育等公共支出，導致無數窮苦的鄉村農民和都市居民，生活於龐大的經濟壓力之下；而國家的領導人則不斷陷入舉債、瀕臨破產、裁撤政府部門、負債增加、然後再舉債的惡性循環裡，加上當地菁英階層的貪污腐敗，造成愈來愈多的負債，接二連三地壓垮了一個又一個國家。因此，當諸如宗教和種族間的衝突事件發生，社會便很難再恢復和諧，最終的結局就是國家的衰敗，無法再提供人民所需或實施基本的公共服務。由於非洲特殊的後殖民背景，種族和宗教衝突造成賴比瑞亞、獅子山、剛果、盧安達、索馬利亞、蘇丹、安哥拉、莫三比克、象牙海岸與其他國家的分裂，盧安達境內的種族屠殺、非洲之角【譯註2】連年的飢荒，以及剛果的國家分裂等，只不過是幾個比較嚴重的例子。當然，其中也有比較成功發展的地區，例如取消種族隔離政策後的南非，然而，即使是較爲進步的國家，仍然面臨愛滋病、結核病和瘧疾等疾病的傳染及肆虐。因此，許多來自世界各地的非政府組織，例如樂施會（Oxfam）、救助兒童會（Save the Children）、無國界醫師組織（Doctors Without Borders）等，便進入當地從事人道救援工作。其中比較活躍的，包括國際性政府組織，例如聯合國兒童基金會（UNICEF）；也有些屬於政府組織，例如北歐、加拿大和英國的救援機構；還有美國的民間團體，例如福特、洛克斐勒和卡內基等基金會；以及宗教性質的人道救援與醫療救濟方案。在這衆多行動之中，某些的確具有實際上的成效，但也有許多因爲腐敗、管理不當、文化差異、以及捐助政策和當地政治掛勾而失敗的例子。

這些方案具有共同的特徵，就是通常只能短暫地運作幾年，因為在舊方案尚未被評估和討論之前，很快就會有新方案獲得國際社會和捐助者的關注。雖然如此，還是有許多人道救援的工作者，繼續留在這些急需幫助的地區，處理一個接著一個發生的危機狀況——飢荒、內戰、伊波拉（Ebola）【譯註3】和愛滋病毒等最新流行的急性致命傳染病、大量來戰區的移民、非法販賣婦女人口、販毒、對環境與動物生態的破壞等等。伊蒂是上千名在非洲的非政府組織工作的海外專業人士之一，協助救援面臨危機的當地居民，應付緊急狀況，並且處理讓人們生活陷入危機的結構性不平等。她的方法便是貼近當地居民的生活，進行她所謂的「田野工作」。

「你知道我所指的方法類似於民族誌（社會與文化人類學者的研究方法之一）：在村落與市集中晃盪、學習當地的方言、貼近案主的生活方式，或者比較真實的情況是，盡量做到與案主的生活水準相同。找出最需要被幫助的人，然後盡量替他們爭取與安排所需的補給品、基本的公共建設和生活費用，興建公廁，保護飲用水源，提供住所，讓嬰兒和孩童注射疫苗等；另外，如果他們可以被分配到醫療單位接受治療，我們也會進行病人鑑別分類工作，以上就是我們的主要工作。除此之外，還要安排和招募兼職人員，找出可以提供協助的當地居民，消消警察和軍隊的氣焰等，總之你能想得到的事情，都是我們的工作……像是缺水的問題，現在和食物短缺一樣嚴重；像是埋葬屍體的問題，因爲在這樣的情況下到處都有人死亡；另一方面，出生的人數也不斷增加。我想我還可以繼續做下去，在這麼惡劣的處境下完成工作，讓我有一種說不出來的成就感，特別是當我所做的事情具有人道意義。在某個地方待上幾年之後，再轉到別的地方工作……處理不同的問題，在不同的社區中學習，嘗試另一種可能性的排列組合，同時結交不同的朋友，可以一起工作的好朋友。」

田野經驗帶來的深刻省思

一九七○年代中期、伊蒂還在大學唸書的時候，我就認識她了。當時我在哈佛擔任研究員，準備移居到華盛頓大學，在那裡設立醫學人類學和文化精神醫學的課程，一直到一九八二年再度回到哈佛。伊蒂當時就讀於麻州一間貴族的私立文學院，在聽說我的研究之後，邀請我擔任她田野研究和畢業論文的非正式指導教授，當時我在這方面已經具有多年的經驗。如今，認識了二十多年，我對伊蒂已經有相當程度的瞭解，而她每一次回到美國時，總不忘順道來探望我。

對於那些生活在窮苦或是困境中的人們，伊蒂懷有幾乎可以奉獻終生的熱誠。她大學時的畢業論文，可以說是極爲成熟的民族誌研究分析，來自第一手對於某一地區村落、鄰里和人際網絡的描述，而且是經過人類學研究者學習當地語言，花上一年以上的時間在當地居住、觀察當地的事物，並且參與當地居民的家庭生活、工作，以及宗教和政治上的相關活動，所收集而成的資料。伊蒂論文主要的研究對象，是生活於世界上最窮困地區的窮人和邊緣人，而最引人注目之處，在於她願意投注心力，去探究人類學對於弱勢群體的研究和其間的倫理意涵。她下了一個勇敢的結論，挑戰了當時普遍的觀點：在尚未提供實際的協助之前，就對於尚在受苦的人們進行研究，是不符合倫理的行爲。當時，許多民族誌學家的研究目標是「科學的描述」，因此在實際的研究執行上，通常是與報導人（informant）保持有距離的關係，同時使用正式的研究方法進行資料收集與分析，他們認爲，如果研究者過於介入研究對象的生活，研究結果便會產生誤差，因此，要避免對研究對象進行任何實際方式的干預，包括提供當地社區醫療和社會服務等。這個概念在今天聽來或許很怪異，在當時卻被認爲是理所當然的。

伊蒂也質疑是否可以將「證詞」當成研究的結論，她不相信光靠著錄下倖存者的聲音，然後對他們悲慘的故事進行分析，便可以作爲研究的最後結果，她堅稱：你必須要有所行動，去幫助那些人。事實上伊蒂並不是唯一堅持這樣信仰的人，她指出偉大的法國存在主義小說家卡繆（Albert Camus, 1913-1960）也有著相似的理念，認爲承諾——即信守對於他人的諾言，與他們共同承擔起解決生活問題的責任——便是付諸實際的行動，同時具有同情和團結的意義。伊蒂在某種程度上也懷疑倡導研究的意義，除非那些既定的研究發現，能夠轉變爲實際上的行動。於此，伊蒂所批判的是一些社會科學家，他們自認爲替在地居民發聲，卻從未進行過系統化研究，或者即使曾經研究過，卻未根據新的研究發現進行評論，她所擔心的是，這些學者了無新意的研究分析，對於應該在當地做些什麼完全沒有幫助，反而可能奪取了當地居民爲自己發聲的權利。

伊蒂的論文是根據她在東非半年的研究而成，豐富的經驗讓她對於上述這些議題，能夠提出有實務依據的見解。我到現在都還清楚地記得，她從非洲研究回來後不久，我們之間有過一段關於「專業崩熬」（professional burn-out）的討論，最初我很驚訝於伊蒂尖銳的評論，她認爲新聞工作者，甚至是社會科學家，都過份著重於報導人道救援組織外派人員的經歷，只因爲他們會說英文、都市化程度高，能夠很快地與外籍訪客交談，因此他們的故事得以被報導，舉例來說：關於南蘇丹週期性飢荒的近況報導，焦點總是在這些外籍專業人士身上，他們會被問到在這種地方工作的感受，以及如何在如此「原始的」環境下做事，而懷中抱著小孩準備哺乳、看似憂心的非洲婦女，通常只被當成報導的背景。在外籍採訪者的訪問中，這些絕望的母親多半是沉默的，最多只能說上一兩句話，至於在接下來的時間裡，她們通常被摒除在外，只剩下駐外援助工作者繼續與採訪者對話，伊蒂認爲，對於當地接受援助的居民來說，這是相當不尊重人的舉措。

人道救援工作者的角色

伊蒂一反常態地痛批這些事情，同時批評那些一起工作的歐洲人和美國人，因爲他們似乎還活在自己的世界裡，遠離難民和流民的生活環境（髒亂、蚊蠅、簡陋的茅屋等），不和當地的專業人士（非洲的醫生、牙醫、神職人員、教師等）一起，在比一般人生活條件稍微好一些、但仍然難以忍受的環境下工作（沒有玻璃窗的辦公室、破舊的桌巾、損壞的桌椅、缺乏書寫或廁所用紙等）。我明白伊蒂所指出的，都是眞正的問題所在，然而對於一個被視爲富有同情心的年輕女孩來說，她的論調則是異常尖銳和冷漠，而這件事也讓她十分困擾。

而上述的批判只不過是個開場而已，伊蒂之後所看見的是更麻煩、而且與她自身相關的問題。外籍援助工作者和所屬的機構，因爲自己所建立和管理的方案，獲得外界贊助和認可；然而讓伊蒂納悶的是，這些方案不是爲了解決當地貧窮和社區失能的問題嗎？不是應該讓在地工作者，而非外籍人士，來主導這些方案，同時爲方案的成敗負責嗎？因此，這些功勞不是應該歸於在地工作者嗎？如果讓在地工作者自己運作方案而獲得成效，那麼這些方案或許更有可能持續下去。

由於這些援助工作者主要是來自富裕國家的白人，身上帶有某種新殖民主義的氣息，以及爲自己謀利的野心，伊蒂毫不客氣地說，他們非但以專業人士的姿態出現，甚至把自己當成「聖人」。對此，伊蒂帶著嘲笑的口吻指出，這就是所謂的「最後的白人希望」（the last white hope），或許在後殖民時代，此等意義相當於殖民時期的「白人的負擔」（white man's burden），伊蒂認爲這代表了某種程度的種族主義，即歐美國家將自己視爲拯救非洲的唯一希望，於是，任何成功的方案，都被期待是由白人所領導，尤其是像史懷哲（Albert Schweitzer, 1875-1965）這樣具有某種英雄形象的人。人道救援工作者被視爲英雄，無論這種形象是由工作者本身，或是西方國家的民衆所製造出來的，都讓伊蒂感到質疑。

然而，伊蒂也發現到，如果沒有這些外籍工作者，可能不會有任何的方案產生，但這並不能完全歸咎於在地工作者的能力不足（雖然她也承認他們需要提升工作的專業水準），而是因爲他們無法掌握經濟、社會和政治上的資本，也就是這些贊助方案所需要的金錢和象徵性的資源。最讓伊蒂感到諷刺的是，她的論文發現雇用像她自己這樣的工作者是具有爭議的，伊蒂微笑著說，她第一個實際參與的田野經驗，她喜愛的一份工作，竟然阻礙了她未來的發展。

走入絕望現場

我曾經在一九八九年時到一個東非國家實地觀察伊蒂的工作能力，當時該國因爲腐敗的官僚體制，以及許多援助方案的失敗而惡名昭彰。在那裡，我看到伊蒂將她之前所寫過的文字，一一付諸實現；也看到她在艱苦的環境之下（包括財源短缺，人力不足，以及協助生活在邊緣和非法居留的婦女時，所面臨到的政治問題等），表現出相當令人欽佩的工作能力，意思是她所做到的，不只是讓更多人存活下來而已，她實際運作一個重要的方案，規模雖小，成效卻十分顯著，這個方案所提供的服務，包括食物援助、乾淨的飲用水、公共廁所、最基本的醫療措施，以及對於移民婦女和兒童的保護。我訪問了一些曾經陷入絕望並接受過伊蒂幫助的人，以及她當地的同事們，然後帶著衆所肯定的初步評估結果離開；我可以感受到伊蒂一直在做的，實在是件了不起的事。

我記得我曾經和一位十分瘦弱的非洲婦女談到伊蒂，她告訴我她三十五歲，但她看起來比實際年齡老得多，黑髮間長出許多灰髮，兩邊臉頰上都有部落傳統的刺青，她穿著一件鮮艷的綠衣裳，脖子上纏繞著黃絲帶，幾個孩子年紀還很小，穿著破舊的衣服，但看起來相當健康，在屋外奔跑時笑得很開心，她們和另一個家庭一起住在一間木造的房子裡，附近有茅坑和保護的水源。這位婦女對我說，如果沒有伊蒂，她和她的家人根本活不下去，她流著淚回憶道：「我們剛來到這裡的時候，身上什麼都沒有，這裡的人都想欺負我們。幸好有這個方案，也就是伊蒂，她就像我們其中的一份子，和那些態度冷淡的官員不同。」我被那位婦女臉上眞摯的表情所感動，於是將我的紀錄，加上一封讚揚伊蒂工作表現的信，一同寄給伊蒂當時服務機構的長官。

我曾經和伊蒂一同走過一個居住著上千名移民的臨時住屋區，這裡的居民都是非法佔有土地後，用硬紙板、廢棄金屬和木條搭建臨時屋。當地政府對於這樣的情形，採取視而不見的政策，於是這些居民不受任何管轄，當然也就不可能要求像自來水或污水處理等設施。我們看見孩童在滿是污水和破舊瓶罐的骯髒街道上嬉戲，伊蒂告訴我，每當下雨的時候，街道上便流滿泥漿和排泄物等殘渣……這樣污穢的環境，便成爲痢疾和皮膚潰爛等疾病的溫床。這裡的嬰兒死亡率，是鄰近中產階級區的五至十倍。此外，站在滿是巨大坑洞的街道一角，可以看見許多男人及少數婦女，手裡拿著自家釀造的烈酒，臉上帶著喝到茫然的表情。伊蒂舉例說明，酗酒問題會讓已經陷入經濟困境的家庭情況更糟；例如，酗酒使得家庭暴力問題更嚴重，導致憂鬱症、暴怒、煩躁和自殺等情況的發生。

正當我用力而潦草地寫著筆記時，伊蒂解釋道：「絕望，是這個地方最嚴重的病症。我們所能做的，是協助比較活躍、有能力的婦女，組織社區方案，以保護她們自己和小孩，同時讓男人進行復健。」我們訪視了一個居住在臨時搭建屋中的家庭，年輕的媽媽正餵食著懷中的嬰兒，兩個比較大的孩子，則在骯髒的地板上玩耍。屋內的空氣極不流通，瀰漫著腐壞的食物、垃圾和排泄物所發出的惡臭，以及令人難受的熱氣，牆上則佈滿蒼蠅，使得我幾乎要窒息。孩子們的鼻孔裡流出濃稠的綠色黏液，其中一個的咳嗽聲聽起來病得十分嚴重。伊蒂用斯瓦西里語【譯註4】與那位年輕的媽媽交談，告訴她社區診所內的公共衛生護士，可以免費替她的孩子看病，但那位婦女顯然已經精疲力盡，她的丈夫因爲肺結核還在醫院裡治療，而她沒有可以幫忙的家人或朋友。她很羞怯地和伊蒂說，她已經絕望到賣身給附近的酒鬼和吸毒者，伊蒂提醒她要小心性病和愛滋病的傳染，不過看來她早已瞭解可能的風險，只是無力去要求那些拒絕戴保險套的顧客。伊蒂已經結合在地的護士，發展出較具規模的愛滋病防治方案，她希望將這位婦女納入，

政府的情況，只好當作那些移民和難民根本不存在。然而就像我提過的，這個傢伙並不差，他是個優秀的人才，從美國的大學畢業回來，知道有哪些事情該做，但是卻被行政體系所羈絆，以致什麼都不能做，如果他逾越了上級長官的指示，從此以後就得不到任何的行政資源，更糟的是，他被賦予守護國家資源的責任，但他同時也需要生活啊——多可憐的靈魂啊！他的薪水完全不足以維持生活，所以得找機會將公家的錢放進私人口袋裡，爲了妻小，他必須這麼做。他是眞的想有所作爲，但是靠自己根本不可能做到，我將這樣的人視爲外在的助力，像他就是一個很有潛力的合作夥伴，只是他自己不知道而已，我曾經和比他差太多的人合作過……我會強烈地讓他還有那些不及他開明、善意的官員們知道，我需要爲那些生病的、挨餓的、受到驚嚇的，以及住在街上和臨時屋的人……提供最起碼的生活所需，『別拿那些我已經知道的規定來教訓我，你很清楚那些我都懂；別用那些政治正確的話語來逃避責任，看在老天的份上，聽聽這些可憐的人說些什麼；這些婦女很清楚她們的需要，她們會告訴你；你知道那並不難辦到，即使在這樣可悲的情況下，你也可以做些好事；我是個很容易合作的人，我不會和你作對，不製造任何威脅和問題；還有，所有的功勞都會是你的，你甚至可以以贏家的姿態出現。如果這個方案成功，這些人成功地擺脫絕望的困境，你也會從中得到好處，到時我絕對不會阻止你。不過請不要現在就回絕我或置之不理，我可以提供協助，但如果必要的話，我也可能會製造麻煩。所以，我的朋友，讓我們一起來完成它吧！』」伊蒂堅定的話語中，帶著對於現實的體悟，以及懂得如何將之付諸實現的藝術，而她說話時的語氣，聽來如此柔軟又帶給人希望。原本令人感到嚴肅的兩件事——專業能力與個人理念，在這裡被輕鬆幽默地帶過，讓這段話更具有感染力。

讓在地聲音與外部力量結合

同時，伊蒂也會批判自己的作爲，「你知道嗎，在這裡我覺得自己每一刻都在犯錯，還好最後事情都能完成。喔，我指的當然不是每一件事，但是絕對已經超出你的想像。我自己，或者我的方案，往往就是問題的所在。有時候我甚至懷疑，是不是一定得變成『問題人物』，才能夠眞正完成事情?!但如果我們不打破公事上的慣例，就不會獲得掌權者的注意，然後就什麼事情也完成不了；但我不是來這裡進行文化交流，也沒有時間去協調當地人和外來者的利益，我們需要行動。所以，我盡量表現得像個當地人，這當然不是事實，但是如果我自稱是當地人的話，有時候事情就會成功，當然，並不是對每一件事來說，這才是最好的處理方法。而且當你看來像個當地人的時候，得要有心理準備，你可能會和其他婦女一樣遭受粗暴的對待；我就有過這樣的經驗。我的意思是，你必須有當地人的樣子，同時保有一些外來者的影響力，在取得這兩者的平衡上，我總是無法掌握得很好，還曾經因此犯過很嚴重的錯誤。然而，如果你不冒險去做一些事，就會像其他的工作者一樣，變成被操弄的對象；但另一方面，一旦我失去了平衡而失敗，實際上這種情形經常發生，又會造成相當程度的議論和紛亂。我曾經做過一個愛滋病針頭交換方案，呃，這種方案在當時算是比較先進的，而且沒有執照許可，我用這個方案作爲保護受暴婦女的掩護所，嗯，可能有一點超過合法的範圍，因爲我們將婦女藏起來不讓她們的丈夫知道。」伊蒂從這些不好的經驗中學到，和當地官方打交道是非常重要的事。

爲了讓工作更順利進行，伊蒂想出一個簡單的策略：她經常以當地移民和居民發言人的身份，與他們一同到政府機關進行交涉，有了他們做後盾，政府官員就不能用外籍人士干預內政的藉口，隨便打發她離開；而伊蒂所代表的機構許可（溝通管道和現金），讓她能夠方便行事，包括打通當地政經系統的高層。在我所觀察到的一個例子中，像這樣在地聲音和外部力量的結合，協助了許多流離失所的家庭，並且提供婦女和兒童更多的幫助。在這個案例中，伊蒂威脅一個來訪的社會福利官員說，如果他不承認這個貧民區的存在、不來參與這個貧民區所舉行的會議的話，她會集合所有主要非政府組織的外籍代表，一起去見他的長官，除此之外，她保證會在會議上大肆批評他，讓他的工作不保。然而一旦這位官員答應見她的案主，伊蒂便退居二線，讓案主爲自己和家人爭取更好的居住環境和經濟補助，她在事前幫助這些婦女排練，現在則站在背後支持她們；當會議結束之後，她仍以一貫支持和友善的態度回應這些官員。即使如此伊蒂很清楚地知道，她只不過隸屬於一個規模很小的歐洲非政府組織，缺乏廣泛的知名度，讓她的工作和成就受到很大的限制。

「我不想欺騙自己，我不是聯合國『難民』委員會的高級專員，我甚至不是當地的主要合作單位，我所代表的機構，只運作幾個小規模的方案。剛開始的時候，我不太能接受這種受限的感覺，我如何說服自己只能幫助一小部份人而已？然而現在，在工作多年之後，慢慢地我可以說服自己，這才是比較人性化的做法。我們知道自己的案主是誰，將資源投入他們身上，追蹤他們的狀況，對我們來說，他們都是有意義的個人，而不只是一個個號碼。我想這個世界上沒有什麼是完美的，你只能夠做自己能力可以做到的事，難道我不想做更多嗎？當然想。那麼我可以接受這些限制嗎？是的，我可以，嗯，不是因爲見到許多絕望無助的臉孔，而是當我和那些接受幫助的人一起工作的時候。我在學校所受的政策訓練告訴我，這樣是不對的；但是在這裡的生活經驗則告訴我，我做得還不錯。」

我和伊蒂聊得愈多，便從她那裡獲知愈多，許多規劃方案的初衷與她實際上經歷、更為複雜的人性化經驗之間存在著落差。

「當我還是個學生的時候，對於如何成功地運作一個方案的計畫和策略似乎比較清楚；而現在，大部份的時候都很模糊。我愈瞭解那些接受幫助的人，就愈覺得他們複雜，其中只有少數人是單純的受害者，有些人同時也是加害者……即便是同一家人，遭到背叛的故事時有所聞，我經常被提醒不要太輕易相信別人，這會讓人感到非常困惑和抓狂。貪腐則是另一個例子，當我剛開始工作的時候，我很容易就察覺到，但現在的我卻經常無法分辨，這個人（指轄區官員）之所以貪污，眞的是因為他需要從我們的方案中圖利，才能使家人溫飽嗎？到最後，政府已經認定他無法靠著微薄的薪水過活，所以他得自己『想辦法』去塡補不足之處。如果數目不多，也不是公然地盜取，我會盡量容忍，只是看到那些高級官員壓榨人民，然後自己過著奢侈的生活時，我會忍不住感到難過，並且試圖阻止這樣的事情發生，我最鄙視的就是那些強取豪奪的人，因為他們的貪婪造成了太多的破壞。除此之外，我已經可以接受我們多少都需要蒙混度日，而在貪腐的大環境下，這是人們僅有的生存空間了。」

始終眞誠的理想信念

伊蒂最尖酸刻薄的批判，是針對某些曾經合作過的非政府組織、國際政府機構裡的高級主管：「他們無法放手、不去干涉，雖然並不瞭解實際的問題，卻總是在未事先和我們討論或是瞭解方案運作的情況之前，便做出了決策；和案主在一起的時候，他們總是顯得不自在，或許是因爲害怕感染到某種疾病……我知道這些話聽來有些諷刺和挖苦，不過相信我，有些人眞的是這個樣子，這些人在紐約、倫敦和巴黎想像著新的方案目標，修改收費標準，並且把錢花費在一些無意義的事情上；爲了吸引媒體的注意，我們每年都需要想出新的主題和術語，那都是爲了營造良好的公共關係而編造出來的，我想大概只能在政治正確的演講中使用這些詞彙，否則的話，眞不知道這些內容貧乏的標語還能做啥用處？我曾經試圖將它們運用在方案中，但是很快地，我變得消極而犬儒。對於這個行業來說，犬儒主義便注定了失敗，最好趕緊換工作，以免落得更爲消沉，我親眼看到太多優秀的人因此而離開。我並不是個浪漫主義者，這點你很清楚，但是如果要繼續待在這個行業裡，就必須保有某種眞誠的想法；你不需要開口閉口談的都是人權，那有很多都是胡說八道，但是你必須奉獻自己去幫助那些生活於痛苦中的人，而那所需要的是某種期待世界可能改變的信念。」

伊蒂清楚地說著每一個字，臉上帶著微笑及略為諷刺的表情，似乎覺得自己對於人道救援團體做了太多批判，她現在不太願意在自己的專業領域中，表達絕對的立場，因為她愈來愈清楚，在複雜的現實環境之下，努力運作的方案有成功，也有失敗。即使如此，她願意奉獻於窮苦人民的基本信念與熱情，始終未曾改變。

伊蒂涉獵許多關於婦女與發展的議題，她能夠隨時引用事實和數據，去描述發展中國家婦女生活的情形，包括墮胎、性虐待、割禮、奴隸、暴力和創傷、遺棄與貧窮、醫療資源不均，以及來自於巫術的迫害等。伊蒂每天工作的環境裡父權的影響顯而易見，然而她都能夠應付得很好，可以在當地討論婦女的議題。即使女性的角色愈來愈顯得重要，她在工作上所遇到的官員和專業人士，大部份都是男性；對於男性工作夥伴而言，伊蒂的優雅舉止具有某種吸引力，她自己也很明白，這點在專業工作上有一定程度的幫助，除了好友以外，伊蒂很少對外透露自己的私生活，她這麼做是為了保護自己，並且維持她在這個男人世界裡的影響力。她告訴我，保有某種神祕感和魅力，對於她的工作來說是很重要的，伊蒂身邊同時有幾個親近的男性好友，其中一位是歐洲的記者，另一位則是南非的藝術家，但她對於婚姻和小孩從不感興趣。另外她也有許多親密的女性朋友，她稱她們爲「無國界的愛和支持網絡」，當她放假出國的時候，通常是和這些朋友在一起，其中有兩位非裔的女性知識份子，可以說是伊蒂最親近的朋友。

同理，最重要的倫理元素

從伊蒂的言談中，可以感受到她對家人的喜愛：父親是法裔美國人，一位從事國際投資的銀行家；母親出身自法國勃艮第的富裕家庭，在瑞士從事醫學研究工作；妹妹在中東的一個國際性非政府組織擔任醫生；最小的弟弟則在法國大學主修音樂。「我的祖父母出身貧窮，在一九四六年戰後移民美國，一方面是因爲當時有親人在紐約州，另一方面則是政治問題。我的祖父不能算是貝當（Philippe Petain）【譯註5】政府的官員，但是曾經替他做過事，應該算是他的同黨之一吧，雖然不是所謂的戰犯，不過據我所知也很接近了。總之，他們必須離開法國。」

伊蒂有一位東非同事，在當地成功地帶領了一個小型的社區方案，他經常以嚴厲的態度看待這些到非洲來的外籍專家，卻向我透露他十分敬佩伊蒂：「伊蒂很特別，在這裡你幾乎看不到像她這樣的工作者，她完全融入當地的生活，或者至少她願意這麼做。

她過著像當地居民一樣的生活，而非住在豪華的房裡，和她一起工作的人當中，有許多成爲她的朋友，即使是下班時間，她也不會只和外籍工作者混在一起，事實上，她最好的兩個朋友就是非洲裔女性，她也學著說斯瓦西里語，雖然不太流利，但是卻很勇敢，她願意用這個語言和當地人溝通，這點讓大家十分感激。正因爲如此，她學到許多外來者無法瞭解的事。當然她也像許多從事人道救援的工作者一樣：細心、體貼而且富有同情心，除此之外，伊蒂在政治和文化上，也具有相當敏銳的洞察力，更重要的是，她十分冷靜、無私，並且用正面的態度去看待事情。對她來說，非洲不是一個殘破的蠻荒之地，非洲人民也不是愚昧或無能的，她對於殖民的歷史和後殖民理論的認識，甚至比我還要清楚。她總是穿著輕便地在各地走動，不會一副裝模作樣的姿態。她擁有一種與生俱來的特質，能夠和不同的人及利益團體合作，避免讓婦女和兒童陷入更危險的情況，提供她們所需的保護。」

上述這一段話，正好也是我對伊蒂的看法。她從未違背自己的承諾，她就像個朋友以及社區中的一份子，與最貧窮的非洲人民生活在一起，盡她所有的能力去幫助他們。她懷有一股追求社會正義的熱情，沒有人應該生活於不幸和不公平的環境中，這種現況應該是可以被改變的。在伊蒂身上這股非常不容易做到、但卻深具啓發性的奉獻精神，其實與她的家庭背景有很深遠的關係。在她的心目中，祖父曾經是個叛國者，因此她一直試圖想要改變這種形象；於是，所有她視爲和祖父相關的特質——與壞人合作、種族歧視、缺乏道德觀念和責任，都成爲她極力抗拒的對象。她出身天主教家庭，尤其受到解放神學（liberation theology）的影響，認爲正在受苦的窮人，是最優先需要被幫助的人，而這也是社會正義和個人救助的基礎。她喜愛閱讀巴黎倫理哲學家、猶太裔神學家列維納斯（Emmanuel Levinas, 1906-1995）的原著作品，並且深受他的思想所影響：也就是倫理道德應該置於一切事物之上，倫理道德的實踐，必須來自面對面建立的關係，也只有當受苦之人得到他人的回應時，他所受的苦難才具有意義，因此同理心是最重要的倫理行爲。由此可知，如果缺少了對於當地居民和問題的倫理回應，任何的政策和方案都會和現實世界脫節，無論是在於人性或是執行方案上，都很難眞正成功。伊蒂始終堅守在她的工作崗位上，當其他的外籍專業人士都陸續離開時，只有她繼續留下，而她和當地居民的關係，已經遠遠超出當初方案的約定。

正因爲多年來我對伊蒂的瞭解，始終停留在上述的印象，因此在一九九七年最後一次見到她時，讓我十分憂心。當時伊蒂從瑞士日內瓦機場打了通電話給我，告訴我她正要飛往波士頓探望朋友，希望能夠和我約個時間見面。這一次，她說她需要聽聽我專業上的建議，讓我深感驚訝，因為在這之前她從未有過這樣的請求。於是我們約在我位於哈佛的辦公室見面，談了好幾個小時，共進午餐，在回到辦公室之前，我們在哈佛的校園裡來回漫步，那時已是寒冷的秋天，校園裡樹葉繽紛，襯托著灰暗的天色。

在我面前的伊蒂，似乎突然變了一個人。西非和中非連續二十二個月的戰爭，造成無數的傷亡，兩方戰區都陷入極度的混亂，每週都有不同的團體因不知名的原因而互相宣戰，平民百姓則成為殘暴和致命攻擊的目標，大批群眾因此流亡和遷徙，而伊蒂的工作便是協助這些流離失所、飽受飢餓、驚嚇及疾病所苦的家庭。

伊蒂的臉更為削瘦，而最明顯的改變是她的表情，原先生動的表情和促狹的笑容不見了，現在的她看來表情僵硬，肌肉緊繃，凝視的眼神帶著令人生畏的嚴肅和緊張。伊蒂和我說話的時候，眼神空洞，眼睛一眨也不眨地盯著我，相較於之前的溫和，她此時的冷酷形成一種強烈的對比，而這樣的對比所流露出的是沮喪、失落和受傷，同時又驚恐不安。我所感受到的是，我眼前這位女性，看到太多、也被要求做了太多她無力負荷的事，即使此刻她仍然努力使自己看起來堅強，但我以前從未見過她如此脆弱的一面。

她告訴我，過去這兩年來，她經歷了太多恐怖的遭遇，早就沒有什麼感覺了，現在對她來說，挫折和失敗的感受變得很短暫，因為很快便轉化為自我嘲諷和批判。從伊蒂說話的語氣中，似乎可以感受到她已經失去了原有的自信，連帶她對於工作還有整個世界的希望。

在她身上看不見之前積極進取的樂觀態度，取而代之的是負面的情緒，例如失落、恐懼和消沉，而這些情緒所反映的，正是非洲當地實際的情況，例如獅子山，自一九九〇年代初期爆發的內戰衝突，似乎永遠沒有結束的一天，政府軍隊與民間不同的反抗勢力，像是競賽似地在各個村落和城鎮中大肆進行破壞，造成無數人民傷亡、家庭分崩離析、農業和市場機制完全停擺等。賴比瑞亞的情形更為嚴重：不只是國家，是整個社會完全瓦解。在剛果東部，一九九四年盧安達種族屠殺事件之後，許多不同的團體被送往熱帶雨林地區，包括由百姓所組成的民兵部隊，以及盧安達、剛果和其他國家的軍隊等，而這些團體的存在，讓原本已經分裂的區域更加動盪不安，政權經常更迭，可能被某個部隊佔領了一個月後，下個月又換成另一個不同的部隊。總之，到處都充滿了暴力和動亂。

當伊蒂談到她所觀察到的現象時，我更加擔憂。「我想我現在終於可以瞭解，為什麼有這麼多的同事和前輩們會感到麻木，為什麼他們會『崩煞』並且離開。那裡的情況眞的很糟，事實上，應該說是非常可怕，我不只一次被槍指著，事實上總共有三次，而且不斷地處於這種威脅之下。這種情況以前也發生過，但是都不像這次這麼嚴重，我眞的以爲自己活不了了。我以前也曾親眼見過像類似的殘暴行爲，但都沒有這麼大規模，或是像這次感覺這麼糟。有時候看來什麼也做不了，雙方都無法要求對手停止，事實上通常不只是雙方人馬，所有人都有可能是同謀或共犯：政客、軍隊、警察，甚至是難民。這一刻你所看到的可愛小男孩，下一秒鐘他可能就拿槍指著你的腦袋，完全不理會你的死活。對於這種情況，即使是聯合國和非政府組織的人也愛莫能助，有太多令人洩氣的事情：殺戮、毀滅、復仇、停戰又開戰、違反承諾、揮霍金錢、方案失敗……幾乎所有的事情都一蹶不振，那種危險、腐敗又帶有生命威脅的情況，實在是難以形容。」

伊蒂向我敘述那些關於暴力和毀滅的記憶片段。在剛果的一個城鎮，她設立了一個幫助流亡婦女和兒童的方案，每當一批新的武力部隊進城時，所有的婦女和兒童便被迫離開，過了幾天之後，又會有一些婦女因爲被毆打和強暴而回來求助；在另一個市鎮，伊蒂集資用來購買食物和補給品的錢，硬是在槍口的威脅下被拿走；還有一次，她差點被剛果的政府部隊攻擊，因爲他們將最近一次戰爭落敗的原因，歸咎於伊蒂的機構提供敵方援助，最後她是靠著當場賄賂才倖免於難，這次經驗讓她極度驚慌又沮喪。

「我從未像現在這樣無法控制自己的反應，我不知道是否還能夠繼續工作下去，我變得冷漠痲木，我知道自己非常非常氣憤，但是不同於從前的激動與憤慨，而是一種冷漠的感覺，或許我的靈魂已死，我感到內在的某個部份已經枯竭，我的意志變得消沉，眞是失敗，該死的失敗！」這裡伊蒂所指的是，好幾個她所創立的方案都被迫停止運作，她覺得自己無法再提供那些流離失所的家庭任何支持或保護，她服務的機構在當地已經停止主要工作，其他機構也面臨同樣的情況，那裡的情勢實在是太危險了。任務失敗讓她覺得自己很沒用，因為她的自我認同幾乎完全建立在她的工作上。

重新思索眞實道德

伊蒂抿著嘴唇看我，眼眶變得濕潤，她的逼視彷佛能穿透我。她看來是如此疲憊和失落，我覺得她有可能會完全崩潰，因此非常緊張地趕緊建議她放假休息。「離開一陣子吧，」我對她說：「重新思考這些災難和不幸，還有妳在其中所扮演的角色，在妳找到自己的想法之前，或許先做些其他的事情。」

伊蒂仍然看著我，眼睛一眨也不眨，然後她咬了咬嘴唇，皺起鼻頭，表現出不太高興的樣子：「不，我絕不會離開！那裡有太多人需要我，機構裡有太多需要處理的事，我不能就這樣不負責任地離開。我以爲告訴你這些事，是爲了找到解決的方法，我想知道的是，即使當你已經痲木、挫敗不斷，但仍然必須繼續下去的時候，應該要怎麼做。我不知道未來會發生什麼事，或許一切即將結束，但是我需要你的傾聽，許多在那裡的工作者，也和我有著同樣的感覺。我聽說過創傷後壓力症候群，我們某些人有這樣的精神問題，但那聽起來就像是個二手車的推銷員向別人推銷一部有問題的車子一樣，我無法被說服，我不覺得自己有病，嗯，我想，這應該是種絕望的感覺。我花了許多年去瞭解，身處絕境的人們需要的是什麼，而我應該如何幫助他們，現在這裡的情況這麼糟糕，我非常失望，我想我們都感同身受，因爲看起來做什麼都沒有用，但事實並非如此，原本有些事情是大有可爲的，只是因爲情勢轉變的緣故，然後……它們就變得不再有用，儘管目前還沒有找到解決的方法，但是我覺得事情仍然會有轉機。」

伊蒂所指的是，她被機構要求停止某個救濟計畫，因爲當地的暴動情形實在非常嚴重，但是她並沒有理會上級的命令，仍然繼續運作下去，就這麼穩定地運作了一陣子之後，當新的軍事力量佔領該地區，方案又被迫終止。在戰亂和衝突之中，這種情形不斷上演，然而她仍然抱持著一絲希望，那就是：當願意和她合作的部隊重新取回政權時，計畫又可以繼續運作了。

「這實在讓人感到精疲力盡，除了擔心和害怕之外，幾乎沒有其他感覺，該死的是，我們必須承認自己不知道該怎麼做，在我看來，似乎所有的人都是如此。所以這時候不應該繼續沉溺在這些不幸之中，而是應該向後退一步，重新組織、思考未來的方向，但『絕對不是』從此離開。我們需要像你這樣的人（伊蒂指的是我的精神醫師角色），協助我們處理痲木和低落的情緒，然而我還是要回去，一個令人感到驚訝的事實是：許多的工作夥伴都曾經歷這些，然後重新回到工作崗位上。只是首先我必須知道自己如何能夠做得更好、如何能夠幫助別人，那才是最根本的問題，對我來說，人生的意義來自於這份工作，那裡的人需要我，而我也需要他們，因此，我必須盡我所能地做好這份工作，但是我需要先找到一條出路……一條能夠擺脫這些憂傷的出路。」

我們談了很長一段時間，或者應該說是伊蒂跟我談了很久，我知道我的任務只是傾聽，讓她盡情地發洩所有情緒。從她的話裡，透露出孤立無援、憂鬱、煩惱和絕望等所有悲傷的主題，她問我這算不算是憂鬱症的症狀，我回答說不是，我並不認爲是。她問我如果她無法繼續這份工作，我會不會因此瞧不起她，我記得我告訴她：「怎麼可能！妳是最讓我敬佩的人，無論妳是否回到那個可怕的地方，都不會改變我的想法。事實上，我不希望妳回去，我擔心會有什麼狀況發生，妳可能因此受重傷甚至死亡。拜託，妳已經做得夠多了，妳可以等情勢比較安全以後再回去，或者現在就馬上離開！」

伊蒂問我是否覺得她出了什麼問題，我回答說我不想替她做任何精神診斷，我告訴她：「如果妳一定要知道的話，我想妳的問題是情緒低落，不是憂鬱症，而是來自眞實道德危機。妳承擔了方案的責任，但是看不見執行的方法；妳找不到自己和方案的出路，但是妳的工作對妳來說比任何事都重要；妳已經做得比任何人都多，但妳覺得還是不夠，對嗎？妳知不知道自己到底在做什麼？替妳祖父還他所欠下的道德債？爲最卑微的人洗腳才能解放妳的靈魂，是嗎？準備好成爲上帝的聖徒了嗎？」我試圖用言語刺激她重新思考自己在做的事，我們圍繞在這個話題上打轉，終於伊蒂從我辦公桌旁的舊椅子上起身走向我，親吻她自己的手指，然後放在我的額頭上說：「你知道的並不會比我多，不是嗎？但是我可以從你的眼中看到關愛，從你的話中聽到對我的關心，這便是我來此的原因。」這時，她長滿雀斑的臉上，緩緩地揚起一抹微笑，「我知道自己是誰，或許我眞的是爲了替家人贖罪，也讓自己的靈魂得到釋放，那又如何？我接受你的論點：這是一種道德危機。如何實踐眞實道德？我曾經以爲我知道，現在卻不能肯定，我需要的是重新找到自己的方式，別替我擔心。」當時我沒有寫下最後這一段話，沒有這個必要，因爲直到現在它們還留在我的心底。

我陪伊蒂走出大樓，穿過哈佛校園，等她坐上廣場前的排班計程車。臨走前她給了我一個燦爛的笑容，然後我看著計程車緩緩離開人行道，往西駛向布瑞托街。當時的我感覺五味雜陳，一方面感到放心，另一方面又覺得空虛，我心中若有所思，或許悲傷的情緒是會傳染的，又或許是因爲剛才目送我的道德模範離開，需要重新思考自己的位置。眞實道德的意義究竟是什麼？到底什麼才是最重要的價値？與伊蒂這最後一次的碰面，還有那些未解答的問題，成爲我寫下這本書的動機。

奉獻，才是最重要的事

和朋友們在麻州西部短暫的相聚之後，伊蒂・伯斯凱—何馬克同時受到打擊和鼓勵之後，再度返回災難的現場。我透過彼此間共同的朋友，得知她重新投入工作的情況。首先，她決定改變原先的情況，不再垂頭喪氣和讓步，而以另一個行動方案重新出發，終於，她又站穩了腳步，恢復了一個她之前創立、但因遭到阻礙而短暫停止運作的方案。隨著她重新拾起的自信和決心，那個充滿熱情及好打抱不平的伊蒂，又回到我們眼前。她寫了一封短信告訴我，她對於媒體所塑造出來的形象感到不滿，她認爲他們只不過花了一個小時，乘坐直昇機進出危險的區域拍照，並未眞正體驗實際的生活：在戰亂的危險環境之中，日復一日地努力生存下去；她同時提到，她開始敬佩那些無法乘坐直昇機離開的人們，那些無家可歸的人群以及當地的居民，包括當地的專業人士，雖然情勢如此艱難和不確定，他們還是必須找到繼續生存和復原的方法。

她透過一位共同的朋友告訴我說，她雖然不敢十分肯定，但很高興自己證明了大學時代論文中的錯誤：當時她認爲救援工作者不是必須去體驗當地的實際生活，因此生活在沒有實務根據的道德假象之中。然而事實上，作爲一個外籍專業人士，實在是件殘酷又困難的工作，當你面對周遭極度的危險時，並不會得到任何情緒、身體或是道德上的保護，她解釋，其實和生活中的其他事物一樣，這個工作也沒有單一的模式，人們有不同的生活和工作經驗，並且用不同的方式去應對。創傷是眞實而必然的，但是沒有人可以說明，爲什麼當某些人因此而崩潰的時候，另一些人仍然能夠堅強地活著；爲什麼當某些專業人士選擇逃避、承認失敗的同時，另一些人仍然留下來繼續奮鬥。她想讓我知道她錯了，她在論文中低估了崩熬的重要性，但是她現在所抱持的想法也不完全正確，因爲她並未認知到，事情的結果可能有多種不同面貌。她深信即使是專業人士，也和一般人一樣，最好不要被視爲消極的受難者，就像人生中的許多事情一樣，無論是誰，都可以積極地從困境中振作，重新回到原本的工作和生活中。最重要的是犧牲和奉獻，如果你擁有這樣的信念，就會堅持下去；如果失去它，或許就是應該離開的時候了。我沒有機會要求伊蒂針對這點多做補充和說明，因此，這成爲我深藏在心底的未盡事宜之一，偶爾會讓我感到難過和苦惱，需要從頭到尾徹底地思考。伊蒂似乎想要告訴我，身處於巨大的危險和不確定之中，她已經發現了對她來說最重要的事，那就是堅守自己的信念，奉獻給最需要她的地方和人們。無論這是她人生的因還是果，對於她來說，奉獻就是最重要的事，這是她之所以存在的意義，也是她認爲自己應該去做的事。

紀念已逝的道德之美

在非洲又待了一年之後，伊蒂回到法國，接著搬到瑞士，準備出任一個歐洲非政府組織的短期職務。她開著一部租來的車，在冬天行經法國汝哈省（Jura）的山區時，因爲車子打滑，意外出車禍而過世，這對所有認識她的人來說，都是十分震驚的消息。

之後，當我告訴伊蒂的親人，我希望將她的故事放進我正在寫的一本書裡時，她的母親和妹妹只要求我不要透露任何和她們家族相關的訊息，我也特別小心處理她生活的細節，確保不會侵犯到伊蒂及其他人的隱私。在我們最後一次通話中，伊蒂的母親交代：「如此，你所表達的便是對於她生前信仰的尊敬。她不是聖人或英雄，只是個沒沒無聞的平凡人，做著她認爲應該去做的事，即使身處非常情況，仍然不改其志。身爲她的家人，我們也有著與她相同的信仰。」她的妹妹則唸了一段很長的悼詞，並且以下面的讚頌作爲結束：「她是如此地傑出，無論是表現在工作或生活上，她所做過的每一件事，她的一舉一動，都是如此美好，那是一種道德上的美，同時，在她身邊的其他人，也都被她所感染，甚至因此改變。我們收到一些很棒的信件，是她在非洲和亞洲的朋友及同事寄來的，其中一封來自她最好的朋友之一，是一位非洲裔女士，伊蒂生前經常去拜訪她，有時是爲了讓自己重新振作，有時只是單純渡假。我現在手上正握著這封信，信上寫道：『她生前如此努力辛苦建立的方案，會持續運作下去嗎？誰知道呢？或許不會吧。這些方案對在這裡所發生的一切，會產生什麼巨大的影響嗎？不，當然不會。單靠一個人的力量，如何能夠阻擋時代的洪流？然而，這些方案是否讓某些人的生活獲得改變？是的，答案絕對是肯定的，它們做到了。我們會想念她嗎？非常想念。她值得這裡的人永遠懷念她嗎？絕對值得！我先生的族人相信，祖靈同時也包括像外籍人士這樣的外來者，他們死後會變成主要的力量來源，能夠影響現世和未來的世世代代，在我看來，伊蒂便是其中之一，族人們必須舉行祭拜儀式，讓她的靈魂獲得安息，很快地，她就會再回到我們身邊，像過去一樣幫助這裡的人，像過去一樣的美麗。我們希望她能夠像過去一樣地充滿朝氣，繼續做著世上最美好的事。』」

伊蒂的不凡，來自於她如此嚴肅地看待自己所信奉的價值，願意奉獻自己去幫助身處於危險中的人們，伊蒂認爲她的絕望無助，正好也反應了大部份當地居民正在經歷的：公衆危機帶來的個人創傷。她在落後的國家工作，當地沒有任何組織能提供服務，公衆秩序完全遭到破壞；所有買賣交易、貿易往來、農漁業生產等經濟活動，都被迫停止；出外採集生火的木柴或是飲用水，成爲需要冒著生命危險的任務。在社會完全失去控制的情況下，人們使用暴力去解決仇恨和競爭，那裡已經沒有政府公權力（即便是貪污腐敗的政府也好）能夠進行協調和溝通的工作，所有的破壞都無法得到修復，恐怖行爲無所不在。聯合國和一些非政府組織，因爲擔心工作人員的安全，決定撤回駐守當地的工作者及方案，各地都陷入了混亂，情況愈演愈烈。

另一位從事人道救援行動的駐外工作者，貼切地描述在當地生活和工作的情形：「你感到口乾舌燥，心跳隨時隨地都在加速，想像著背後有一群暴徒和傭兵追著你跑。機構裡的當地員工早已消失不見，但誰又能責怪他們呢？只剩下你還暴露在可怕的環境之中，機構主管要你馬上離開那裡，但其實已經太遲了；而就算你還有辦法離開，但你知道自己的存在（即使渺小而脆弱），或許是唯一可以讓那些無辜民衆免於遭到屠殺的機會。試圖逃離那個地方，然後思考你所認同的行爲準則和專業精神出了什麼問題，這種感覺才最叫人難受。在那當下，你似乎什麼事情也不能做，但是離開，或許只是讓情況更糟。」

他繼續說道，當殺戮進行到他所駐紮的獅子山難民營時，即使懷有上述的心情，但是爲了逃離當下恐怖的情境，他所能做的，也只是保全自己性命的反射行爲而已。我問他之後是否還繼續留在那裡，他緊盯著我看，淚水浸濕了雙眼，然後對我說：沒有。

美好善念，從何而來？

那麼，這些對於社會正義的憤慨和要求、幫助他人的善念，以及奉獻自己在世上行善的信念，到底來自於何處？伊蒂的故事，如同它令人感傷的結局，所敘述的是一個人爲了心中的美好圖像，願意奉獻生命，讓這個世界獲得改變。身爲一個大學和醫學院教授，我遇到的許多學生最初都懷有像伊蒂般的志向，然而經過一段時間之後，多數人都因爲職業發展或家庭因素而放棄了初衷，走向完全不同的人生方向。但仍有一群人（實際上的數目頗令人驚訝）選擇繼續堅守在這條路上，過著與伊蒂相同的人生，與伊蒂所遭受到的嚴重打擊一樣，他們也很容易因爲同樣的道德經驗而受傷，除了少數人如保羅・法默（Paul Farmer, 1959-）和金辰勇（Jim Yong Kim）【譯註6】等，他們甚少被當成社會上的道德模範，因爲媒體所喜愛的是另一種倖存者和英雄的形象：充滿個人魅力的主角人物，戲劇性地戰勝一切厄運之後，成爲傳奇的成功故事。

即使如此，上述的道德信仰卻從未間斷過，從十九世紀末期的基督教青年會（YMCA）運動，中間經歷了一九六〇年代開始的和平志工隊（Peace Corps）【譯註7】，一直到今天，在國際非政府組織中從事人道救援、醫療援助和人權運動的工作者，這些勇敢的個人，願意放棄原本輕鬆、平穩的生活，冒著極大的生命危險，奉獻自己的心力於這份工作上。有許多從事後殖民研究的專家認爲，像伊蒂這樣的人道救援工作者，實際上使得他們所要解決的問題更形嚴重，他們的看法是，人道救援工作者，無論是帶有天眞浪漫的想法，或是積極地從事謀利的勾當，最終的目的都在於主張傳統價值和外國理想主義，因此掩飾了全球政治經濟所導致的嚴重後果。於是，大衆所關注的焦點，不再是那些不當的政治和經濟手段所造成的嚴重社會問題，例如極度的貧窮、體制上的貪污腐敗，以及政治上的暴力，談論的話題也不再是土地改革、改善教育制度、提供健全的醫療和公共衛生服務，以及用代議制度和自由批判的媒體，來取代世襲政治和犬儒主義等；過於關注一般個人和家庭所遭遇的困境，讓大眾忽略了原本應該受到重視的社會不平等與貧窮問題。

除此之外，這些對於人道救援工作的批判更指出，因爲人道救援而帶入的價值觀，可能會破壞當地社區原有的能量，使得當地的道德經驗被全球化的信仰所取代，例如過於強調個人自由及奉行消費文化的思想，這不僅僅助長了西方文化的勢力，也造成其道德上的優越性；另一方面，這些外來機構所設定的是他們自己的工作目標，而不是替任何個別的國家工作，事實上，外來的工作項目可能會加重當地的社會問題，讓問題變得更棘手，同時，這些外來的工作者也可能會沉淪，成爲當地權力的仲介者。

伊蒂並不是不瞭解這類的批判論點，她參考他們的意見，相信他們提供了不同的見解，然而，她認爲這些論點只有部份正確。對她來說，擁有犧牲奉獻的精神，願意幫助身處絕境中的人們，同時很清楚地知道自己的作爲具有某種道德複雜性，才是團結和助人的實質表現，她說，這關乎於你所見到的（或是選擇去看見的）、感覺到的（或未感覺到的）、最後決定去做的（或不去做的）是什麼，以及你如何去實踐生活、選擇去過什麼樣的人生，這同時也關乎於，你能夠用什麼樣的言語和行爲去回應這個世界。她所堅持的是一種無私的、任誰也無法辯駁的、並不是完全不切實際的信念，除此之外，她謹慎看待一切未知結果的態度，在在都說服了我們：這個世界能夠、也必須有所改變。伊蒂的一生，證明了這就是最重要的事，而伊蒂本身，對於少數熟識她的人（包括我在內）來說，同樣具有深刻的意義，如同她妹妹所說的：從她如此重視並且努力去實現的人生中，讓我們看見了真實道德的美好。

【譯註1】又稱撒哈拉以南非洲、下撒哈拉，是指在撒哈拉沙漠以南的地方，此詞多以政治作區分。

【譯註2】非洲之角指的是非洲的東北部，包含索馬利亞、索馬里蘭全境和部分衣索比亞的半島地區。因為大部分都是索馬利亞的領土，所以也被稱為索馬利亞半島（Somalia Peninsla）。

【譯註3】伊波拉是一個用來稱呼一群屬於纖維病毒科伊波拉病毒屬中的數種病毒的通用術語，可導致伊波拉病毒出血熱，罹患此病可致人於死，包含數種不同程度的症狀，包括噁心、嘔吐、腹瀉、膚色改變、全身痠痛、體內出血、體外出血、發燒等，此病毒以非洲剛果民主共和國（舊稱薩伊）的伊波拉河命名。

【譯註4】斯瓦西里語（kiswahili）屬於班圖語族，是非洲語言當中使用人口最多的一種。

【譯註5】貝當，法國陸軍將領、政治家，也是法國維希政府的元首、總理。他曾在第一次世界大戰期間擔任法軍總司令，帶領法國與德國對戰，被認為是民族英雄，一九一八年升任法國元帥，但一九四〇年任法國總理時，他向德國投降，至今在法國仍被視為叛國者，戰後被判死刑，後改判終身監禁。

【譯註6】法默，在哈佛大學醫學院接受內科住院醫師訓練時，韓裔美籍的哈佛醫學院畢業生金辰勇也同時申請成為內科住院醫師，兩人相談甚歡，於是一起投入海地的醫療工作。當兩人雙雙結束住院醫師及研究員的訓練以後，法默就開始他每年四個月在哈佛大學、八個月在海地的學術生涯。

【譯註7】由美國甘迺迪總統發起，將受過訓練的志願人士送到發展中國家提供技術服務。

【第四章】

道德—情緒—政治混亂下的人生

——嚴仲叔的故事

「在中國求生存，你得保守所有的祕密，否則的話，很有可能會被人利用來對付你，因此，對人只能說一些迂迴婉轉和……模稜兩可的話，你甚至得限制自己的思想，因爲你知道身處在那樣的亂世裡，有時候連自己都信不過，你也有可能背叛自己或是身邊的人。這也就是爲什麼我認爲最眞實的自我，最好不要被別人看得太淸楚，就像中國國畫裡的雲霧一般，將最私密的部分隱藏在所扮演的社交角色背後；而你的公衆形象，最好能像一碗白飯一樣，平淡而不起眼，完全隨著周遭的菜色而改變味道。如果你鋒芒太露，可能會招來忌妒或是敵意，甚至會讓人因此想盡辦法超越你和陷害你。

「除此之外，你還得靠別人的幫忙，才能免於受到責難。良好的人際關係不但能夠保護你，而且可能幫助你逃脫困境……可是你的妻子、子女、親近的好友，卻有可能會背叛你。事實上，你捫心自問，如何能保證自己不會背叛他們？」

這段話來自嚴仲叔（Yan Zhongshu），一位年約七十六歲、身形瘦弱、滿頭白髮的退休醫師，現在住在華盛頓特區，與他同住的是單身女兒，目前在一家小型的生物科技公司擔任研究員，他兩個兒子和一些家人仍住在北京，那裡是嚴醫師的故鄉，也是他和家人待了大半輩子的地方。嚴醫師來到美國已經七年了，但是心裡頭仍然存在著不安全感，他害怕自己如果說出、或是做出被認爲是反對中國共產黨的事，家人便會受到中國政府的迫害，因此，他堅持我在敘述他的故事時，必須使用化名：「我不希望危害到家人的安全。」

我和嚴醫師相識已有十年，遠在他尚未離開中國、移居到美國之前。我第一次見到嚴醫師，是在一個醫學會議上，之後我們有過多次談話的機會，包括正式的訪談，內容大多是針對中國的醫學專業發展，我們有時約在我哈佛的辦公室見面，有時則約在他家裡，從這些談話當中，我對於他的人生有諸多瞭解。在本書中，嚴仲叔的故事相當具有代表性，它說明了歷史、政治和經濟等因素，如何形塑了我們的眞實道德；同時也讓我們看到，無論身處於多麼惡劣的環境，即使在很多時候幾乎沒有反抗的餘地，我們仍然能夠堅決不做危害他人的事。

嚴醫師繼續說：「我不相信任何人告訴我的事，除非那是他們親身的經歷。我知道，我一直是個理想主義者，我發誓自己絕對不能像從小見到的那些壞榜樣一樣，然而時局不好，我終究還是與他人同流合污，爲了生存，我必須這麼做。

「我猜想這種情況，在某種程度上，始終存在於傳統的中國社會裡，但由於共產主義的統治，讓情況更爲嚴重可怕。每一個生活在中國的人，大概都會感受到這樣的壓迫……沒有人能夠預料下週、下個月或明年會發生什麼事，每個人都知道，政策隨時會轉變，另一次文化大革命也可能會再出現。你搖著頭說不會，但你無法預知未來。當然現在看起來或許不太可能，但是誰也不敢保證，在共產主義不斷被曲解和改變路線的情況之下，那不會再度發生。現在我們所謂的『市場社會主義』，便是另一種形式的文化大革命，因爲人民過去的信仰完全被顚覆了。

「你可以試著研讀或掌控未來，但事實上你根本做不到，只有黨和你的工作單位（每一個大型工作場所，工廠、醫院、學校等都被組織成工作單位，人們的工作和日常生活，都受控於掌權的共產黨地方黨部書記），以及位高權重者才有這樣的能力，然而，一旦時局變動，就是遭殃的時候。

「我移居到美國之後，曾經回去中國三次，現在即使那裡的經濟情況好轉，人民的生活卻沒有任何實質的改變，在資本主義市場經濟制度下，你的行動還是有可能受到監控，當這樣的情況發生時，你唯有靠著保守祕密、得到別人的保護，再加上運氣才能夠保命。」

順風轉舵的家族傳統

嚴醫師出生於一九二九年，家族不算龐大，但是因爲經商的關係而逐漸嶄露頭角。他排行老么，上面有三個哥哥、一個姊姊；祖父和父親在上海、天津、廣州和香港等地經營進出口貿易。一九二〇年代後期至一九三七年間，家族生意十分興盛，中國仍由國民政府（即國民黨）統治，嚴仲叔的祖父先是在金錢上贊助國民黨，後來則加入成爲黨員，於是借助國民黨的勢力，生意上更加成功。嚴醫師感傷地說：「我並不知道我們家到底替國民黨做了些什麼，不過我猜想應該是做了不少事，而且大部分是不合法的。」

一九三七年以後，日軍佔領北京，入侵中國的其他領土，也包括上海，嚴家人便開始從事祕密的通敵活動（從一九三七到一九四五年，日本向國民黨、共產黨宣戰，攻佔了大片的中國領土，並且殘暴地殺害了約兩千萬名中國人，日本也在中國建立了傀儡政權，強迫生意人、專業人士以及其他各階層的人民與他們合作，於是許多菁英份子便遠離家鄉，逃到仍由國民黨或共產黨統治的地方）。日本政府告訴嚴醫師的祖父和父親，如果他們願意合作的話，他們會變得更有錢，但同時也威脅，如果不合作的話，會讓他們做不成生意；而在這個時候，國民黨的特務也暗中來到嚴家，警告他們不要再繼續公開地和日本人合作，否則會惹來殺身之禍。就在兩邊都施予強大壓力的情況之下，他們全家決定在一九四〇年初冬一個寒冷的清晨，摸黑逃離家鄉，由國民黨特務帶領，逃到了重慶，一個氣候潮濕、依山傍水的城市，位於中國西南方四川省的偏遠地區，國民黨政府於一九三七年撤退至此，繼續對抗日本的侵略。到了重慶之後，美國顧問主動接觸嚴家，遊說他們利用生意上的往來，在日軍佔領的地方暗中傳遞各種消息。

一九四五年，美國在廣島和長崎投下兩顆原子彈，促使日本無條件投降，之後嚴家便返回北京（國民黨重新拾權統治），繼續家族的貿易活動。然而，當國民黨和毛澤東所領導的共產黨發生內戰，而且情勢看來有利於共產黨之際，嚴家又和共產黨的祕密特務聯絡，提供他們金錢、物品及資訊；另一方面，他們也維持著和國民黨的關係，「事實上，我父親的兄弟之一還入了共產黨，另外兩個則是國民黨員……這在當時是很常見的事，你必須平均分配賭注，以確保不會輸個精光。我對於這樣的家庭感到深惡痛絕，沒有理想，沒有忠誠度，只會見風轉舵，對他們來說，最重要的就是保障自己的財富。在我心中，對於這種只為自己謀利的心態，是很抗拒的；當時在我看來，這代表的是所有中國傳統的錯誤觀念。」

幻夢一般的社會改革

一九四九年，共產黨在內戰中獲得勝利，嚴家仍然留在北京，他們起初抱持著謹慎而樂觀的態度，在新的領導政權再三向生意人、專業人士及知識份子保證，絕對會尊重私人財產和權利的前提之下，他們認爲應該可以維持原本的生活。然而不久之後，共產黨便開始屠殺地主，而嚴家本身也領受到共產黨幹部不斷壓榨和勒索的行爲，很快地，他們便知道，私人財產和生意總有一天會全部收歸國有，於是在一九五〇年，藉由處理生意而前往廣州分公司視察的名義，嚴家全家逃到了香港，嚴仲叔當時就讀於北京的醫學院，他不顧全家人的反對，決定繼續完成學業，並且留在中國。「家人試圖收買我，甚至用不孝的罪名讓我感到內疚，但我拒絕和他們一起離開，我希望爲自己的家鄉貢獻所學，並且憑自己的能力去實踐所認同的價值觀；這完全不同於我家人所奉行的重商主義，他們願意與任何掌握權力的人合作，卻從來沒有自己堅持的道德觀念。」

嚴醫師告訴我，他當時認爲由共產黨來統治中國是件好事，因爲那些讓中國人民飽受痛苦的貧富不均、貧窮落後和政治混亂等，都是新政府列爲優先處理的問題。「剛開始的時候，我很高興自己做了正確的選擇。」嚴醫師說：「在當時，我和同學都很熱衷參與攸關公共醫療及社會發展的政策，政府下令禁止賣淫，遏止性病的傳播，讓藥物濫用的問題得到良好的管制，販賣婦女和兒童人口、墮胎等都被禁止，重新建立起社會秩序，從鄉村移至城市的大量貧窮人口也得以抑止。我們建立了一套適用於所有人的醫療標準，至少在城市裡，由於大規模地進行接種疫苗以及衛生設備的改善，嬰兒的死亡率大幅降低，社會上最嚴重的衛生問題，結核病、瘧疾、腦炎、血吸蟲病等，都一一控制住，無家可歸和赤貧的問題，也同樣獲得解決。如果你當時是一個懷有進步觀點的醫學院學生，即使本身的階級利益可能會受到威脅，你也不得不為此而深受感動。你知道的，上個世紀代表著中國人的恥辱，我們被視為落後而無知的一群人，連印度看起來都比我們進步，我們曾經被譏為東亞病夫，一夕之間突然改頭換面，在穩定中求發展，並且充滿了希望。我們終於等到可以抬頭挺胸、揚眉吐氣地去面對整個世界和自己同胞的一天。」

然而，到了一九五〇年代中期，像大部分同學和其他許多專業人士一樣，嚴醫師有了不同的想法。他們對於土地改革和都市更新計畫，不再存有任何幻想，因為共產黨的高壓政策，造成了許多暴虐的行為，例如大規模的屠殺、強制徵收、愈來愈徹底的集體化，以及對於批判言論的禁錮，甚至連黨員都被懷疑是否對黨具有足夠的忠誠。階級戰爭的宣揚愈演愈烈，最後演變爲對所有非「紅五類」的人（亦即被視爲階級敵人的「黑五類」）進行鬥爭，包括從前的富商、富農、地主、右派知識份子以及其他政黨的成員。至於一般人民的生活條件，則因爲定量配給和重新分配住所的制度，處處受到限制，而最令人厭惡的是，共產黨口口聲聲打著平等主義的旗幟，實際上卻只有新的高幹階級享有特權，他們不但有自己的學校和高級商店，甚至有特殊管道可以分配到較好的房屋。對於嚴醫師以及那些與他有著相同理念的朋友來說，革命似乎只改變了資產階級的頭銜，卻沒有眞正消除他們。的確，共產主義所大聲疾呼的政治口號——建立一個平等的社會，並沒有因爲政權的轉移而獲得實現。

由於政治壓迫的情形愈來愈嚴重，嚴醫師從北京到了廣州，並且在家人生意舊識的協助之下，偷渡到了香港。然而，進入這個隸屬於英國資本主義的殖民地之後，嚴醫師完全沒有重獲自由的感覺，相反地，他在這個殖民社會看到許多社會上和經濟上的弊端，如同從前國民黨統治時期一樣時，他反而變得更不快樂。

「我發現在香港的中國人，爲了賺錢可以不顧一切。我的家人仍然做著最擅長的事，如同他們之前對國民黨、美國人、共產黨，甚至日本人所做的一樣，就是討好殖民政府。他們唯一的理想就是賺進大把鈔票。在那裡生活讓我感到很不舒服，就像是我並不屬於那裡，我想我在中國的時候反而比較好，雖然生活比較困難，但至少大家有著共同的偉大目標，那就是建設自己的國家。社會主義的確是專制而壓迫的，但目的是『爲了』公共衛生、社會改革、便利的醫療服務等應該做的事情；資本主義則完全不關心這些，只會滋長貪婪、自私以及其他資產階級的罪惡，在我所受的醫學院教育裡，這些都是應該被譴責和唾棄的事。而香港，卻是萬惡集中之地，我的家人也身在其中，爲了賺錢而汲汲營營地過生活。我知道現在聽起來很蠢，但在當時我認爲他們所代表的，正是中國文化之所以過時和腐敗的根源。」

苟且偷安，僅有的生存之道

於是，嚴仲叔再一次不顧家人的強烈反對──「他們幾乎要把我關起來」，他說──決定返回中國。那一年正好是一九五七年，最諷刺的是，當這位出身自富裕家庭、懷抱理想的年輕醫師返回中國之時，正值毛澤東激進派加強極權和恐怖統治，如同二十年前史達林在蘇聯所展開的行動一般，對於那些被視爲是扯後腿的人、批評者、異議份子及人民公敵等進行思想控制。在一九五七年的反右派運動中，成千上萬的知識份子、專業人士，以及其他因爲階級背景而受到懷疑的人，都被送進「勞改營」（中國共產黨所用的名詞，指將政治犯集中在偏遠地區進行教育改造）或監獄。嚴醫師也因爲資產階級背景和家人在香港的「海外問題」，而受到毛派份子的調查盤問，最後，他通過了調查，並沒有被貼上極右派份子的標籤，不然的話，他將會長期背負著罪名，在生活上受到種種限制，不斷地遭批判，甚至可能被送往「勞改營」。即使如此，他的生活仍然籠罩在被懷疑的陰影之下，被視爲有可能叛亂的份子，因爲他的家人曾經和國民黨有過良好關係，後來還移居到了香港。「如果我和某些同學一樣，被貼上反革命的標籤，接下來的結果可能就是坐牢、進勞改營，甚至是腦袋後面的一顆子彈，當然，被視爲極右派份子也好不到哪兒去。身爲一個可疑份子，我雖然沒被扣上政治犯的帽子，但處處受到懷疑，並且成爲被批判的目標。我不可能入黨或在專業上繼續進修，這是必然的，在經過無數次批判以及再教育的會議之後，我被批准可以繼續當醫生，只不過從研究人員降級到普通的門診職務，這對我來說是可以接受的，因爲我很喜歡也很擅長與病患接觸。

「最讓我難受的一件事是，我那時候交往的女朋友出身高幹家庭（即地方政府官員），她因爲家人的強烈反對而和我斷絕來往，當時我非常痛苦，但最終還是接受了，我畢竟只是個小右派份子，在那個年頭能有這樣的處境已經算是不錯了。事實上，我工作單位的黨部書記，替我擋掉了很多事，因爲我是個好醫生，也是一個認眞的員工——

醫院需要像我這樣的人——我才能夠幸運地留在那裡。或許當我置身於我女朋友的處境時，也會做出與她相同的決定，我從小就被教導要與現實妥協、合作才能生存，但直到共產主義統治之後，我才終於學會，在迫不得已的情況之下，必須去做我以前一直反對家人所做的事。

「我想這就是共產主義帶給中國人的影響，相較於中國傳統的儒家思想，共產主義迫使人們更能適應在威權統治下的生活。像我這一代的中國人，尤其是經歷過政治鬥爭的人，更因此學會了如何苟且偷生，被迫去做某些事……即使你無法接受它的後果；我們同時也學到，對於任何事情都抱持著懷疑的態度，包括所有的意識形態，特別是共產主義以及儒家思想，事實上不只是懷疑的態度而已，我們幾乎失去了任何價值標準，唯有那些能夠幫助你渡過難關的事物才有意義，例如：關係（傳統上依據道德觀念或實際需要而建立的人際往來），變得只具有功能性和實用性；這同時也適用於孝道（指孝敬、遵從父母和祖先，是儒家思想中最重要的價值）。令人感傷的是，一旦被認爲是沒有用處的東西，就會遭到被拋棄的命運，而之前所代表的意義也一文不值了，這便是毛派主義所造成的最悲哀、也最不幸的結果。看看他們這些人對中國的傳統和人民做了些什麼！」

由於被貼上標籤，嚴仲叔在生活和職業上處處受到限制，但日子「勉強還過得去」，然而就在此時，他又意外地獲得可以離開中國的機會。那時是一九六五年，一年之後，激進的毛派份子開始發動有史以來最殘暴也最混亂的政治運動，這次要對抗的是領導人和整個國家，因爲毛澤東注意到那些接二連三的改革行動，不僅僅是反對他的政策，也直接挑戰到了他的權力。「我的家人設法聯絡他們生意上的舊識，買通廣州的高幹，雖然我到現在還是不知道他們是怎麼辦到的，但他們就是有這樣的關係。我當時或許可以逃得出去的，誰知道呢？我懷疑有一個組織在監控我，有時候也可能是警察，後來我發現是眞的，但那時正値文化大革命（一九六六至一九七六年之間，一個造成空前浩劫的全國性政治運動，主要的批鬥對象包括政府官員、黨員和工作單位的幹部，特別是被標籤爲人民公敵的知識份子，他們通常被下放到貧困的農村地區，接受政治上的再教育），造成全國性的動亂，想脫逃比登天還難。」

文化大革命，乾涸歲月

即使在文革最初的幾個月，情況就已很惡劣了，然而在紅衛兵（激進的青年份子）召開公開的批鬥大會、被批鬥的對象經常被毆打甚或致死的同時，嚴仲叔仍然相信他可以對國家的公共衛生和醫療服務有所貢獻，實踐「爲人民服務」的理想。嚴醫師告訴我，爲了讓自己有更多生存的勇氣，他只有盡量從正面的角度去看待自己的處境，即使在當時，不過只是用來安慰自己的一種可悲的想法。他用來說服自己的首要理由，就是他所具備的傳染病專業知識，他認爲國家必定需要像他這樣的醫學人才，而他的職業會保護他免於流放和傷害。他之所以對於即將到來的災難，採取否定和視而不見的態度，得要歸咎於他在一九六〇年代初期的經驗。

「當時反右派運動獲得平息，於是我能夠結婚成家（妻子是在同一個單位工作的醫生同事，有著同樣的政治問題，出身自富裕的家庭，有親人居住在海外），生了兩個兒子後，我太太又懷了一個女兒。我在醫院的工作很順利，對我而言，日子似乎開始逐漸好轉。我當時的想法眞是錯得離譜！我完全無法面對事情已經變得非常糟糕，而且更多的危險還會接踵而來。」

一九六六年，文化大革命如旋風般迅速襲捲各地，嚴醫師和妻子、兒女們也無法倖免。「那簡直是人間煉獄，我無法用言語形容有多麼恐怖……我太太成爲大字報批鬥的對象。」工作單位裡的激進份子，在公衆場所豎立大字報，用來攻擊其他成員，將他們列爲殘酷「批鬥大會」的對象，通常每一個工作單位裡的成員，都會參與這些大型的公開集會，由紅衛兵策劃，內容包括「群衆」譴責被批鬥的對象、強迫被批鬥的對象進行自我批判，然後群起羞辱和毆打這些「人民公敵」，同事和家人也常被迫加入批鬥的行列。

「她被毆打得很嚴重，一隻眼睛受到重傷，視網膜上還帶著一滴眼淚，但沒有人可以幫她。他們（工作單位的紅衛兵）把她關在醫院的地下室裡，囚禁了好幾個月，當她被放出來的時候，受傷的眼睛幾近失明，精神狀況非常不好，隨時隨地都處於恐懼中，即使是一點兒噪音聲響，也會讓她害怕得不敢走出家門，接著他們把她送到東北的鄉下地區，我花了一個月的時間才打聽到她的消息。我那時候一個人帶著三個年幼的孩子，只好請我太太的家人幫忙照顧最小的女兒，然後帶著兩個兒子去偏遠的甘肅省。我們在甘肅的生活還算過得去，當時整個中國都已陷入混亂，你根本無法獲取足夠的生活所需，爲了領取糧食，必須排上好長的隊伍，而且沒得選擇；也失去任何的工作機會，我在醫院看診的工作、還有剛開始的教學研究計畫都停止了。醫院由工人、學生和軍人所組成的革命委員會主掌，像我這樣帶有政治問題的醫生，時間都花在批鬥大會上，根本沒辦法看診，他們痛毆我們，強迫護士攻擊醫生、醫生攻擊幹部、丈夫攻擊妻子，所有人都陷入瘋狂的狀態。甘肅雖然是個未開化的地方，但是生活卻完全不同。」

一九六六至一九七二年間，嚴醫師住在甘肅省的一個小鎮；一九七二至一九七六年，他搬到一個較大的城市，在當地的醫院工作。「整整六年的時間，我和兒子們在十分艱苦的環境中生活，一個荒蕪的鄉鎮，資源有限，分配到的食物不足，而且難以下嚥，我們經常都處於飢餓的狀態，最慘的是，每天喝的水不乾淨，我開始掉頭髮，並且患有皮膚病。我的大兒子發育不良，經常生病，我很怕他會活不下去，當我們的生活開始好轉，我又發現根本沒有學校可讀，大兒子只好學習修理機械，就這樣，他喪失受教育的機會。我的二兒子也一樣，即使到現在，他的認知能力還是很差。而我最小的女兒，因爲是由我太太的家人幫忙照顧，他們當時的工作是清道夫，算是安穩地渡過了文革時期。

「我完全無法忍受當時的生活狀況，貧窮帶來了嚴重而悲慘的後果。醫院裡幾乎沒有任何設備或藥物，我是一個高科技專家，卻眼睜睜地看著病人死於普通的傳染病，只因爲我們沒有任何的抗生素；我是一個讀書人，卻無書可讀，沒有人可以討論思想，我發現自己的心已經乾涸；除此之外，不時有黨幹部出現，打擊我們這些帶有政治汙點的人；耳邊不時傳來的哭喊和尖叫聲，讓你感到害怕……恐懼、激動和失落；某些時候，當你感到已經失去所有生活的動力，你會希望自己趕快死掉。還好後來慢慢地，由於我對於當地惡劣的醫療環境所做的貢獻，受到地方領導的賞識，讓我又重拾活下去的信心，他們開始給我們多一點的食物，讓我們住在比較好一點的地方，同時保護我們不被紅衛兵騷擾；但是他們無法減輕我的恐懼或絕望。我曾經想過自殺，但是這麼做對我的孩子、妻子有什麼好處？我和我的家人都是僥倖活下來的人，我覺得我應該繼續撐下去，但是那種生活真的是太可怕了，直到現在，每當我想起那些骯髒、噁心和粗劣的食物，還有喝過的發臭的污水，仍然可以感受到自己當時的絕望，那是一種麻木又空洞的感覺，可怕得我永遠不想再去經歷那樣的生活。唉，多麼難熬的一段日子啊！

「那個時候，我太太的精神狀態愈來愈差，我無法申請讓她來甘肅與我們團聚，甚至連我和岳父母申請到東北去探望她都不被允許，對此，我很灰心，我想就是從那時起，我的頭髮開始轉白，並且開始掉頭髮。在我們分開後的第四年，我接獲她自殺的消息，沒有看到屍體，也沒有任何細節，她眞的是自殺的嗎？還是被別人所害？沒有人能夠告訴我眞相，完全沒有所謂的人道可言。我當時非常痛苦，雖然還是如往常一樣地面對兒子和病人，但是我內心裡充滿了憤怒和悲傷，我對人生已經不抱任何希望。但是這麼說好像也不太對，如果我眞的失去希望，我大概會同意再婚，醫院的領導建議我討個眞正的鄉下老婆，但是被我回絕了。還好我當時並沒有接受，否則我現在可能還留在甘肅。

「他們需要我的技術，這我很清楚，但是太有用處也是件危險的事，因爲他們想盡辦法要把我留住（共產黨的地方領導人完全控制住嚴醫師和他的孩子），那時，其他人都陸續回北京了，只有我還住在那個該死的地方，但是我下定決心，無論如何有一天一定要離開，於是這成爲我的希望所在，也成爲我繼續活下去的動力。」

苦盡甘來新生活

一九七六年，文化大革命正式結束，不久後嚴醫師便帶著兩個兒子回到北京。在此之前，他一直想辦法賄賂當地掌管人事的幹部，同一時間，他之前在北京工作的醫院領導人，希望重新恢復他們的傳染病計畫，邀請他回來工作，地方政府這才下令核准他返回北京。當時北京的情況也不是很好，政治上的派系鬥爭，使得所有的工作單位都停止運作，學校停止上課，嚴醫師之前工作的醫院也歇業許久。一九七八年，就在鄧小平宣布中國進入經濟改革的新紀元的同時，嚴仲叔接獲消息說他可以正式復職，緊接著，醫院的主管將他升格到更高級的職位，此時他的職業生涯——作爲一名醫師和臨床教學者，獲得前所未有的發展機會。他與具備最新實驗技術的年輕醫師共同合作，負責許多的臨床研究，成果陸續在中國最先進的醫學期刊上發表成果，也曾經好幾次刊載於歐美的研究報告中。

「我試圖填補過去那段荒廢的歲月，我想我們大家都是，但是我的兩個兒子已經來不及再接受教育了，剛開始的時候，我認爲這是很悲慘的，沒想到，正因爲他們沒有高學歷，反而在改革後的經濟環境中，願意去嘗試新的事物，於是，當私人企業開始釋放出工作機會時，他們便進入這個別人不敢冒險的行業，反而因此佔得了先機。」從一九七八年至一九八〇年代中期，是中國改革開放的初期，許多像嚴醫師的兒子一樣處於社會邊緣的年輕人，無法進入當時比較受到歡迎、又穩定的公家部門工作，同時由於學歷的限制，也無法從學校體系中獲得任何成就，於是他們進入新開放但還不穩定的私人企業，在當時這被稱作爲「跳海」，因爲無論是自己創業，或是進入私人企業工作，都是非常冒險的事。然而也就在這一批企業家之中，出現了在過去二十年間開創中國經濟奇蹟的先鋒部隊，「兩個兒子剛開始時在餐廳工作，然後是運輸公司，最後竟然回到祖傳的行業，進入一家新的進出口貿易公司工作，現在他們獲得在香港的堂兄弟支持，生意做得很成功，而且兩個人都升到了管理階層的職位。他們甚至在國內許多地方，重新經營過去的家族生意，並且計畫與過去經銷商的後代們合作，再開設一家分店。他們現在的生活很好，相信我的孫子們將會得到良好的教育機會，以彌補他們父親的缺憾。

「我女兒所走的路則完全不同，她在學校的表現不錯，上高中的時候，出身的階級背景已經不會影響到進入大學的資格。由於她從小和外祖父母一起待在北京，和那些被送往偏遠地區的孩子，例如她的兩個哥哥不同，她的教育並未因此中斷。她在大學裡主修科學，畢業時剛好碰上美國學校到中國徵求科學和工程背景的博士生，當時有許多中國學生前往美國，拿到入學許可並不困難，她後來拿到加州大學的生物博士，並且在幾所東岸大學做博士後研究，她的一位指導教授後來進入一間小型的生物科技公司工作，於是她也跟著過去。她像我一樣，在工作上很認眞，薪水也不錯，她選擇單身，雖然我還是希望她有一天能夠嫁人，但是她說對婚姻沒有興趣。我退休後便來到美國，之前在香港的家人寄錢給我，希望我退休後移居香港，我去那裡探望過幾次，最後還是決定來美國和女兒一起住。她長得很像我死去的太太，我希望來這裡協助她，而她也願意與我分享她的生活，我們不需要談論過去，即使過去始終跟著我們，就像是彼此分享的氣味一般。」

嚴醫師的眼眶裡充滿了淚水，他搖頭嘆氣，然後繼續說下去。起初，他的聲音聽來柔和而悲傷，但是馬上便轉爲堅定的語氣。

「回想過去所發生的事，讓我感到頭暈而無力，從今天的情況看來，似乎驗證了歷史終將循環的古老說法。現在的中國，似乎又回到了一九三〇年代，我的兒子們正在做的，就是當年我祖父和父親在做的事。共產黨仍然握有政權，但是任誰也無法想像文革時發生了哪些事？這眞是一種不可思議的進步。我們這一代就這麼完了，家破人亡，前途盡毀，看看那些在我太太身上所發生的事，再看看我，我雖然熬了過來，卻也荒廢了許多日子，多麼不幸啊！唉！然而這個新時代也有它的麻煩，許多一九三〇年代曾有的問題重新出現：藥物濫用、賣淫、遊民、失業、貪污腐敗等，其中我認爲貪腐是最糟糕的，整個國家靠貪腐在運作……你要買任何東西，都得先賄賂某些人，例如：你得付錢給警察，才能要求他們做好自己的工作；醫療體系中，貪腐的情況更是前所未有的嚴重。或許是因爲之前大家都窮，就算你有錢，也買不到什麼東西，現在所有的東西都需要錢，無論是看專科醫生、做手術，甚或是使用最新的藥物，都要用錢賄賂。

「我告訴過你，我很厭惡家人那種爲了利益可以與不同黨派合作的行爲，但到了現在，連我自己都感到懷疑，除此之外是否還有另一種選擇？我們似乎都變成了同樣的人。共產主義在中國造成了很嚴重的破壞，我想今天任誰都會爲此感到難過，太多的痛苦和傷害造成整個社會的粗鄙、貪婪，以及道德與價值的淪喪，所有的事情都變得膚淺而功利：你抓傷了我的背，我會以牙還牙；如果你無法幫助我，我也會棄你而去，轉而結交其他的朋友；如果他也失去了利用價值，我會再拋棄他，所有的事情都變成了買賣。現在已經沒有人相信共產主義，也不會再有更大的謊言出現，然而另一方面，資本主義同樣令人失望，和美國的情況不同，資本主義在中國的發展更離譜、也更粗劣。北京的天安門前有過這麼一個苦笑話：什麼是通往資本主義最長、也最痛苦的一條道路？是的，你答對了……就是共產主義。然而，今時今日，痛苦早已經消失，連帶地也失去了理想。中國將走向何處？中國人民的未來在哪裡？或許沒有什麼會比毛派主義更糟糕的了，但是現在所走的路線，帶來的卻是另一種破壞。」

面對拜把兄弟的背叛

嚴醫師苦笑著繼續說道：「讓我告訴你一個故事。文革爆發的時候，我在當時的工作部門有一個很好的朋友徐偉清，我們兩人畢業自同一間學校，他算是我最親近的同學，很有企圖心、個性開朗，我們相處得很愉快，我在醫院的工作上也幫他很多，事實上我的太太就是他介紹的。我們下班後經常聚在一起，有一次喝醉酒後，還發誓結為拜把兄弟，從今以後保護彼此和對方的家人。偉清和我的出身背景完全不同，他的父母親是工人階級，生活貧困，因此是紅五類，但他同樣也有政治問題，他父親的兄弟被國民政府拉去當兵，後來成為國民黨的軍官，逃到台灣以後還做了高官。我們知道彼此很多事情，發誓要保守雙方的祕密，我很相信他。

「文革時，醫院裡有一場批鬥大會，先是資深的醫生遭受攻擊，幾週之後，連資淺的醫生也受到波及，當時我便成了被批鬥的對象。」嚴醫師被批判的原因，除了階級背景及家人居住在香港的老問題之外，也包括他的科學傾向，被認為是反映了都市和菁英份子的意識形態。「偉清因為是我的朋友而受到攻擊，他遭到工作單位的紅衛兵警告必須與我劃清界線，在經過一陣毆打，以及威脅要把他送到某個可怕的偏遠山區之後，他最後……嗯，便開始指控我，這已經夠糟了，但是他還做出更多傷害我的事，他將我之前告訴他的事全盤托出，讓我陷入極度危險的處境，後來是黨書記將我和兒子們送到甘肅，我才得以保住性命，否則的話，我早就沒命了。」當時醫院的領導人，包括黨書記在內，很敬重嚴醫師的醫術和科學專業，因此與他建立了良好的關係。

「我實在無法接受偉清對我做的事。當時很多朋友都被迫互相批鬥，甚至連夫妻也是如此，你必須做做樣子，否則便會成為被攻擊的對象，但是朋友通常不會說你太多壞話，像我另外兩個朋友就是這樣，他們雖然加入指控我的行列，但是並未透露那些可能會讓事態更嚴重的事情，偉清卻將一切都說了出去，甚至將事實誇大，讓我聽起來眞的像個壞蛋。偉清帶頭大聲撻伐，再也沒有人願意相信我，我成爲人人誅之的人民公敵，他手上抓著一根棒子，不斷地毆打我，我想他是眞的想置我於死地。我流血倒在地上，當場有上百名群衆，紅衛兵慫恿他繼續，單位裡大部分的同事們則保持沉默，我想當時如果偉清可以繼續下手的話，他眞的有可能會把我打死。我的頭上流著血，手臂失去知覺，接著有兩位受人敬重的資深醫生，在黨書記的要求下舉步向前，將棒子從偉清的手中拿走，然後他們把我推進儲藏室裡，黨書記趕緊將門鎖上。我那時全身上下都是血，眼鏡被打破，我可以感到血從頭上慢慢地流到脖子背後，而那裡的皮膚早已被打得血肉模糊，由於偉清下手實在太重，我的頭被打出一道需要縫合的傷口，但我當時感受不到皮肉的痛苦，心裡充滿了難過與悲痛，然後是憤怒，我恨他竟然背叛了我，而且幾乎要了我的命，而這一切就只是爲了保護他自己。

「幾年之後，當我從甘肅回來，我們又在同一個部門工作，事實上，我們還共用同一個辦公室，我完全無法正眼看他，或是和他說話，我眞的非常恨他。我將所有發生在我身上、甚至是我太太的不幸，都怪罪到他頭上，因爲他當時也指控過我太太。只要有他在身邊，我的怒火就會上升，只差沒有爆發而已，我在心底咒罵他：『你這個混蛋，一旦有機會的話，我一定要你把欠我的加倍奉還！』這句話我從沒有對他或其他人說過，我已經學到了教訓，永遠不要相信任何人！」

蟄伏不去的憤怒心緒

「我想大概是一九八二年的時候，偉清終於試著要向我道歉，當然，他找不到合理的藉口去解釋當時的行爲，但是他試圖讓整件事聽起來沒什麼大不了，就好像是每個人都會做的事一樣。你記得嗎，那正好是傷痕文學時期（以小說、短篇故事，以及個人口述歷史等形式，反省文化大革命期間所遭受到的種種迫害，這段時期並不長，但在當時是受到官方認可的），出現了各式各樣對於文革的控訴，但是大約經過一年之後，官方便下令禁止，因爲批評的聲浪大到幾乎要失去控制。然而，還是有許多人試圖去平反曾經發生過的事，舉例來說，有幾位朋友便曾告訴我，他們對我非常抱歉，當時是如何地想要保護我，但是卻辦不到，我並不完全相信他們所說的話，但我能夠瞭解他們當時的處境。偉清的情況則完全不同，他說盡我所有的壞話，而且幾乎要了我的命，那些他用來解釋自己行爲的藉口，簡直是滿口胡言，我一句話也沒搭腔。而且他說話的時候，根本不敢正眼看著我，他沒這個臉，我那時候根本就懶得理他。

「大概又過了四年之後，我終於等到夢寐以求的機會，可以報復偉清。當時我們醫院和河南省境內一個非常窮困的農村社區合作，當他們有生產過剩的水果時，便與我們交換醫療用品，在政府要求照顧農村的政策壓力之下，醫院的領導決定重新開放在當地的門診，文革時期我們部門曾派員進駐，現在醫院急需一位願意長期待在那兒的全職門診部主管，但卻沒有人願意，因為一旦派過去就等於下放，研究生涯將宣告結束，另一方面，那兒的生活環境相當惡劣，於是大家都拚命找藉口推託。有一天，黨書記來找我，他和我一樣，也是經歷了許多苦難後才恢復職務，而且也在文革時遭受偉清的批鬥和毆打，他對我說，現在就是最好的報仇機會，『我們可以殺了這個混蛋！』他咆哮著說：『把他送去那裡，他有哮喘病，在那兒活不久的。當我們在會議上推選門診的主管時，你就提名偉清，所有人都會支持你，你只要做這件事就好，我來負責處理後續的事情，我們會讓這個混蛋永遠不得翻身！』

「這時候，偉清已經是優秀的醫師和研究者，在工作上有很好的發展，不過他多少被自己以前做過的事所影響，因為大家都還記得他在文革時的所作所為——背叛我、黨書記、還有其他的人，所以沒人信得過他。在資深的同事之中，有太多他的敵人，不然他早就當上部門的主管了。而這次是我一直以來所盼望的機會，我可以藉此徹底毀了他。

「會議在晚上舉行，醫院的大禮堂內坐滿了人，可以感受到會場充滿了興奮和緊張的氣氛，每個人都害怕被派往那個偏遠的門診。黨書記看著我，要求大家提名適合的人選，此時我感到心中所有的仇恨，似乎就要凝聚成推薦偉清的話語。我看到偉清坐立難安，他知道這些都是事先安排好的，他知道我要向他報復，而黨書記將會推波助瀾，讓一切成爲定局。他無法抬起頭來，眼睛盯著地板，身體不斷地顫抖。黨書記咳了一聲，再度望著我，彷彿在對我說：『繼續啊，你還在遲疑什麼？讓我們把他給除掉吧！』最後，他實在沒有辦法，只好點名我：『嚴同志有話要說。』

「我看著偉清，感到滿臉漲紅、心跳加速、汗流浹背，當下，我又漸漸回想起偉清當年對我所做的一切。『書記同志，』我未加思索地說出：『對我們任何一個人來說，外派到那麼偏遠的地區，似乎都不太公平，那就像是回到文革時期最艱苦的日子。鄧小平同志說過，不管是黑貓還是白貓，只要能抓到老鼠的就是好貓。別派任何人過去吧，不要再像當年我被送往甘肅、而你被送往新疆的情況一樣，也別再有任何報復和中傷，以及破壞生活與工作的事情發生。我建議大家用輪替的方式，每隔幾個月便由不同的醫師前往任職，我已經準備好去那兒待一個月了，我想每個人也都應該這麼做。』

「我完全不知道自己爲什麼說出那段話，甚至不記得當時如何作出這個決定，我只知道那些話就這麼脫口而出，我並未因此而懊惱，雖然很驚訝，但是並不後悔。當我話一說完，所有的醫院員工，無論是資深或是新進的員工，都異口同聲地叫好，由於得到大家的支持，黨書記沒有辦法反對，只好同意，當場大家都感到如釋重負，最後我的提議成為醫院的政策，而我也因此成了風雲人物。至於那個報復偉清的大好機會，就這麼過去了。」

嚴仲叔如今與女兒同住在華盛頓的公寓裡，他將頭向後仰，躺在書房內的大扶手椅上，表情看來平靜許多，眼睛閉著，我以為他已經睡著了，然而他緩緩說道：「就像你所說的，這件往事聽起來很不可思議，但是我想我因此更加瞭解自己，我不可能像偉清一樣，做出傷害別人的事，這大概是與生俱來的性格，就算是在文革的時候，也沒有改變過。曾經有好幾次，我作勢要攻擊別人，但是我的同事們都知道我是裝出來的，而他們之中的許多人也和我一樣。最殘酷的，是那些在群眾的鼓譟和煽動之下，完全喪失本性而犯錯的可憐人，或許其中某些人的本性就是這麼殘忍，但我想絕大多數人的行為是出自恐懼，面臨生死存亡的威脅，讓他們不得不這麼做，這種情形在文革時期是很常見的，但仍有一小部分的人像我一樣……仍然維持著平日的作為。偉清的野心太大，以致於完全不顧他人的死活，我猜想他當時所擔心的是，如果他不先保護自己，並且撇清和我的關係，不知道會有什麼樣的事情發生在他身上，事實上，這和那次醫院會議之後，他所告訴我的實情相去不遠。他來到我住的地方，眼眶裡充滿淚水，跪在地上向我磕頭道謝，他罵自己懦夫、混蛋……他告訴我，那時候他覺得除了保護自己以外，根本沒有選擇的餘地，爲了活下去，他可以做任何事，而我，則成爲他保全自己的犧牲品。他說，當他違背承諾說出那些關於我的祕密時，他已經因爲憤恨而喪失了本性，他恨我讓他陷入這種處境，也恨自己對我所做的一切，他更感到害怕，害怕我會反過頭來攻擊他，也害怕因爲我的牽連，會毀了他的大好前程。偉清告訴我，在那當下，他是眞的想置我於死地，如果沒有被制止的話，或許他會活活地把我打死。

「從那次以後，我們再也沒提起文革時發生的事。我們繼續共事了好幾年，表面上好像又重新回到禮尚往來的關係，可以一起說笑話，甚至一起吃了幾頓飯，然而每當我想起我那可憐的太太，或是我和兒子們喝著那噁心的污水，我的心馬上就涼了下來。我無法原諒他，也無法相信他，即使他多麼努力，我都不可能表現出很友善的樣子。過了幾年之後，更證明了這『直覺』是正確的。」

六四之後，變調的祖國

一九八九年的四月至六月初，正值中國的「民主春天」，天安門廣場前聚集的示威群衆，爲了爭取政治上更多自由，要求開放人民言論和組黨的權利，漸漸地，示威群衆由幾百名學生，增加爲上千名來自不同階級、背景和職業的老百姓，由大學、工廠和報社等工作單位所組成的示威隊伍，高舉寫著民主和自由的標語參加遊行。來自各地方的公民團體，不斷進出主要的集會場所——在幾百年來中國皇帝居住的紫禁城前方、毛澤東陵寢旁，緊鄰著人民大會堂，而且距離當時中國最高領導人所居住的社區，只有幾個街口的距離——將主要的道路團團包圍，以阻止警察和軍隊進入。同時在中國其他地方，也有小規模的示威活動，共產黨政權受到嚴重抨擊，政府領導官員接見示威的學生們，但是仍然無法重建秩序或控制情況。當時共產主義在中國的獨裁專政，似乎就要像蘇聯和東歐等國家的情況一樣，面臨垮台的命運，同一時期，新聞輿論對於政治體制的批判更爲激烈，而書籍和電影的出版（例如《河殤》），所批判的對象不只是中國共產主義，更包括中國傳統文化所代表的壓迫、貪腐及藐視人權。

當時，已經退休的領導人鄧小平，和一幫堅決反對改革的權力核心幹部，擔心如果不趕快處理這次的民主運動，整個國家可能因而崩解，因此決定派軍用坦克車開進天安門，清除天安門前新豎立起象徵自由的雕像，以及所有代表抗爭和改革的象徵，當場壓死了上百名、甚至可能是幾千名學生、工人和一般老百姓，緊接著而來的，是一連串殘暴的鎮壓行動，政府當局下令拘捕、囚禁民主運動領袖，甚至有人被處以死刑，許多民運份子不得不逃離北京，躲到郊區或其他城市，甚至前往香港和西方國家。至此，民間的民主改革運動宣告失敗，中國的政治現況仍未受到撼動。

起初，嚴醫師不太敢參與天安門前的示威活動，他還記得一九五〇年代後期的「百花運動」，當時毛澤東先是鼓勵人民批評政府和共產黨，但是當情況愈演愈烈、一發不可收拾的時候，他反而鼓吹另一個運動，打擊那些公開發表言論的批評者。一些犬儒派人士認爲，毛澤東的本意是爲了引出那些反對他的人，並藉此打壓他們，因此，當這次的民主運動全面升高到對於共產社會的抨擊時，嚴醫師抱持非常小心而謹慎的態度，直到五月底，差不多所有醫院的同事都參與過遊行之後，他才加入了一次醫師的遊行，領隊就是他的老朋友，也就是當時正準備退休的黨書記。六四大屠殺之後，鎮壓和反控的行動展開，有一小隊警察到醫院進行調查，偵訊所謂的激進份子，其中也包括那位黨書記，原因是有人告密單位的領導人政治思想不正確，幾個月之後，發現告密的人就是徐偉清。雖然那次的調查，沒有在醫院裡造成太多的麻煩，但是黨書記的退休時間卻延後了，也可能喪失退休後的某些福利。幾年後，黨書記告訴嚴醫師，他從警察單位工作的熟人那裡得知，從文革初期開始，徐偉清便一直是個告密者，他並且指出，如果嚴醫師當年在適當的時機做出行動，徐偉清早就流放異鄉，也不會繼續留在醫院製造麻煩。嚴醫師得知後相當憤怒，激動地責怪自己過於天眞和愚蠢，最後還是黨書記勸他冷靜下來，「我不會再受騙了！」當時嚴醫師對自己發誓。「但事實上並非如此，」他向我嘆了一口氣，繼續說道：「這使我更淸楚地瞭解到，中國已經完全變了樣。」

理想與利益的爭戰

嚴醫師在一九九一年擢升爲醫院的副主管，負責監督和管理臨床服務。一九九〇年代的中國，適逢醫院管理的艱困時期，嚴醫師所服務的醫院也不例外，能源、基本用品、醫療設備和伙食的成本快速成長，政府卻強制醫院不得增加門診病患的掛號費及住院病人每天的費用，中央及地方政府的衛生主管單位，又偏偏在這個時候，削減對於醫院員工薪資、採購藥品及維護舊建築和興建新大樓的補助款項，嚴醫師工作的醫院，因此陷入財務吃緊的困境；另一方面，大量由農村移入都市的勞工，也造成急診與一般門診的病患人數攀升。在這樣的環境之下，醫院無法給付員工合理的薪資，每個人的工作量則不合理地增加。

除此之外，市場經濟也改變了醫生和病患之間的權力關係，甚至連整個醫療專業體系都受到影響。傳統儒家思想賦予醫師至高的權力，現在則因消費導向，轉變爲病患可以主動向醫生要求最新、最貴的檢查項目和藥物。醫院高層向看診的醫師們施壓，要求他們迎合病患對高科技的需求，因爲他們發現這是解決醫院財務困難的方式之一，結果是醫生的看診品質變差，包括進行許多不必要、收費較高、甚至是可能造成危險的檢查項目；在治療方面，醫生們則被告知盡可能開多一點、價格貴一點的藥物給病患，動手術的比例也因此增加。而病患和家屬在媒體上大肆宣傳生技藥品的神奇作用，使得更多人願意親身嘗試，在嚴醫師看來，這都是整個體系對於專業標準及稀有資源的濫用。

醫療體系風氣的改變，不僅造成效率缺乏與資源浪費，也帶來了貪污和腐敗。那些頗負盛名的資深醫生，因爲已經有看不完的舊病人，新來求診的病患，必須將錢放在紙袋或是信封裡當作「禮物」送給醫生，這種送禮的規矩，同樣也適用於手術進行的前後。「錢代表一切，」嚴醫師悲傷地嘆了一口氣說：「對於醫院的管理者，例如新上任的黨書記來說，這是衡量成敗的標準；對於醫生和護士來說，生活在新的市場經濟體系中，這是生存的必需品。在以前，幾乎沒有什麼可買的東西，而且大部分的生活所需，房租、食物、公共服務等，不是由工作單位提供，便是從薪資中扣除。現在什麼都要用錢買，而且全都得靠你自己，現在的中國，就是一個什麼都要用錢買通的社會，完全顛覆了先前集體化的年代，反而像是回到一九四九年以前一樣，貪污和腐敗的情況嚴重到失去了控制，你必須賄賂救護車的駕駛，才能將病人送到醫院；你必須給醫院的門房小費，才知道要去哪裡掛號、或到哪間病房探視；你必須送給警察一點小『禮物』，才能進入醫院大門，如果還要停車的話，那就更不用說了，但這些事情沒有一樣是合理的。甚至連醫學院裡的學生和教授，也改變了作風和理念。以前，最優秀、最有天份和抱負的學生，畢業後多半會選擇研究或專科門診的領域，現在卻寧可進入製藥公司工作，賣藥給醫院裡的醫生，並且提供他們佣金以招攬生意。醫學院的教授們，則藉由課後補習賺取外快，他們甚至明白地告訴學生，如果不希望被當的話，最好參加課後補習。」

對於這樣的情況，嚴醫師感到愈來愈失望，「我無法接受事情會演變成這樣，或許別人會認爲我是個愚蠢的理想主義者，但我實在無法相信，我們花了這麼多時間，強調集體價值與清廉的規範，現在竟然向下沉淪爲自私自利和貪污腐敗。這眞的讓人十分洩氣，不只是我個人，我的朋友和同事們也有著同樣的感嘆，我們都曾經如此相信這樣的理念：『爲大衆服務』、『爲建設國家』、『爲工人及農民同志而奮鬥』，現在看來全變了樣，過去的一切就好像是一場錯誤、一個天大的謊言。

負面看待祖國的蓬勃發展

「七〇年代後期，我曾經擔任某個醫院特別病房的顧問醫生，那是專門爲資深幹部而設的病房，有空調設備、最先進的技術、高級的伙食及看護服務，不同於院內其他破舊不堪的病房，雖然那時候我們也瞭解社會上存在著不平等，但是心中仍然保有對於集體主義的信仰，相信我們優於資本主義。一九九〇年代的經濟改革之後，我們居然變成自己之前所批判的對象，我想這才眞正是所謂的『文化革命』。起初這樣的改革看起來很不錯，我們開始有好的衣服穿、去好的餐廳用餐、居住環境比較舒適、能夠到各地旅行，甚至還有出國的機會，但是經過一段時間之後，它又帶我們回到一九三〇年代腐敗的生活。從生意人的眼光來看，二十一世紀的中國，就和十九世紀的美國一樣，進入所謂的『拓荒時代』，你可以用錢買到任何東西，包括活生生的人在內，所有的東西都成了商品。

「來到美國以後，我發現資本主義在中國的發展，相較於美國來說，尙處於未開化的階段，除了物質化和功利主義之外，就什麼也沒有了，或許美國社會也是如此，但是你們有宗教及其他靈性上的寄託，還有健全的司法制度和道德規範。相較之下，中國的情況則非常糟糕，傳統文化規範已死，同時缺乏宗教信仰，盛行的氣功或許代表著某種對於靈性的追求，但理念還是過於薄弱和膚淺。說實在的，對於像中國這樣一胎化和物質主義的社會，你還能抱持什麼希望？社會上充斥著像徐偉清這種自私自利的人，我的時代早已經結束了，現在是壞蛋和流氓當道的時候。」

很明顯地，過去那段荒廢的歲月，加上文化的僞善和持續的政治壓迫，帶給嚴醫師許多痛苦，也影響到他如何看待中國驚人的經濟成長，影響他對中國從一個窮國躍升爲世界第三大經濟體、並且在全球政治經濟體系中扮演重要推動角色的看法。經濟成長徹底改變了中國老百姓的生活方式，特別是沿海城市和經濟特區的兩千五百萬居民，更能夠強烈地感受到這樣的轉變。雖然仍有大量批判政治改革失敗的言論，但是居住於海內外的中國人，卻凝聚出愈來愈強烈的國家意識，並且認爲經濟改革爲中國帶來了史無前例的繁榮，由此改變的，除了物質方面之外，也包括中國人的身份認同。中國即將於二〇〇八年主辦奧運會，許多人認爲這將象徵其日漸興起的國際勢力，以及可能產生的內部轉型。雖然嚴醫師不是唯一的批評者，但是相較於其他海內外的時事評論家，尤其是過去深受毛澤東思想所苦、認爲中國終於進入一個充滿前景新紀元的人來說，他對於新中國顯然抱持著較爲負面的看法。

一九九〇年代初期，嚴醫師工作的醫院遭逢強大的財務壓力，他的事業也開始走下坡。新上任的黨書記和醫院主管召開會議，邀集資深的醫生們參與，告知他們醫院如果無法籌措到更多資金，便將面臨破產的命運。有些人建議可以比照其他知名的醫院，開設專門服務海外僑民及外國人的門診，標榜最新高科技療程，以收取比一般門診高出許多的費用。嚴醫師和幾位同樣是資深醫師的朋友，則向主管提出建言，認爲這種做法不符合醫院的服務理念，他們雖然是一家規模不大且知名度不高的醫院，但是一貫高水準的看診服務、嚴格的臨床教學，以及針對社區內特別的醫療需求進行應用性的研究，讓他們非常引以爲傲。然而這時候，黨書記譚其偉和醫院主管吳志文醫師，卻帶頭反對他們以前的老長官，他們的說法是，嚴醫師是一位好醫生，也是認眞的教學者和研究者，但是想法卻跟不上時代，現在的中國和以前已大不相同，早就不再是那個強調集體化的年代了，在新的時代裡，嚴醫師的告誡根本就無關緊要，難道大家想看到醫院像其他的國營企業一樣，無法走向現代化嗎？如果眞是如此，將會導致財務危機、組織瓦解、喪失工作及退休福利的後果，他們認爲，重申過去的理想固然是件好事，但是很遺憾地，那些都是舊時代的觀念了。在整個討論過程中，嚴醫師注意到偉清始終保持沉默，這點讓他十分驚訝，因爲偉清正主掌院內一個主要的醫學中心，應該同樣關心並且支持嚴醫師的想法才是。

清濁同流的掙扎

更讓嚴醫師意想不到的是，偉清竟然參與了一個更有野心的計畫，將醫院改造成賺錢的工具。在接下來的幾個月裡，偉清、譚書記和吳主任合作，透過公共計畫，將一棟隸屬於工作單位的房屋，發展成一個結合餐廳、旅館、商店和商務辦公室的購物中心，事實上，他們早就開始進行這項投資，找了一個香港發展商，也得到政府高層的支持。然而這項興建商場的計畫，對於嚴醫師和他那群朋友來說，實在難以接受，因爲那代表現有的復健中心、療養院，以及提供給病人家屬的旅舍，將來必定會被取代。嚴醫師他們認爲，一旦實行這些計畫，醫院未來的發展將完全以商業利益爲導向，原有的專業價值和學術傳統將會破壞殆盡。嚴醫師他們提出反對的意見，但是沒有多大用處，而且這一次，醫院主管及相互勾結的市政府官員，警告他們別再多管閒事，否則就要他們好看。

多年之後，嚴醫師痛苦地回憶著說：「我們……實在沒有選擇的餘地，只好向他們屈服，突然之間，醫院的運作方式改變了，我們的存在也變得無關緊要，就如同吳主任之前所說過的話。更過份的是譚書記這個既粗俗又冷血的退伍軍人，竟對我們大聲咆哮，說如果我們繼續在這裡礙事的話，他一定不會讓我們好過，包括取消我們的津貼、補助以及優渥的退休福利，甚至還威脅要收回我們的住所。他的作爲簡直就像個流氓一樣，他的背景是軍醫院體系的行政管理，對於醫療照顧根本一竅不通，也沒有興趣發展研究工作，對他來說，我們醫院的研究傳統，以及知名的初級照顧方案，根本不具任何的意義，他認爲只有高科技部門才能帶來商機，我想，如果我們是製造衣服的工廠或是百貨公司的話，或許還比較能夠引起他的興趣。」

據嚴醫師所說，當時很多人都在懷疑，醫院的領導人可能接受香港發展商的賄絡，旅館開幕之後，關於貪污的傳聞更是甚囂塵上，因爲竟然有人在旅館裡從事賣淫和賭博等非法活動。「我不認爲他們在裡面進行違禁藥品的交易，」嚴醫師揚起眉毛說：「但除此之外，他們幾乎什麼都賣，對此我十分沮喪，其他的人也是一樣。眼睜睜地看著醫院的投資成爲滋生性病和愛滋病的溫床，還有什麼比這更令人難受的呢？就在那個時候，我知道自己必須離開，我覺得自己的工作不再有意義，我非常失望，甚至想過自殺，喔，不是眞的想要自殺，只不過想到或許這也可以作爲某種形式的抗議，讓他們必須重視這個問題。」在中國的傳統裡，朝廷高官以死明志，通常能夠引起皇帝的注意，這同時也在民間成爲特殊的文化象徵。

就在嚴醫師最灰心的時刻，偉清主動來找他，先是用同情的口吻告訴他說，很快地他們倆人可能都得退休了，醫學界的變化太快，他們已經成爲過時的一代，現在中國最需要的，不是會看病的醫生，而是能帶領國家在生物科技領域快速發展的優秀研究人員。偉清說，生物科技在中國的發展潛力看好，而且從中有賺大錢的絕佳機會，看看美國的情況吧，他說，人人都想進入生技的相關產業，很快地，中國也會有同樣的發展，趁現在成立一家新的生技公司，正是最佳的時機，因此，醫院應該附設一家私人公司，吸引香港和新加坡的資金投入，同時雇用從美國留學回來的學生，或是願意回國服務的華裔研究人員。偉清興高采烈地繼續說，他們可以針對有錢的海外華僑提供服務，研發治療陽萎、禿頭、不育、憂鬱症和過度肥胖等問題的新藥物，除此之外，還可以申請國外的研究補助，或是邀請全球性的藥廠公司合夥，接著，偉清終於說到了重點——他們現在需要的，是一個公司的代表人，一個可以信得過、同時橫跨研究和實務領域的人，同時也是一個能夠說服大衆、接見投資者、鼓勵研究人員，並且可以在國際上代表公司的人，嚴醫師的英文夠好，有家人在香港，具備科學家和臨床醫生的背景，而且正值經營公司的適當年紀。嚴醫師回憶當時偉清所做的結論：「別擔心，譚書記、吳主任和我會在幕後負責公司的運作，你只需要代表我們。這裡有很多人尊敬你，雖然現在你並沒有全國性的知名度，但是將來絕對可以名利雙收。考慮看看吧！」

走出祖國，唯一選擇

「偉清所說的每一句話，都使我的心情更加沉重，就像是有一塊大石頭壓在我的胃上一樣。」嚴醫師如此描述著。過了一段時間，當他冷靜下來之後，他繼續譴責徐偉清是個不折不扣的混蛋，爲了自己向上爬的野心，可以不顧別人死活或是醫院的最佳利益，然而，嚴醫師雖然嘴上罵著，但心裡知道自己已經被打敗了，所有的事情都站在偉清那一邊，他的時機已經成熟，他的想法聽來合情合理，長官們也完全支持他，醫院將會因此改頭換面，誰敢說他的做法不會成功？而且如果成功的話，單位裡的所有同事都會獲利。「我必須面對現實，他所說的計畫，的確代表著未來的發展，而我所堅持的，則代表著已經過時的、而且可能永遠不會再回頭的想法。所以，我決定不再去想了，因爲已經無話可說。」

嚴醫師告訴我，偉清接下來所說的話，更讓他感到不可思議，不是說話的內容，而是他沒想到偉清竟然如此厚顏無恥，他說嚴醫師簡直就是個瞎子，從來就沒搞清楚過一件事，那就是要在中國生存，首先得學會見風轉舵，然後，得在別人尚未超越你之前，搶先一步取得先機。「『爲了功成名就，你必須這麼做。』偉清跟我說：『在過去極端左翼主義的年代，你必須傾向左派，現在是資本主義當道，所以你得轉向右派，就連警察和軍隊也是這麼做。你再這麼固執下去，注定要成爲輸家，別想去對抗或是試圖阻止這股改變的力量，那注定會失敗。對我而言，除了成功，其他事都不重要，我被困在這間破醫院太久了，這裡既不夠大也不夠有名氣，無法滿足我的企圖心，但是能怎麼辦呢？事實就是如此，如果我有辦法的話，老早就轉行去做生意了。現在，生物科技加上購物中心，是我們邁向成功的手段，我們必須比資本家更像資本家，比壞蛋更像壞蛋。這個社會靠著一群惡棍在運作，你應該也很清楚，但是你從來沒能從中學到教訓，而我早就看清楚了這個事實，他們毀了我、你、還有每一個人的生活，是他們逼我，爲了生存什麼事都得做。這些年來我所學到的，就是冷酷無情，對任何人都不能夠心軟。』」

嚴醫師繼續說道：「然後，他跟我說，如果我不願意接受他的提議，他不會對我手下留情的，他叫我離開，馬上，這裡已容不下我。『去美國投靠你的女兒吧！』他對我大吼。我當時眞想摑他一巴掌，但是壓抑許久的憤怒很快就煙消雲散，接著，我感到全身麻木，再也沒有其他的感覺。我想，該是結束的時候了，實在沒有什麼話好說了。從那次以後，我再也沒有和偉清說過話，即使是在前往美國之前的退休歡送會上。

「你問我，為什麼選擇離開？嗯，我想偉清說的對，我已經到了該退休的時候，我無法再為醫院貢獻更多，也不願意只做一個有名無實的領導人，像個傀儡似的被利用。我聽說偉清成立了生技公司，並且擔任負責人，或許那就是他一直想要的。而我，則像古時候的學者一樣，逃避到一個偏遠的地方隱居起來。」在中國歷史上，如果在朝當官的學者，遭逢改朝換代等混亂的時局，在道德上不願意向環境妥協的時候，他們會選擇隱居、裝瘋賣傻或退休等方式，以拒絕更高的官位或行政責任，雖然這麼做不見得能夠全身而退，但是至少代表了對於某一個時代或領袖的批判與抗議。

「或許這就是我的生存方式。我很清楚地記得過去所發生的事，但是對於未來的發展卻完全沒有概念，我的情感和價值觀都停留在過去，即使在最難熬的那段日子裡，我仍然知道自己應該做些什麼，但是現在的我卻不知所措。過去被認為是好的東西，現在變成壞的；過去被認為是壞的東西，現在卻變成好的，不可思議的是，我們竟然還能夠活得好好的。有時候我很茫然，似乎無法在現實生活裡找到立足之地，因為現實不同了，現在大家所看重的事情，我一點都不感興趣，最後我只好選擇離開中國，讓所有的一切都不再與我有關。至於美國，這兒從來都不是我的家，但是我和女兒在一起，我們擁有彼此。我的兒子們在中國過得還不錯，或許有一天孫子們也會來到美國，誰知道呢，說不定到時候我們又都會回到中國。」

灰色地帶的道德抉擇

嚴仲叔的故事，可說是自一九三〇年代以來，發生在近代中國的典型。大時代的鉅變——戰爭、政治革命、社會動亂，改變了嚴醫師工作的醫院、他的家庭、甚至是他本身的性格和命運。從這個故事裡，我們可以淸楚看到，政治和經濟因素，如何重新改造了一般人的眞實道德，這種情況在變動比較緩慢、影響力較小，以及較爲複雜多元的社會中，通常不會這麼顯而易見。嚴醫師所提到的，被背叛時的憤怒、羞恥、群衆暴力的可怕等，也讓我們瞭解到，情緒和價值觀之間具有非常緊密的連結。嚴醫師的經驗，來自於一個政治壓迫和動盪不安的社會，其中無論是群衆價值甚或私人生活，在道德上都經歷了徹底的改變，他的例子不只是說明了人類生活環境的變動性，也證明了任何對於基本人性的要求，都不可能忽略其歷史和文化的因素。如何在險惡和不確定的環境下，仍然堅持眞實道德，對於嚴醫師和許多中國人來說，是一個尚未獲得解答、卻需要迫切去思考的問題。他們的道德經驗，結合了意見紛爭和權力更迭的公衆領域，以及個人情感的內心世界，而且經常是在意想不到的狀態下發生，我們從嚴醫師無法狠下心來報復徐醫師的故事中，便可以略見一二。

該如何去理解嚴醫師、徐醫師，以及他們身處在同樣危險的政治環境底下，卻採取完全相反的因應方式？相異的行爲模式，正好代表了他們不同的人格特質。徐醫師的性格裡，帶有嚴重的犬儒主義和社會病態人格（sociopathic），對他來說，爲了功成名就，可以不計一切代價，不顧他人死活和自己的意願，例如，他對於自己一再欺騙和背叛他人，沒有絲毫悔意，我們可以說，他所代表的是不道德的危險人物，而徐醫師所指稱的在亂世裡唯有做壞事才能生存的自我辯護，卻因爲嚴醫師而不攻自破。另一方面，嚴醫師固然懷有理想主義性格與批判思想，但他同時體悟到，身處於激進毛派主義統治的社會裡，必須將自我反思與批判的想法隱藏起來，因此，對嚴醫師自己來說，在某種程度上，他也算是整個結構的共犯之一，爲了在惡劣的環境下求生，他不得不這麼做。他很清楚，唯有在少數時刻，才有可能公然反抗政治力的運作（例如他反對向徐醫師報復，以及拒絕成爲有名無實的公司負責人等）。對於一個像我這樣的局外人來說，他的故事實際上代表了某種生存的策略，藉以保有他清高、眞誠面對自我，以及願意面對新環境挑戰的自我形象（這也是我對他的印象）。嚴醫師的道德權威，來自於他對貪腐和僞善的抗拒，在他所處急遽變化的道德環境之中，他堅持的倫理價值，已經造成了某種程度的影響。

在這個故事裡，沒有任何英雄人物，雖然徐醫師這種爲了個人最佳利益、可以使出任何手段的行爲，讓他看起來像個卑劣的小人，但也絕對稱不上是萬惡不赦的壞人，或許他的背叛行爲，以及在最後那段話中表現出自私的犬儒主義，會讓讀者們產生反感，但是不要忘了，最後是徐醫師，而非嚴醫師，在被允許可以違反醫院服務宗旨的情況下，讓醫院得以繼續運作下去，此外，他仍然留在中國，繼續爲國家發展和自己的生活而努力。不同於某些故事裡善惡分明的情節，從嚴醫師的敘事裡，我們所看到的是生存的灰色地帶，因爲道德妥協而導致不幸結果的平庸故事，以及眞實道德無法掌握的特性。

道德實踐的新希望

嚴醫師現在愈來愈能夠接受當初家人的生存方式——與當權者勾結或合作，即使這種存在於中國社會裡的現實狀況，仍然讓他感到失望。在我們最後幾次的訪談中，他告訴我，不只是他的家人，還有無數與他們處境相同的中國人民，其實沒有太多的選擇，爲了生存、過更好的生活，即使知道當地的執政者是如何濫用權力，也只能試著與他們合作。他的難過來自終於認清楚，自己其實生存在一個道德淪喪的環境中，與不道德的政策合作，進行貪污腐敗的勾當，不符合正義和公平的事情不斷發生，並且，看不到任何改革的契機。對嚴醫師來說，最難解的習題在於該如何做出抉擇：個人應該拒絕做出不道德的行爲，或是爲了集體利益而稍做妥協，而這妥協可能阻礙了實踐眞實道德?!

身爲一個沉痛但仍然堅定的理想主義者，嚴醫師淸楚認知，今日中國社會的現實環境已經離他很遙遠了（或許眞的是太遙遠了），而只有像徐醫師這樣的人，才能夠替工作單位開創有發展性的未來。雖然徐醫師的勝利，對於嚴醫師和我個人而言，都是令人沮喪的事，然而嚴醫師的挫敗（在他自己看來是個挫敗），卻具有特殊的意義，因爲我們看見了道德實踐的新希望，鼓勵我們去追求生命中更美好良善的事物。嚴醫師在醫院的會議中，反對將徐醫師流放到異鄉，打破了復仇的循環，可以被視爲是道德想像和責任的最佳典範，即使能夠爲他帶來好處，他依然堅決不使用暴力；他選擇了另一種處理事情的方式，反而創造出令人意想不到的契機。

道德經驗永遠沒有終止的一天。前述對於倫理的重新詮釋，或許會讓嚴醫師看起來像是最後的勝利者，但我寧可（我相信嚴醫師也是）將重點放在未來的不確定性，以及人們爲了掌控那些無法預期的經驗、永無止盡的努力與奮鬥。平凡的道德經驗，基本上無關乎輸贏，而人世間的故事，也沒有所謂的「終結」。如同古希臘詩歌中反覆朗誦的章節，沒有人能夠無憂無慮地過一輩子，我之所以提及此，是爲了說明眞實道德的形塑，經常會受到一些限制，包括我們能夠控制、或無法預知結果的事，以及始終存在於我們身邊的危險。對我們來說，重點並不在於等待嚴仲叔和徐偉清都去世之後，再來評斷他們的一生，事實上，我們永遠都無從比較判斷。若以上述的觀點來看，嚴醫師似乎比任何人都要反英雄主義，因爲他對於世界和自我危機的反省與批判，力量雖小也並不穩固，畢竟開創了一個可以提出異議、反抗和後續討論的空間，這正是我個人的倫理立場。我贊同嚴醫師的關懷和批判，然而身爲一個局外人，我並未長期生活在中國的道德環境裡，因此無從進行任何評斷，或是去倡導自己所支持的理念。或許嚴醫師的故事，眞正要告訴我們的是，在實際生活中，我們很難完全跳開現實的環境，以旁觀或超然的角度，去評估當下的經驗，甚或提供另一種不同的倫理視野，然而，儘管很難達成這樣的平衡，卻是必須去嘗試做到的。

事實上，所有會成爲人們關注的倫理議題，都必然出自於現實生活中道德—情緒—政治上的混亂。嚴醫師的故事，不過是讓我們看到，避開現實生活中的個人與社會責任

（我們的道德世界），創造另一種更具意義的生活方式，並且將之付諸實踐，是一件讓人感到如此痛苦而困難的事。除此之外，他的故事也告訴我們，面對生活中的危險和不確定，無論我們所看重的價值，面臨了多麼痛苦和麻煩的挑戰，最重要的是，身而爲人，我們有責任用心去經營眞實道德，而不是像齒輪轉動的機器一般，只是被動的機械反應而已，我們要建立的是一種能夠反映自我覺察、集體塑造自我形象和未來方向的人類潛力。這是人類生活中最基本的倫理要求——一件並不容易做到、甚至可能永遠無法達成的任務，而且經常會受到政治、社會生活，以及個人先天特質和後天的偏好所影響，然而到頭來，這正是眞實道德的目的。

【第五章】

慢性疼痛VS.宗教療癒

——查理・傑梅森的故事

爲了述說這個關於痛苦與神聖，受難、性愛與救贖，宗教與醫學的故事，我已等待了十五年。我將這個男人稱爲查理・肯沃斯・傑梅森（Charles Kentworth Jamison），他是美國西北部靠近太平洋地區的基督教自由派新教牧師，我是在一所大學醫院的慢性病痛診所擔任精神科住院醫生時認識他。經過仔細評估後，我每隔幾個月跟他看診一次，爲期兩年。搬到東部之後，我們透過電話與信件保持聯絡了六年，他有一次還來找我進行了一段時間頗長的回診。

傑梅森牧師身材高大，約一九〇公分，很結實，通常穿著合身，合乎時尚而不拘謹，表情豐富，一頭濃密的白髮；我們相識時，他已年過六十。他的頭部與頸部患有慢性的強烈疼痛，至少持續了二十年，他有一種習慣動作，一種顫動，那表示他正感到疼痛，每隔幾分鐘，他會用右手按摩脖子與後腦，同時把頭頸往下轉，再從右轉向左，疼痛通常溫和地持續著，但是每隔一週、兩週就會劇烈發作，在這些時候，傑梅森會服用不太有效、非成癮性的止痛藥，雖然用更強的成癮性止痛藥可以完全消除疼痛，但他拒絕服用。爲了讓疼痛降低到可以忍受的程度，他會停下手邊的工作，回到臥室，拉起窗簾，關掉燈光，平躺在床上，努力淸空頭腦，放鬆下來。

走上神職志業

傑梅森與我在診所看過的大多數病人不一樣，他並不是主動來尋求醫療幫助，相反地，他很不願意接受醫生與家人的強烈建議，他們對於他的慢性疼痛一直無法治癒而感到苦惱。傑梅森與其他病人不一樣的地方，不僅是他前來疼痛診所的理由，在我們第一次會診時，他令我深感震撼，那些我已用來評估過數百位疼痛病患而非常熟練的例行問題，像是關於疼痛在病人生活中所造成的困難等等，在他身上竟完全無用武之地。

他深深地凝視我的眼睛，告訴我，所有關於疼痛負面影響的問題都對他不適用，疼痛雖然有時很痛苦，讓他無法正常生活，他卻把它當成一件非常好的事。在我所診治的慢性疼痛病患中，從來沒有人說疼痛是有益的，我脫口而出：「以你的病況，你是在開玩笑吧？」他深吸一口氣，以他特有的方式按摩著頭部與頸部，很肯定地回答：「它讓我受苦，眞的受苦，但我仍然必須承認它是一件好事，非常好的事。」

我請他解釋這段話的意思，傑梅森牧師說出了以下的故事。他投身傳教工作的過程頗爲曲折，他在高中與大學時很受歡迎，長得俊俏，又是足球場上的風雲人物，在青春期至成年初期階段曾有許多女友與性關係；二十多歲時，他對性有極爲嚴重的需求，他記得每當獨處時，腦中便充滿栩栩如生的性幻想，女體的氣味讓他產生性慾而自慰。他執迷於這類幻想，完全無法抗拒，幻想非常強烈，他幾乎無法自我控制因此感到罪惡與慚愧。

三十歲之後，傑梅森認識一位出色的年輕女子，不久就成爲他的妻子。她的生活經驗與他相反，雖然她很美麗，有許多朋友，但還是個處女，並且堅持著新教徒般的節制生活，未曾涉及性愛、飲酒、賭博或任何輕浮的行爲。但除了賭博之外，其餘的他都已沈溺長達十年之久。當他擔任一所高中的助理教練，也開始選修宗教方面的研究所課程。

婚姻初期，他努力克制自己的幻想與行爲，和妻子發展了很深的感情，以他的說法，雙方有了「奇蹟般的」承諾，關係與日俱深，包括性生活愈來愈活躍，雙方都很快樂，然而，結婚五年後，沒有明顯的理由，傑梅森發現自己再次體驗到如剛成年時強烈的性幻想，因爲還是研究所的學生，四周都是年輕女性，強烈性慾不乏發洩管道。但是他每次外遇，都感到強烈的罪惡感、自鄙和自我痛恨，在此同時，他的妻子懷孕了，這是他們的第一個孩子。懷孕末期，妻子血壓危險地增高（許多女性懷孕時，因為體內液體滯留，荷爾蒙激增，與長大的胎兒壓迫到了主血管，有些人的血壓高得危險，如果沒有治療，會導致中風、心臟病，或其他嚴重的病症），因為這種狀況讓胎兒與母親都面臨風險，婦產科醫生建議終止懷孕，傑梅森立刻反對。他告訴我，在那次討論之後沒多久，他有一次單獨與一位有過性關係的年輕女研究生在一起時，非常興奮：心跳加速，思緒紛亂，色情的幻想如電影般在腦中上映，這時候一股強大力量，與意想不到的情緒猛然湧上來，他描述為對於神聖的一種體驗，那是他小時候與父母參加祈禱會時，身體會產生的一種感受，在專注祈禱的時候，他感覺自己直接與上帝說話，心跳與呼吸加速，全身充滿輕飄飄的感覺，彷彿飄浮在半空，然後他的頭與頸部會突然抽動，接著往上與往後猛然一扭。

這次他感覺到自己面對了神聖，先是非常快樂，然後又對罪惡意念感到羞愧，他請求上帝幫助他控制這種幻想，幫助他妻子的高血壓得到控制，讓她能生下健康的寶寶。他離開了那位年輕女子，而他的解釋讓她非常驚訝——他說他不能再像以前那樣，因為他被上帝召喚了。

接下來數週，他的祈禱都應驗了，妻子的高血壓回復到接近正常的指數，他的色情幻想也停止了。在孩子誕生的幾天前，他決定追隨他現在視為「聖召」的經驗，這次「聖靈充滿」不僅爲他帶來健康的兒子，也帶來了救贖。他的妻子很驚訝，也擔心他從事神職的決定，她向來懷疑所謂「眞正的信徒」，會以嘲弄的口吻說那是「宗教魔術」，她難以想像自己將與丈夫一起去參加教堂的服侍事工，她認爲自己是非宗派的新教徒，從個人關係與大自然中尋找宗教意義，而不是從體制中。她丈夫則向她保證，他追求的不是基本教義派的信仰，而是在教條上保持自由，但是嚴守個人紀律的新教信仰。

情緒衝突的身體戰場

一段時間之後，傑梅森成爲受人敬重的牧師，擁有一群人數不多、但很活躍的會衆。他所信奉的新教對於教條與儀式採取高度自由化的立場，特別是針對社會政策，例如，他呼籲反越戰，支持民權，爭取女權（包括墮胎權），並支持女性擔任神職人員。他覺得自己特別具有神職諮商的才能，「每當有教友帶著關於性、外遇、暴力與其他家庭問題來找我，我的個人經驗能讓我感同身受，對他們表達支持，並提供實際的幫助。」他說他瞭解是什麼樣的內在力量與外在力量驅使人們做出看似不理性的事，包括青少年時期的情緒風暴與自殺，他也因此在當地建立起名聲，幫助並帶領問題青少年回到宗教的道路上。他的事業與家庭生活都發展順利，第二個與第三個兒子相繼誕生，他與兒子們及妻子的關係成爲他生命意義的核心，而妻子在房地產仲介事業兼職數年所累積的經濟，也讓他們的生活品質大爲提升。

傑梅森當了幾年牧師之後，遇到另一個關鍵時刻。一位曾經從事職業伴遊服務、跳脫衣舞的年輕女子，來向他尋求援助，她抱怨自己有過於強烈的情色幻想，有時候會放任自己全憑衝動行事。這是傑梅森牧師多年以來首次感到不知所措，「我很快就知道，自己還沒有準備好應付這個情況，實在太誘惑人了。一方面我想幫助這位女子；另一方面，我又想跟她上床，我開始感到無法控制自己，而且很虛僞。你知道的，那些向我尋求諮商協助的年輕人，都因爲身處這個強調性愛與青春的文化之中，很早就有了性經驗；而我也體驗到與他們同樣的生理與心理衝動，這些衝動一樣無法控制……我不知道該怎麼辦。這一分鐘我祈禱，下一分鐘腦中則是性，我已經準備好要跟這位可憐的女子上床，不，其實更糟，我打電話給伴遊服務，馬上又掛掉，我開車經過X級俱樂部，一部分的我想衝進去觀賞，甚至嘗試各種事情，我又開始自慰，準備要一頭栽進去。教會所附近就有幾家限制級電影院，還有跳脫衣舞的酒吧，那個地區很糟糕，但要購物就一定得經過，如果我的會衆看到我進入那些場所，或他們自己也在裡面，我該如何應付？我被慾望與罪惡感拉扯著，幾乎想要尖叫，偏偏這時候我妻子又必須出差數週。那段時間對我來說眞像置身地獄，我的身體變成了情緒衝突的戰場，眞是糟透了。」

然後，就在傑梅森牧師感覺已經無法控制自己，準備屈服於難以抵擋的性幻想時，他體驗到他後來所謂的「神聖調停」（divine intercession）經驗。一天晚上他失眠且性慾高漲，早上醒來時，頸部僵硬，後腦疼痛，後來幾天，疼痛惡化成爲現在的情況。剛開始時，他把這個疼痛解釋爲上帝的懲罰，後來則視爲上帝的恩典。之後的數十年，疼痛時常發作，特別是當他感覺幻想又回來，而且能眞實地聞到性愛的氣味時（不是與妻子做愛），疼痛會更加劇烈，打破了性幻想的攻勢，也產生舒緩與控制感，從無法忍受轉變成可忍受，後來疼痛又具有性靈上的提升作用。對傑梅森而言，疼痛愈來愈與宗教的體驗結合在一起，使他能認同十字架上的基督，疼痛成爲一種昇華，彷彿讓他因受苦而進入了神聖。

疼痛，是恩典也是救贖

痛苦，對傑梅森牧師而言，是拯救，把具傷害性與不必要的慾望轉變爲恩典與救贖。「你必須從我的觀點來看，」他解釋，「疼痛很劇烈，有時候讓我無法動彈，但大多數時候它會帶給我力量，使我更能夠在身體上感受到其他人在性靈與情感上的狀態，我成爲更好的聆聽者，不僅如此，疼痛對我的生活造成了非常有力量的改變。

「我在身體、情感、個人與家庭的問題中看到了宗教。對我而言，疼痛使我更親近上帝，我相信這是我在善與惡之間的掙扎，而善獲得勝利，這是從『罪惡之花』誕生而出的神聖經驗，它教導我，讓我知道，當強烈的慾望來襲時，我們不是孤立無助的。疼痛讓我更瞭解與譴責我們的文化是如何操控慾望；疼痛使我成爲更好的牧師，特別是對於身陷困境的年輕人，我瞭解他們的處境，相信宗教可以陪伴他們度過這個過程。我想我學到了，對於像我這樣的人而言，這個世界並沒有太多的道德選擇，當我面臨強烈的身體感覺時，要如何做出理性的選擇？面對強烈的文化與生理衝擊時，只有宗教才能使眞實道德具體可行；宗教使身體能記得，疼痛可能是一種宗教的回憶，因此很老實地說，疼痛是我生命良善的來源。醫生們不瞭解，診所也不會瞭解，這些是屬於宗教，而不是醫學的。」

傑梅森沒有以他對文化與生理衝動的批判態度，來爲自己的軟弱找理由，他同樣批判了自己，這些驅動力量並不是他生命觀點的替罪羔羊。他的軟弱是自己的責任，他不停地這樣告訴我，但是他也堅持，這些非常個人的問題無法靠自身來控制或解決；文化訊息、生理衝動與個人行動的共同影響，才是毒癮與性愛成癮的生成根源，傑梅森牧師對我說，這些問題需要宗教的介入。當他談到疼痛是一種宗教的回憶，指的是疼痛就是他的道德良知，疼痛讓他能夠回憶起上帝帶給他生命的恩典。

宗教的療癒效果

傑梅森所強調的宗教介入，並沒有表面上那麼不尋常。在世上所有豐衣足食、科技先進的國家中，表示信仰上帝的美國人比例最多，超過百分之九十五是有宗教信仰的，相較之下，在比較世俗主義的歐洲國家，信仰的比例低於百分之六十五。約有三分之二的美國人在問卷中表示，上帝參與了他們的生活，意思是，上帝引導他們在生活中的抉擇，同時影響其結果，這個數字遠遠超過歐洲的情況。美國的宗教把重心放在個人信仰與個人靈性追尋上，而不強調神學的正確性（雖然某些基督教核心教義——如生命的神聖——已被政治化，而且被非常嚴肅地看待），例如：美國人將宗教詮釋為自我的靈性層面；而歐洲人則將宗教視為比較廣義的神學、儀式與教會的體制，對歐洲與拉丁美洲的基督徒來說，關於社會公義的福音更貼近生活也更重要。美國基督徒在近幾十年來已逐漸不強調社會公義，而轉向更個人的文化價值，如個人的解放與救贖，威廉・詹姆斯的著作《宗教經驗之種種》（*Varieties of Religious Experience*）即以心理學的角度來詮釋宗教，直到出版後一世紀的今天仍然受到歡迎，對詹姆士而言，宗教是心與感覺的一種表現，而不是教會與儀式。天主教與猶太教在美國已經被新教化，強調更深的個人宗教根源，以傾向世俗主義的類佛洛伊德方式進行的牧師諮商，是美國宗教人士的重要訓練方式；很多其他社會的牧師與神職人員的主要諮商內容，則多是有關神學與教義的問題，美國的神職人員也可以這麼做，不過大多時候諮商還是被視爲一種心理教育與治療。

在美國社會，宗教與心理學是密切相關的，宗教也被列入另類醫療範疇中，例如針灸與藥草經常會被當成一種靈性的實踐方式，鼓勵病患冥想以尋找自己的性靈中心。的確，在一個科技極度進展的年代，宗教已經滲透到美國社會的各個層面，其中也包括醫學。疼痛專科醫生很早就瞭解到，在慢性疼痛病患的臨床治療上，宗教可作爲一種心理的支持；過去對宗教一直懷有敵意的生物醫學領域，也就是由法律定義爲專業醫學的醫院與研究中心裡，宗教課題也開始受到歡迎了；現今醫學院的學生在醫病關係的課程中，也接觸到宗教議題；醫療倫理專家、精神科醫生與主治大夫們都被期待要真心尊重宗教。今天，對於宗教與生化醫療科學的關係已發展出新的態度，研究人員針對感染、疼痛、安慰劑效果，以及療癒的病理成效，研究靈性活動與宗教儀式是如何影響人體的荷爾蒙系統、免疫系統與神經反應過程。壓力透過荷爾蒙系統改變了人體心血管與心理的狀態；而宗教活動能夠予以限制，甚至反轉這些影響。瞭解宗教活動的療癒效果，是目前醫學上重要的科學課題。

宗教價值與道德經驗

宗教人士推動了美國生物倫理學的發展，宗教價值時常是病患、家人與醫療人員在面對臨終以及其他嚴重臨床情況時所關切的問題。傑梅森牧師曾參與心理諮商，他很想瞭解壓力的科學與宗教活動如何影響人的壓力反應，也包括他自己的；他與倫理學家在生命臨終等臨床課題上的合作，使他對宗教療癒感到著迷，但令我特別感興趣的，卻是他在生活、疾病與治療中，宗教與道德經驗的糾結。

依傑梅森牧師的觀點，每天的身體經驗已成為他個人在善與惡、慾望與神聖之間的戰場，他相信是神的恩典，讓他在早年不致屈服於令他感到罪惡的性衝動，疼痛「調停」了他的掙扎與神的關係。疼痛具有救贖性，將他從難以控制的慾望所帶來的折磨與羞辱中拯救出來；疼痛為他的經驗帶來秩序，不僅提醒他、也讓他明白什麼才是重要的；疼痛在他心中為他的傳道工作做好準備，能夠找出像他一樣受苦、難以克制強烈心理衡動的人。我當然不是說所有身體上的痛苦都是神的旨意，我只是描述傑梅森牧師在這些年來一直訴說的，對他而言，若要在危險與不確定的年代中實踐著眞實道德，並符合他的倫理期望，就表示他必須與疼痛共同生活，從疼痛中找到神。受苦對他有正面的倫理意義，超越了醫學上的診斷與治療，他堅持，疼痛是眞實道德的一部分，修正了他的生活方式，使他能克服生活所面臨的重大道德挑戰。

當然我也治療過其他病人，他們的宗教信仰反而是與疼痛的另一面向有關，這些病人包括了牧師與其家屬，他們的疼痛因爲傳道工作，以及繁重的社會責任而加劇。例如，在郊區的一位牧師妻子患有嚴重的背痛，當她參加大型社交活動時，背痛更是加劇，因爲她感覺如被困在金魚缸中，無法表達自我。許多承受疼痛的人並不會以宗教角度來詮釋自己的受苦，我曾經坐在病患的床邊，親見他們無法靠祈禱來控制嚴重的疼痛，也完全沒有感受到宗教上的昇華，他們的道德世界與身體經驗都與傑梅森牧師大不相同；有些人覺得是上帝遺棄了他們；有些人認爲疼痛是生命中最主要的危險；甚至有些慢性疼痛病患告訴我，爲了控制漸趨嚴重的症狀，他們必須放下事業，甚至捨棄家庭生活，經濟狀況大受影響。

受苦的道德辯證

傑梅森牧師將疼痛的身體當成是回憶的來源；努力想掌控那不願經歷的身體反應卻無法成功，而身體能記憶這場失敗的奮鬥，受苦的身體能回憶起神。具象化（embodiment），也就是透過身體經驗的過程來體驗意義，例如疼痛，是一種集體的記憶，也是個人的記憶。許多研究人員發現，例如特別的姿態、動作、刺穿的裝飾或身體上的疼痛，這類施於身體上的做法，都象徵了文化意義與社會地位，在這種情況裡，具象化結合了情感、價值與儀式。傑梅森牧師的身體顫動可以被詮釋爲一種內在的祈禱、一種回憶的儀式與宗教的活動，呼喚出神性的外在表達。他的祈禱效力並不如一般的治療儀式能讓他的疼痛消失，而是把疼痛轉化爲神聖，成爲他在道德上的勝利來源，將不當的性慾昇華爲宗教意義。如此一來，傑梅森牧師的經驗也許更接近早期基督徒，與中古世紀將痛苦視爲神聖、將受苦的自我視爲人與神之間溝通橋樑的情況。基督教歷史學家指出，早期基督徒對受苦自我的重視，與羅馬斯多葛學派（Stoicism）的否定受苦形成很大的對比，對基督徒而言，受苦的自我將他們人世的經驗與基督的世界連接，受苦的自我因爲宗教而受到重視。傑梅森的病症故事也不只是關於表面上的療癒，或療癒本身而已。

當然，對於牧師的故事，也有另一種較具懷疑角度的解讀方式。有些人也許會認為那是一種無紀律、缺乏自我控制、不成熟的性慾，以及把宗教當成遮掩道德失敗的手段；但我不認為傑梅森牧師是這樣的，他的內心世界也不會這麼想，不過我也無法質疑其他的看法。也許對某些人而言，傑梅森牧師是一個有罪的、自我欺騙的傳教士，當他的內心世界是如此紛亂時，他並沒有資格對其他人佈道。對於傑梅森牧師故事的不同解讀，關鍵在於——他的痛苦是誠實的抑或是欺騙的？這正好反映了對於人類慢性疼痛的不確定與懷疑。申請身心障礙補助金的疼痛是眞的，還是一種策略手段（有意識或潛意識），以獲取財務支援與其他好處？治療慢性疼痛的核心困境就是，在治療時單純理解病患是不夠的，其中應該還有更深層的、更讓人不解的眞實。因為一旦需要考慮是否涉及策略行為的道德判斷，便意味著要改變其他人觀點，我們的倫理思考在權力遊戲中會被視為不眞誠的做法。人們利用痛苦以達到個人目的，從這個角度來看，傑梅森牧師可以被當成是一位反社會的人，而宗教只是用來遮掩他的反社會行為。

依照我在前幾章所架構的論點，傑梅森牧師的個人世界必然是瞭解他疼痛經驗的起點，但是接下來呢？我們是否要追隨列維納斯所堅持的，正面承認他的受苦才是基本的道德行為？列維納斯堅持道德永遠優先，道德就是肯定他人與他們的受苦；但如果這種受苦是不誠實的呢？果眞如此，他的照顧者與家人又該如何去面對這樣的挫折？他們只能忍受挫敗嗎？對於傑梅森複雜的道德經驗，該如何回應才合乎倫理呢？難道批評牧師那過於舒適的困境，然後強迫他放棄他的疼痛（雖然這疼痛對他來說是有益的防衛），轉而採取比較不那麼費心的方式（對家人與醫師而言），來面對他的過往與熱情，才算是合乎倫理的行動嗎？他需要改變的也許不是他的內心，而是他的世界——也就是說，與他妻子、子女以及會衆的關係？或問題在於倫理本身並不足以應付傑梅森不安的情緒與道德糾結？這一連串的問題也許能幫助我找出具有療效的對治，而不是再發出一張疼痛問卷或給他新推出的止痛藥。對於慢性疼痛與其他慢性疾病病患，專業醫療人員與家人除了必須面對醫學與心理的問題之外，也需要處理宗教上的課題。

最後，我直覺採取了列維納斯的模式，我斷定傑梅森牧師的疼痛經驗以及宗教經驗都是眞實的，我把他的色情幻想當成是心理問題和道德問題，不過我也對其他的詮釋感到好奇，因爲在稍後的章節，我們將看到黎佛斯的故事，醫學上的治療不僅要處理道德經驗與情緒之間的關係，也涉及了日常生活的政治，而後者——即關於家庭與工作經驗的政治層面，在我的詮釋中似乎較少觸及。

轉變自我與世界的道德任務

對傑梅森牧師而言，慢性疼痛是宗教上的昇華，但對他的妻子、子女、會衆與醫師而言，卻是完全的挫敗，在日常生活中受到傳統約束的美國中產階級世界裡，傑梅森的行爲是否代表了一種反抗的政治？傑梅森牧師的慢性疼痛經驗是否提供了避難所，讓他能批評美國社會對青少年性氾濫與暴力衝動的不良影響？他對於疼痛而產生的宗教反應，是否讓他在反傳統治療方式上的努力得到支持？這包括他堅持認爲那些在醫療人員或一般人眼中，需要醫學治療、陷入麻煩的病態青少年，他堅持認爲他們其實是美國社會對於性與毒品的道德經驗相衝突或矛盾的受害者，這種文化衝突與矛盾，需要倫理和宗教根本的介入才行？這想法是否也適用於他孤身面對慢性疼痛、而這病痛卻讓醫師及醫療系統束手無策的情況？如果不對傑梅森牧師的個人世界進行歷史調查，我無法對這些問題提出確切的回答，但即使經過這些年，我與傑梅森牧師及許多慢性疼痛患者（他們也讓醫療系統和其家人深感挫敗）的接觸經驗，只讓這些問題變得更沉重。疼痛改變了他們的世界，粗淺地從心理學與醫療的角度來看，這些改變似乎完全是負面的，但是運用更廣義的社會觀點來詮釋，我時常想，如溫斯洛普・科恩的案例，身體的疼痛、沮喪、無力與其他慢性症狀，應可說是表達批評或抗議的另一種形式；而在傑梅森牧師的案例中，那行動的意義在於帶來某種社會效應，改變現有的狀況，並且創造出新的道德環境。

我的意思是，當症狀一旦變成慢性時，不管因爲生理或心理上的任何理由，都可以用來表達病患對社會感到的孤立，與對家屬或工作同事、上司的批評，或對經濟狀況與政治現實的抗議。慢性疼痛是美國身心障礙福利系統的主要症狀，因爲太多接受身心障礙補助的人是工人階級或窮人，在一個社會與經濟不平等情況愈來愈嚴重的社會中，身心障礙福利系統有時可被視爲一種間接的財富轉移方式，因爲沒有其他方式能夠轉移社會資源了，因此，慢性疼痛也可被視爲弱者的武器，用來改善其經濟與社會情況。

如我在嚴醫師的故事中所提到，在中國文化大革命的集體創傷中，許多成爲政治目標的知識份子與幹部都有精神耗弱的症狀，其中三種症狀——頭痛、暈眩與強烈的疲倦，似乎表達了集體與個人對政治活動及社會混亂的無力感、領導者與價值觀都遭顚覆的創傷，還有公開受到批評的痛苦，而在中華人民共和國高壓專制的統治下，這是少數能表達抗議與批評的方式。對傑梅森牧師而言，疼痛不僅是抱怨，也用來處理因文化落差而產生的挫折，他覺得在實際的道德價值與對倫理的期望之間，存在著巨大而且危險

【第六章】

坦然面對世界眞正的危險

——莎莉・威廉斯的故事

對於病情嚴重的病患與照顧者來說，疾病具有純粹的道德性。嚴重的疾病會引出深沉與複雜的情感，如恐懼與消沉、憤怒與羞辱，但也會讓人覺察到生命原本忽略的重要價值。對某些人而言，疾病可以使生命有意義，例如：一位剛被診斷出得到癌症的病人，之前必須經歷檢查結果尚未確定的焦慮過程，那彷彿靈薄獄（limbo 靈魂等待上天堂或下地獄之處）般的處境，情緒在兩極之間擺盪——正常或死亡，然後才被告知眞的罹患了癌症；在經歷測試療法的階段，否認與放棄的心境會交替發生；在癌症照料的過程中，病人專注於完成治療，但也要處理在眼前變得重要的人與事，病人也許會重新發現自己與宗教的聯繫，重振婚姻關係，發現鄰居可以伸出援手，或是因爲陷入深深的絕望首次願意接受心理治療，或與年邁的雙親重新聯繫，對他們說出自己從來沒想過能夠說出口的家庭負荷。

我與這類的病人談過，其中也有人感覺自己生命有了一個新期限，他們想要去做能夠帶來美麗、快樂與希望的事情：旅行、重新拾起蟄伏已久的藝術興趣、閱讀、學習新的運動、買衣服，或是祈禱；如果癌症病情到了無法控制的情況，生命最後的這段日子，便開始涉及道德意義的範圍，從病人希望的死法到希望用來紀念自己的儀式，以及所有關於生命結束的俗務：遺囑、葬禮安排、懺悔以及最後的遺言——很少人能想像真正的終結，直到它真正來到眼前。檢視面對疾病時個人與文化之間的複雜脈絡，是瞭解什麼才是對自己真正重要的一種方式。

莎莉・威廉斯（Sally Williams）是一位五十四歲的藝術家，身材修長、黑髮、圓臉，曬成橄欖色的皮膚散發著光芒，看起來比實際年齡要年輕十歲。莎莉的目光坦率直接，但是面容中帶著某種神韻，如惠提爾（John Greenleaf Whittier, 1807-1892）的詩句——「一抹悲傷，一絲羞愧」，喚來了黑暗，暗示隱藏著更深的事物，傷心的事物。莎莉成年後經歷了很多事，沮喪的父親酗酒，母親是阿茲海默症末期；曾經分居的丈夫丹尼是一位顧問與環保人士，兩人育有三名子女。才華洋溢的莎莉也是風景畫家，作品曾在很多藝廊展覽，並由美術館收藏；她也擁有一家成功的藝廊，有一群親近的朋友，大多數是藝術家與作家。除此，最讓人驚訝的是，她是一個洗心革面的毒蟲，兩年前我第一次與她面談時，她被診斷患有愛滋病。我認識丹尼已有二十年，緣於我們都對中國的事物感興趣。莎莉得知自己的病情，便問我願不願意與她談談，因爲我正在研究慢性病痛，與其他病症的病人也做過這樣的面談，我答應了，兩人五年的時間中會談了八次。

當我們踏上生命終點……

當莎莉在一九九七年發現自己染病時，態度是非常直接與坦白的：「我要我的每一個子女、我的朋友們都知道我得了愛滋病。」莎莉說告訴他們並不容易，但當她做到之後，她感覺「得到解脫」，最困難的是：「在解釋十年前與丹尼分居後的那兩年，非常悲慘糟糕的兩年，我變成毒蟲，墮落又不堪，願意爲了吸毒而做任何事。我就是在那時染上愛滋病，雖然兩年前才曉得，不過自那時起我已有長期腹瀉與倦怠的情況。」

莎莉回顧她戒毒之後與發現染上愛滋病之前的八年：「我花了這些時間重新振作起來，在這個世界上掙得了一席之地，成爲一個成功的藝術家和生意人，經營一家獨特的藝廊，然後噩運再度降臨來折磨、傷害我；愛滋病，讓我再次感到非常羞愧，我戒了毒，但無法戒掉愛滋病。我竟然在最美好的生命時光得知自己患有愛滋病。」

莎莉繼續說：「我希望能說我應付得很好。自從得知感染後，兩個兒子剛開始很排斥我，他們已經受夠了，不願意接受這個事實，但現在他們很支持我，很愛我；我的女兒珍妮佛，願主保佑她，雖然她在研究所非常忙碌，但是她一直陪著我；最讓人驚訝的是，丹尼回來了，回到我的生命中，幫助我，這眞是不可思議！十年前，他另有新歡拋棄我時，我完全崩潰了，會去吸毒，也是因爲很想傷害他，讓他付出代價……我陷入谷底兩年後，重新振作起來，靠自己重新開始，我成功了……我的藝術、事業，還有……嗯，更懂得如何生活，而當我得到這個可怕的疾病，病得很重時，他竟然回來了，他和以前不一樣，我也不一樣了，我們開始非常不一樣的關係。他……嗯，很棒！我們還沒有住在一起，但他總是陪著我，他想要照顧我，也做到了，他照顧我，我們再次深深地相愛。」

婚姻不是莎莉生命中唯一穩定的事物。她曾經歷兩次嚴重的隨機感染，差點讓她送命，「我病得無法站起來，非常嚴重，完全無能爲力，我以爲自己就要死了。」但是現在她每天吃二十顆藥，症狀都控制住，看起來很健康、有活力，「讓人難以相信，這些藥丸讓愛滋變成可以跟我一起活下去的病症，如果我在愛滋氾濫初期染病，那什麼也無法阻止它……慢慢地死亡，一天一天處於痛苦，穿著尿布，瘦得只有皮包骨，神智不清，嘔吐，腹瀉，還要面對那麼多無知的指責，就像身上罩著一圈黑色的光環。」

毒品與愛滋，教她脫胎換骨

莎莉原本是一位很在意自我、沉默而且非常內向的女人，現在讓她自己也大感驚訝，她竟積極參與愛滋病與毒品防治計畫。莎莉清楚地描述自己性格的轉變：「有東西斷掉了、脫落了……一些很深的遲疑。我感覺自己是新的莎莉・威廉斯，比較不在意自己，更主動地表達……能說出必須說的事情，我現在沒有時間迂迴，有話就直說，大聲說出來，而且不是爲了自己。我似乎失去了自我感，進入一個更廣大、更重要的世界。」

這種歸屬於某種更龐大事物、讓人失去自我感的迷人畫面，在我們的談話中一再出現。莎莉相信，參與愛滋病與毒品防治運動，對她是正面的改變，她克服先前難以改變的害羞，超越自我限制的自私，進入世界展開行動，而且是爲了其他人而行動。曾經限制她與人交往的內在抗拒，也限制了她的藝術與商業才能，現在這些內在的抗拒都讓了步。她發現朝內的旅程使她受限；向外則通往更大的世界，讓她得到解脫。儘管患有嚴重的疾病，她卻體驗到創意與快樂，能夠拋掉自我以及自我的限制，去做她覺得重要的事。

「我感覺到一種內在的壓力，驅使我表達理念，並且採取行動去實現。」莎莉不想爲自己找藉口辯護，她把在染上毒癮與愛滋病之前的人格稱爲「佔有者」，她解釋：「那時的我非常自私，回想起來，我當時想的都是能從別人那裡得到什麼，甚至是對家人也一樣。我不是一個給予者，我一再佔有，而且希望得到更多，完全沒有想到自己能爲他人做些什麼，這樣實在不好，但我必須老實說，以前我就是這樣子。」

以前想的都是自己，莎莉因此感覺她現在：「不一樣了，我眞的不一樣，我感覺超越了自己。我想我明白，當我死的時候……誰知道那有多快就會發生，那時我會進入龐大的宇宙，留下來的不是我，而是我爲其他人所做的事。這個該死的疾病，還有毒品，其實都是我的好老師。生命是能爲家人、朋友、世界，能夠爲他人做什麼，我沒有時間浪費在內在心魔，它們已經不重要了，我自己也不重要。我在這裡是爲了去行動，爲了更大、更有意義的事情，那對我有意義，以及更重要的，對其他人有意義……

「我知道現在我們都處於一場大瘟疫之中，世界性的傳染病，有如中世紀的黑死病，而我們幾乎渾然不覺。愛滋病與毒癮這兩個要命的傳染病是一起的，我自己的慘痛經驗就是最佳證明，但是因爲這些傳染病主要發生在窮人身上，發生在不受重視的有色人種身上，因此我們沒有去做應該要做的事。我們沒有提供資源，只是讓火勢慢慢蔓延，燒掉那些不重要的人，直到火勢觸及了我所知的世界，舒適而有特權的世界……嗯，現在我從內心瞭解到，愛滋病與毒癮改變了我的生命。我要大家都醒過來。

「生命是非常嚴肅的事情，它會傷害你，會殺死你。我像一般美國人那樣長大，擁有完全虛假的舒適安全感。我很瞭解！我從中產階級墮落到最底層，出賣肉體就只爲了一劑毒品，我是如此需要毒品，願意與其他毒蟲一起活在骯髒的地下室，與完全陌生的朋友分享針頭，一起用骯髒的注射器、骯髒的水，就像動物一樣。我們這樣苟活，因爲無法控制我們的需求，以及對毒品的渴望。」

另一個國度的黑暗歲月

就像傑梅森牧師一樣，莎莉承認她的悲劇有兩種根源：自私是她自毀行爲的一個原因；但是除了自私，她無法體會更重要的事物，她認爲這個部分不僅是個人性格缺失所致，她的自私也是被我們社會的高度個人主義、自戀主義所強力制約出來的，它使我們對周圍的不公不義視而不見，即使內心呼喚著必須採取行動來彌補這些無人性的情況，我們仍對這些聲音充耳不聞，這是我們這個時代的危險文化，其影響力將帶來自我的毀滅（也是世界性的毀滅）。她對過去的自己感到羞慚，而過去既然已經過去，現在的她必須回應內心的行動呼喚。

「我都親身經歷過了！」她大聲說出結論，繼續不滿地說：「喔，我只要一想到就會想哭，想尖叫。我怎麼會變成那樣？我怎麼墮落的？你想知道我的想法嗎？我不是要找藉口，只是想瞭解事情是怎麼發生的。

「大概是在我十一歲或十二歲時，我父親開始虐待我，大概每個月都會發生幾次，不是性虐待，而是當他喝得大醉時，他就變得非常兇惡又暴力，他會揍我母親，也打我和哥哥，有時候甚至抓著我們又推又摔，好像我們是布娃娃一樣。前一天晚上他是怪物，第二天他又哭泣地懇求我們原諒他，大部分時候他會假裝，我們也都會假裝，好像什麼事都沒有發生，甚至也不能談，不，這樣說還不夠，就是連一個字都不能說。所以我的家彷彿有兩個世界，一個朝上，一個顛倒朝下，而你卻什麼都不能說……這讓一切看起來十分虛假，掀開正常的外表，就是一個眞正的地獄。最糟糕的是那種沉默，那種保密的氣氛，那侵蝕了一切好的、相愛的關係，感覺很骯髒、錯誤得離譜，迫使我懷疑一切，懷疑所有人，我不再相信任何聽起來美好的事情，我無法想像有什麼作爲是好的，我們一家人與我的生活好像從根部腐爛了。」莎莉回顧成長階段，找到了未曾表達的憤怒、羞慚與恐懼，這些都是與她身爲「佔有者」有關的「心魔」，讓她困在遲疑、自溺與孤立的惡性循環中。

「我想這種心境一直佔據我，年復一年，大多數時候，我想我還好，受人歡迎、迷人，甚至快樂，然後我會週期性地陷入一種黑暗的處境，易怒而且沮喪，說『絕望』還不足以形容，然後我會爬出這種狀態，回到另一種人格。在婚姻中我曾發作幾次，我丈夫後來受夠了，決定離開我，就在那個時候……天啊！那就是我徹底崩潰的時候，開始酗酒，先是一瓶酒，然後是更強烈的東西……我知道自己在墮落，就像愛麗絲掉入仙境，只是我掉入了地獄，但丁的地獄，從一層掉到另一層，直到……墜入谷底。」

她帶著憤怒與脆弱的悲傷繼續說：「我失去了控制，失去了身份，甚至失去了時間與空間感。我吸毒過量幾次，大腿因爲注射嗎啡水而潰爛，膿血從腫脹的傷口冒出來，痛苦又醜陋，恰好是我的生命的寫照。我也因爲A型肝炎而住院，我簡直是在自殺，無時無刻地，我愈是強迫自己去思考，就愈感到沮喪，我曾經兩度嘗試自殺，一次是吸毒過量，另一次是用毒藥，這一切現在看起來都如此遙遠，彷彿是發生在另一個國度的事情，只是每次我重新回顧，都感覺到恐懼與羞愧。」

莎莉有幾次告訴我，那些沮喪與自殺的舉動，象徵被孤立的破壞性自我在她的世界中失去了錨，當她被甩出那個世界，進入毒品與娼妓的狩獵場，以及貧困的深淵中，那彷彿進入了另一個世界——一個情感上、經濟與道德的「地獄」，如今讓她感到恐懼與羞愧的「另一個國度」。

從畫筆拾得力量

我問莎莉是如何脫離的。「我實在不知道，只知道有一天，我眞的是把自己從地板上拉起來說，夠了，不要再這樣了！不要再虐待……身體、我自己。我參與戒毒計畫，戒除毒癮，只有不到百分之十的人能成功。」（海洛因毒癮者參加戒毒計畫的，只有不到百分之十的人能完成課程，並保持戒毒。）

莎莉戒毒之後，再次開始繪畫，她知道自己有這方面的才能，也受過訓練，當然她更知道必須花很多時間努力才行，這是她從未做過的，「我全心放在工作上，花一整天時間畫畫，就連在半夜醒來，也感覺到必須畫的壓力。剛開始，我的作品充滿狂野的能量，情感上的傷害完全暴露出來，但是經過一段時間，畫比較成熟，我可以處理比較困難、恐怖的事物了，我的風景畫變得更黑暗粗獷……許多擁擠的空間，濃密而黏稠的空間，這些色彩似乎來自內在深處隱藏的角落。

「早年畫畫時，我從來不覺得自己是個認眞的藝術家，我有一些朋友是，但我不是……我的意思是，我有熱情與需要，但是沒有那種內在的創意、感覺與執行力，我是說造型與感性、想像力與經驗，早年我並沒有這些東西，而我雖不明白自己缺少的是什麼，還是僞裝得很好。我無法找到自己想要的那個空間，眞是讓人氣餒到家了。

「現在回想起來，我也對朋友與家人感到氣餒，我是說我與他們相處的方式，與我的藝術家、作家朋友們在一起時，我是個好聽衆，我支持他們，但我並沒有眞的聽見他們是爲了什麼在奮鬥，我的聆聽完全只是表面功夫。我所佩服的那些人，他們在另一個層次，他們似乎知道什麼是重要的，而我完全不確定，這就是爲什麼我說我不是，就像是對待丹尼與孩子的方式，我非常愛他們，但我不知道如何表達，都太自我中心，都是我與我的不確定感，不，我想正確的字眼是『不眞實』，我不確定自己是誰，我想要不一樣地對待他們，但我完全被包在自己之中，被困住……

「當我再次振作起來以後，有些事情發生了，我感覺到極大的責任感，並不是要去自我實現，而是要創造一種新的方式來對待我的朋友、家人與工作，也就是一樣認眞，所以我把創作和藝廊的經營結合在一起，我也看到了那些限制，那些曾經把我綁得死死的眞正的限制，開始鬆開了，新的事情出現，我感覺……嗯，不一樣了，更能夠開放自己，更直接、更願意冒險將所有的瘋狂都聚集起來。我本來不敢公開表達意見，我本來無法採取行動改變事情，總是讓其他人發言，我保持距離，害羞地遠離……遠離力量，不敢影響他人。

「我的作品也碰上一些好機會，不，是我創造了這些機會。我讓自己能夠被評論、被注意，受到讚美是讓人興奮，讓人能肯定生命，我明白我擁有了讓人讚美的力量，以前從未發生這種事情。我賺了錢，用這些錢買下這個小空間，掛上朋友的作品，他們都是像我一樣的人，沒有什麼名氣，但都是很優秀的藝術家，這個地方也很成功……眞是難以置信。所以我振作起來，靠著我自己，完全靠我自己，非常有意義，我做到了，我也繼續在做。

「然後我發現自己得了愛滋病。哇，眞是教人震驚！彷彿有人揍了我一拳，把我壓在牆上狠狠地揍。不一樣的是，這次我沒有跌倒，沒有放棄。我猜已經從最惡劣的經驗中眞正地瞭解，如果我讓自己跌倒會發生什麼，我全都經歷過了。不！我不能再經歷一次那些失敗與羞愧，我必須熬過來，站起來面對它，面對我自己以及正在發生的一切，發生在我身上的一切。

「知道得愛滋時，我母親已經出現失智症狀，最初她甚至認不出我來，眞的很悲哀，但我陪她坐在一起，溫柔地告訴她關於愛滋病，我想她並不怎麼瞭解，但是跟她說話能讓我更清楚地看見事情，以及整個情況。我說了好幾個小時，她對我微笑，也是在談如何做蛋糕或家裡的瑣碎事，她並不是很能認知，但在情緒上她似乎知道，她似乎在祝福我……

「我父親像平常一樣酗酒，但是他從一個壞酒鬼變成悲哀的酒鬼，他會昏沉睡著，會編故事，會任自己發洩受傷和絕望的情緒。我也跟他說話，他親我一下，說他會陪著我，就像我陪著他。

「我的兒子們，要怎麼說呢？他們和我丈夫丹尼一樣，我吸毒時，他們非常受傷，說他們無法再承受壞消息了。查理年紀較大，他說我是罪有應得，對我吼叫詛咒我，然後他哭了，我也哭了，他緊緊擁抱我，說他對自己的行為感到可恥，他並不是針對我，之後他就很好了。威爾不一樣，非常安靜，幾乎什麼都沒說，沒有回電話給我，從我的生命中消失了好幾個月，然後與他妻子安妮回來了，帶來食物與點心……我們在一起很開心。」

莎莉非常懊悔過去與兒子們的關係，對自己在母親這個角色上的失職感到內疚，首先是在兒子小時候，她沒有給予他們需要的情感與實際的支持；其次，在染上毒癮時，她等於是完全離開了他們；當她又回來時，沒想到仍舊造成他們的痛苦，因為他們得知她曾經陷入如何絕望的生活。現在她大部分時間都花在兒子身上，尤其是孫子們。「我需要陪伴他們，我知道，那是我的優先項目，而且感覺非常美好。」

莎莉的女兒反應與哥哥們很不一樣，「珍妮佛非常好，從一開始就是如此，她就像玩具熊一樣，心胸寬大，一直都是。她擁抱我，幫助我，暫停學業，搬回家，接管家務。她幫助我快速地過了第一個禮拜，接下來就容易多了，她打電話給父親，希望他過來幫忙。他立刻過來了，像平常一樣實際，但是似乎保持著距離。他告訴我，當我吸毒乞討時，讓他受到多大的傷害，在朋友面前難堪不已，當時他不信任我，現在也不確定能不能。嗯，也許花了一個月吧，然後，奇蹟發生，我們又在一起了，比以前更美好，我們確知現在所擁有的。前幾天我們去一個墓地，我們一直很欣賞那裡的美麗樹木與海邊景致，於是在那裡買了一塊地，不是帶著負面的終結心態，而是快樂的，幾乎嬉鬧的，這是現在應該做的。

「我的朋友也非常棒，我知道我有一群真正的朋友，奇怪的是，我從來沒有找過他們。吸毒時，我很慚愧，不曾求助；當我又振作起來後，我反而幫助了他們，這幾年來，我的朋友……都幫助我，在醫院，也在藝廊幫我經營，介紹我的作品，甚至幫助我的家人，問丹尼就知道。」

轉向世界，發現至關緊要的是……

丹尼說莎莉在診斷患病後的這兩年，有時會突然暴怒。有一次，她把臥室的石膏板牆壁踢出一個洞；有一次在廚房摔了一個碟子，但這些情緒爆發的時間都不長，只是點綴在很長時間的溫柔、慈愛與安寧中。丹尼觀察到莎莉一向就難以控制憤怒與恐懼的情緒，但是在染上愛滋病這些年裡，她反而做得比以前更好。而依我的經驗，這類的憤怒爆發在重症患者與照顧者中算是常見的，莎莉顯然在被父親虐待的歲月中積壓著憤怒，加上毒癮、沮喪與試圖自殺，都會讓她對親人與自己發作憤怒，但我覺得與憤怒比較起來，她從自我轉向世界是更重要的課題。

「愛滋病的衝擊非常大，毫無疑問地讓我必須檢視最基本的現實。」莎莉自我觀察道，「但是愛滋病也影響了其他事情，以某種難以解釋的方式，將我帶到不一樣的地方：一個眞實的地方，具有很深的眞實，還有仁慈，以及愛。」

莎莉將收入中很大一部分，捐給國際愛滋病防治活動及戒毒計畫；她旅行到烏干達、南非、泰國與巴西，去探視當地愛滋病防治與戒毒情況；她也參加國際愛滋病大會，參與全球性的遊說運動，說服大藥廠以平價提供愛滋病藥物給開發中國家的窮人；

莎莉還寫了一篇有關過去吸毒與愛滋病經驗的很短的回憶錄，不帶感傷，也不留情地自我批判，只與親密的朋友及家人分享。

回憶錄中有許多敏銳的描述，像她這樣的藝術家，自然可以在豐富的生命中抓到微妙的細節與色調，但是也有一個充滿力量的主題，使回憶錄蘊含著辛苦學到的生命哲學——莎莉堅信，我們會成爲什麼樣的人，要看我們如何面對世界眞正的危險。致命的疾病如愛滋病，能讓我們專注於眞正重要的事，驅動患者做出某些改變，這些改變不僅是內在的，也包含對外面的世界。在莎莉的例子中，這些改變發生在她的主觀自我、藝術、她的家庭與朋友關係，還有在廣大世界與毒癮、愛滋病有關的政策和計畫領域中。

危險經驗中的創意與轉機

我與愛滋病病患及其他許多重病病患有過多次的臨床與研究面談。十八年前我出版了《談病說痛》一書，收集了癌症、心臟病、憂鬱症、糖尿病、慢性疼痛等嚴重慢性疾病的眞實案例。根據我的經驗，我知道莎莉・威廉斯的故事並非常態，更多的案例是充滿失落、絕望與衰敗的心境，而走入怨恨、孤立與退縮的狀態。疾病使人失去行動能力，而對於療法的有效反應或抗拒，也會影響到病人，但是最重要的影響還是來自病人的主觀自我、人際關係的品質，以及他們從痛苦與變異的生命中所建立的眞實道德。

疾病不是只有單一的武斷的定義，反倒是嚴重的疾病經驗能讓人們深刻而有力地瞭解個人與集體的道德經驗。可以確定的是，這類經驗總是多元而且矛盾的，卻能說明存在的核心意義，並在我們所面臨的危險處境中，爲我們與其他人辨識出最重要的價値，更常見的是，這些危險時常能夠重塑出最重要的價値，讓我們本身和價値觀、都發生了新的、不同的改變。

莎莉在困境中重建自己的生活與世界，她的樂觀故事展現出，生命眞正的危險經驗不僅帶來傷害與限制，也包含創意與轉機：創意在於這些危險能開啓新的現實；轉機在於面對痛苦與死亡時，這些經驗能改變親人，讓他們的眞實道德有所不同。在莎莉的例子中，她的疾病經驗擴大了她的視野，並且召喚她以行動回應對其他人來說眞正重要的事物。

美國中產階級社會總是對犯罪、暴力、毒癮與愛滋病的問題視而不見，把這些問題歸咎於那些失足於富有、快樂與希望圈子之外的人們。莎莉的失足讓她深深質疑所有的隔閡與分別，不論那是發生在居家或公共領域中，她堅持必須將愛滋病與毒癮，以及貧窮、暴力與羞辱，都視爲我們世界的一部分，唯有如此，才能不再沉默不再否認，繼續努力面對人類的不幸與悲劇成因。在她看來，這是無處可躲的，沒有一個絕對安全的地方，能讓我們躲開大多數人必經遭逢的危險。

嚴重的疾病能讓人張開眼睛，拆除隔閡，鼓勵積極面對眞實的威脅與社會性成因，雖然較爲常見的結果是，重症反而讓病人更封閉，帶來孤立的痛苦與自我沉溺，但這並不意味著就喪失了整修、重建自我與世界的可能性，反而更彰顯了要達到整修與重建是多麼困難。希望與絕望之間僅有一線之隔；道德經驗，特別是受苦的道德經驗，具有重建我們的生命與其他人生命的潛能。

我知道眞實的莎莉·威廉斯要比會談時所表現的更傑出，我曾經目睹她是如何行事，我與她的丈夫、女兒及一些知己談過，這些人都證實了我的猜想。珍妮佛甚至說愛滋病讓她母親變得更堅強、慈悲，在情感上與美感上都更深入。我們一位共同的朋友說出了更堅強的一課：「過去莎莉就跟我們和很多人一樣，相當自我沉溺，對她的作品很自私，野心帶來貪婪與盲目，但現在的她完全不一樣了，也許是因爲她在藝術上的成功，也許是因爲愛滋病，不管如何，她成爲更好的朋友，能看到她如此積極參與愛滋病的問題、從事藝術創作、與朋友相處，眞是太好了。最好的是，她對於我們的生活與世界有非常清晰的想法與表達，她能說出應該要說的。」

疾病，喚醒了深層內在自我

最有力的證詞來自她的丈夫丹尼，當我問他對妻子的情況有何想法，丹尼・威廉斯低下頭，踱了幾步，然後退回來，搖著頭，抿起嘴：

「我不太知道該說什麼。我愛她已經很久了，就算是我們分開時，她墮落時……哇，她的墮落，我完全一知半解，我不想要知道，因爲眞的非常駭人，不僅是對她，對我們所有人都是如此，我生氣又挫折，不知道該怎麼辦。孩子們，也許除了珍妮佛之外，她一直都想要幫助莎莉，其他人都像我一樣不知所措。

「我必須讓她自生自滅，不然也會毀了我自己。當她後來擺脫毒品，回來之後，一切都改變了。但我還是無法面對她，所以我保持距離，不過我聆聽，我觀察……她振作起來，她成功了，比以前還要好，那時候我想要見她，但不知道如何著手，我感到內疚，曾經我完全拋棄了她，她需要我時……我卻不在，當她後來又成功時，我感覺……嗯，我完全沒有幫助過她，我不能只是打電話說『我又回來了』，但是當珍妮佛告訴我她得了愛滋病，我立刻就過去，跑去找莎莉，我希望她需要我，我需要第二次機會，我知道我能夠幫助她……當我找到她時……」丹尼哭了起來，等他平靜下來後才繼續說：

「當我找到她時，她非常好，很眞實，坦誠相告，一切都說出來，她的處理方式讓我非常佩服，她成為不一樣的人了。沒有任何隱瞞，絲毫都沒有，一切都攤開來。

「我想你可以說，」他繼續說：「我們期待情感上的成熟，將痛苦轉化為藝術。我不是說這是注定的，但這是她本來性格中就有的，原本已經呼之欲出的。但是參與社會運動就不是了，她變得熱中政治，很懂得政治上的運作，這是從哪裡跑出來的？我來沒見過這種性格，以前她不會參與團體，不是領導者，而且剛好相反，莎莉一直很含蓄，那是她迷人之處。但是現在她也會高聲疾呼，還有……遊說，對，眞正的遊說，眞是讓我驚訝極了，那本來是我所擅長的，但現在不是了，現在我退居幕後，喔，我幫助募款，但她站在最前端。莎莉打電話給政治人物，彷彿她一直都這樣做，而且一切都配合得很好，她是個完整的人了。她沒有失去藝術創作力，一點都沒有，甚至更強烈了。她可以做得更多，什麼都做。看看她的外貌，她看起來年輕多了，也更健康……你會想，眞是不可思議，得了愛滋病，她反而變得更好，做得更多。我知道這聽起來很瘋狂，但我沒有誇張，這位奇妙的女人完全甦醒過來，每天都過得非常充實，這是她最美好的時光，沒有瘋狂或逃避，她變得更是她自己，做了很多事情，有用的、美麗的、堅強的、好的事情，她什麼都做……我們都為她感到非常驕傲。」

勇敢又可敬的道德模範生

在我完成這次錄音訪談之後兩年，莎莉・威廉斯中風了，左手與左腳變得很虛弱，走路必須拖著腳，無法俐落地使用左手，說話也慢了許多。她努力表達心中的悲傷與挫折，但是仍繼續工作，丹尼與朋友則幫忙藝廊的營運。

最初看到這位原本活躍的女子變得緩慢衰弱時，實在讓人難過，莎莉現在無法常畫畫，也不能演講或爲了社會運動而打電話，她體力不太好、視力也受到影響，說話時，有時目光似乎望著你後方遠處；她容易跌跤，從椅子上站起來或坐上沙發都有困難。她需要協助，丹尼與珍妮佛常常陪著她，幫助她行走。

但是就算有如此嚴重的神經問題，這也不是最後的挫敗，她仍然對色彩與造型非常敏感，常會唱起老歌，對朋友與家人非常關注，想要知道他們的近況；她在談話中仍然佔有一席地位。你可以看到她在對抗自己的嚴重功能缺陷，做到她所能做的，雖然她語言緩慢，尋找正確字眼也有困難，與她交談後，你還是會很驚訝，這位傑出的女性仍然盡力使她愈來愈小的世界更活躍、更具意義。她沒有消沉，沒有沮喪。

莎莉的哀傷故事並非完全沒有快樂的結局。丹尼挺著下巴，忍住眼淚，說出了結論：「我們經歷很多，眞的不容易，我們盡力而爲，這就是生活，而我們做必須要做的。莎莉努力嘗試，一再嘗試，她做了她能做的、所有她能做的，陪伴著經歷這一切，我也成爲更好的人，我的孩子也是，莎莉也是。」

我們的生命都有很高的風險，在生命尾聲或更早以前，就會經歷到身體上的劫難。我們都將面對災難性的結局，無法扭轉或修正，只能承受、受苦以及咬牙忍耐，中風、失智、心臟病，或是腎臟、肝臟、呼吸疾病的末期，還有糖尿病、愛滋病之類的慢性疾病併發症，這些都將是我們最後歲月的寫照，它們是生命結尾的終極危險，也是人類走向終點時的道德處境。

沒有一個人能夠以中立的觀察者立場，來看我們的朋友、家人與自己如何抵達終點（我當然也不行），身爲人類學家或精神科醫師的職業背景，也無法讓我準備好用術語與職業理論，來處理這個核心的人類處境。我們最終必然陷入的這種情感、關係與價值的交錯混亂，正是人類的處境，所以我說莎莉的努力是眞實、勇敢、可敬的，因爲這些正是我在日常生活中用來形容她的以及我們處境的字眼，我將她視爲一個道德典範，我也希望能像她一樣地面對生命中，終將遭逢的身體劫難。

【第七章】

生命良師VS.父親形象的追尋

——我的故事

在前一章，我曾提到要說明個人的價值立場時，必須澄清其相關的情感、社會與政治情況。我的一位朋友，來自波士頓傳統的北方家族，是一位性情溫和的醫生，他輕柔但不帶感情地告訴我，影響最大的還是經濟責任，他說經濟責任要比社會公義、家庭之愛，以及他們家族好幾代都參加的聖公會教堂（Episcopalian Church）都來得重要。當我詢問為何這個價值如此重要時，這位向來溫和、謹慎、包容又有趣的中年男人竟然發怒了，最後當他完全無法說服我時，竟氣沖沖地吼：「就是這樣，沒有其他原因！」他沒有說出口的是，他只要一提到這個價值就會忍不住落淚，他的父親花光了家族的財產，死時沒有任何壽險，他的母親艱辛地養大了三個孩子，以致我的朋友無法就讀想唸的私立學校，或像他有錢的表哥一樣享受社交生活，有一次他告訴我，他一直都覺得自己是個「窮親戚」。而他的生命幾乎與他所謂失敗的父親完全相反，他非常有責任感，尤其是在經濟承擔上。

如果不從上述令人困擾的關係中去考慮他想要表達的價值觀——也就是「經濟責任才是最重要的」，那麼你就無法眞正瞭解這個人，以及他所重視的價值。對我而言，以及對我所叙述故事中的人物而言，這個理論是千眞萬確的，因此本章要以自傳形式來描述我自己的情況——主觀、個人的世界，以及道德經驗，並說明我的情況如何影響了我所提供的詮釋。首先我要叙述一連串交錯的影像、感性的回憶，這些似乎能夠眞實表達我這個人，以及我人生中所面臨的重要時刻。

團體利益與個人價値的衝撞

一九九七年冬天的一個週五下午，天色陰暗，空氣潮濕而寒冷，我在華府參加一個全球醫療的小型國際會議，出席者包括許多贊助單位的專家與代表。我們熱烈討論在非洲所進行愛滋病防治計畫的發展，當時的議題是非洲愛滋病病患缺乏醫療，我對這個主題有話要說，但是我的意見在這個會議中算是少數。我想表達的是：基於基本倫理及防治計畫的需要，必須提供這些病患醫療，但這個立場並不爲當時的贊助單位代表所支持。我有點遲疑該不該表達立場，因爲我不是愛滋病專家，而且是以全球心理衛生問題專家的身份來開會，爲非洲、亞洲與拉丁美洲等地，患有嚴重憂鬱症、精神官能症，以及有毒癮或自殺傾向的貧窮病患尋求金錢援助，如果我激怒了這些贊助者，也許會失去他們對心理醫療照料的支持。

我想到在東非的同事，他們治療愛滋病病患時，卻缺乏在北美與歐洲已廣泛使用的療法，從他們行醫的觀點來看，在每個人都反覆提及經濟困窘的同時，似乎很難不去強調病患無藥可醫的人道悲劇下的倫理意義。而我想要說的是，當富裕國家廣泛使用這些藥物時，非洲卻無藥可用，這在道德上是無法接受的，但似乎沒有其他人在意。會議中所達成的共識很讓人困擾：在非洲只有防範，沒有治療。這個結論一再被當成肯定的信念來表達，而會議就要結束了，我感覺到內在有一股壓力：我是否該爲愛滋病的問題發言？這會讓我在表達主要議題時，造成我與贊助者間的距離嗎？或者我應該壓抑怒火，等待更適當的時機，再提出大家都不歡迎、只有我一個人想發言的這個議題？

我的胸口很不舒服：肌肉緊張，而且有一點氣喘，這是換氣過度的徵兆。此時的壓力，似乎更是來自於情緒與人際關係，而不是道德層面了，但這難道不是道德問題嗎？畢竟，我面對的是兩件嚴肅且對我來說都很重要的事情——它們各自都具有強烈的價值意義，使得我往兩個不同的方向拉扯，這次經驗考驗著我如何去因應團體利益與個人價值意義之間的衝突。

最後，我還是決定表達，不管籌措經費有多麼困難，都必須爲南撒哈拉的愛滋病病患提供最新療法。這樣做果然引起我所擔心的負面效果，我立刻被批評爲不切實際，更糟的是，這分散了對更重要的防範課題的注意。輪到我爲全球心理衛生法案發言時，專家與贊助者們似乎都不願意提供大規模的支持了，一位與會朋友稍後在我耳邊說，我犯了策略上的錯誤，但我就是無法控制自己，彷佛有一股深沈的火焰在我心中爆發。這很矛盾，在討論愛滋病治療的倫理上，我自己在會議中的倫理立場（與情緒）卻是更重要的。會議其他人的熱情與承諾彰顯出倫理上的衝突，而不僅是技術性的衝突而已，八年後回顧起來，我們可以很明顯地看到，對於應該如何處理愛滋病在非洲的情況，一般大衆和專業人員在觀點上已有了重大的轉變（事實上，目前鐘擺已擺到另一邊，有些愛滋病專家反而擔心現今的防範計畫被降級，因爲大部分專家與決策者都趕著搭上治療的風潮），不過，幾乎如我所料想的一樣，實際經驗的倫理仍然不被正視。

從人類學的觀點來看，倫理與人際互動經驗同樣重要，因爲價值觀根植於我們的社會環境。標準醫學倫理認爲疾病可以從病患、家人與醫療專業的抉擇來面對疾病，一旦確認了相關的倫理原則，並且討論過對病情可能產生的影響後，便可以做出合理的決定；在倫理原則的沈重壓力下，如病人的自主權與隱私權等道德經驗的部分就會受到影響，眞實的生命故事反而被抽象的正義、美德與倫理抉擇所踐踏，例如，在安寧照顧的案例中，通常以尋找出正確的倫理原則爲依據，來做出種種決定，包括有尊嚴的終結生命、限制或停止治療，甚至是協助自殺，以及處理宗教上的最終意義等，對於病患本身和其生活情況瞭解不多，因此在實際經驗方面都很薄弱，反而將重點放在原則性的分析上。

依據精神醫學的觀點，剛才所描述的情況讓人感到不安，因爲唯有將案例的生命細節與其個人世界列入考慮，才能瞭解這個人是誰、他需要什麼，而醫生與護士應該怎麼做才恰當。這些情感與道德的細節，對於我在華府會議上所提出的道德議題有著同等的重要性，在以正義和公平爲原則的前提下，我無法接受當時會議對於處理非洲愛滋病所達成的共識。從一個故事到另一個故事的這些細節裡，一個生命在價值問題中展開，成爲人性的情境情景，以瞭解究竟什麼對人才是重要的。這些故事讓我的生命圍繞著價值問題而展開，並且以這些價值問題來定義我是什麼樣的人。

無倫理年代

我記得當我在耶魯的新海文醫院內科擔任實習醫生時，是一九六七年，民權運動與反越戰運動正如火如荼展開，美國幾乎要爆發一場文化革命。在每三十六小時的間隔中，我必須工作二十四小時，看到自己的生活與國家的情況發生變化，讓我非常疲倦且不耐。一位患有罕見肝臟疾病的少年剛過世，我負責照料，男孩的軀體還躺在病床上，一位世界知名的資深教授來到現場，故且稱他爲A醫生，衆所皆知他專注於追求知識，性格非常強悍，對住院醫生與護士（醫院中所謂的低階層）非常不假以辭色。

他粗魯地命令我立刻詢問家屬（他沒見過正在候診室中悲泣的家屬）能不能驗屍，他希望立刻摘除肝臟，用顯微鏡與化學方式來查個究竟。我覺得在這種時候詢問家屬有點不近人情，建議等家屬有機會看過遺體，抒發一下情緒之後再問。A醫生笑了笑，眼珠轉動一下，對我的建議置之不理，馬上走去告訴家屬，爲了科學研究，他需要立刻驗屍，否則男孩的肝臟就會腐壞。孩子的父母與家人爲之大怒，異口同聲地拒絕，並斥責他的粗魯態度。我暗自贊同家長的立場，但看著教授朝我衝來，心中已有不佳預感，他揪住我的白外套衣領，把我推到走廊的角落，壓靠在牆上，他的手憤怒地顫抖著，強勢命令我馬上拿起他實驗外套口袋中的三支活體檢視針。他說他要去分散家屬的注意力，而我必須趁機溜進病房，鎖上門，從遺體抽取數份肝臟樣本。我面露難色，他嗤之以鼻，我微弱地建議再去徵求家屬的同意，他爆出一連串咒罵，甚至間接威脅我的事業，我們彼此敵視對峙著，我說不。「克萊曼，」他狠狠地說：「你照做就是，該死的。你聽到沒有？你以為你是老幾？這對研究非常重要，我們需要知道他肝臟的情況，你現在就去做！」我抓起他遞給我的針筒，衝進病房，我拉開床單，看著男孩遺體，又白又冷，有點僵硬，但是我避開看他的臉，排除心中所有的異議，快速把活體檢視針插進肝臟，穿過肋骨間緊繃的皮膚，皮膚因為插過三支針而有點變色。我把針筒與肝臟核心樣本放進口袋，快步離開病房。我急忙繞過家屬，他們仍然激烈地指責著教授。我實在太痛苦，不敢與他們說話，雖然我比教授更熟悉男孩的家人。

後來我再也沒有跟這位無情的專家說過話，雖然在隔週的臨床病理會議時，他拍著我的肩膀，炫耀地誇讚我的作為；我低下頭，為我們的狼狽為奸感到恥辱。後來我還是覺得非常羞辱，開會時從未在其他住院醫生與教授面前提起這件事，這件事似乎完全脫離了我們的訓練範圍，與會議的科學討論沒有關連。儘管聽起來讓人驚訝，在一九六七年那時，醫學倫理會議根本不存在於日常臨床工作中，諷刺的是，當時那個世界的價值觀——也就是那個世界的道德範疇，完全不把倫理考量在內。

無力阻擋的挫敗感

這件事在我三十六年的職業生涯中，僅佔不到一小時，但是至今仍然撼動著我，如一條炙熱岩漿在內心深處流動，最讓我困擾的是，我知道自己做了不道德的事，而我之所以被強迫這麼做，因爲在這個文化中，這是很平常的事，我無法表達厭惡或批評，只能如中國人所說的「忍氣吞聲」。情感與道德的反應是無法分割的，它們都是我的一部分感受，三十年後在全球醫療會議中，會議上的政治運作與其他權力人士的互動，讓我又增添了另一層面的經驗。

後來我有很多機會認出自己在道德上的失敗，觀察到這個情況讓我保持警覺，更迅速地瞭解自己生命與周遭事件所面臨的風險挑戰。現在我明白問題在於，我對於自己受限的道德深感苦惱，如果要過我所相信的生活，我的外在世界與內心情況將面臨多麼大的限制，這個事實讓我有所警覺，因爲我竟然能容許部分事實遮蔽整個事實；因爲我屈從於不道德的行爲，未能提出抗議；也因爲我否定了對我來說最重要的事，也否定了我自己這個人。甚至當我寫下這些字句時，臉上也感到一陣灼熱、胸部一陣緊縮，因爲我愧對這些失敗；不過有時這些困擾的感覺，能激發我去做認爲正確的事，羞愧可以成爲關鍵性的道德情緒。

敘述這些故事的目的，是因爲以如此方式來瞭解道德議題是非常重要的：無論是在戲劇裡或眞實的生活經驗中，道德兩難的情況、身體反應的情緒狀態、政治上的突發事件，以及某些特定的制度性或專業性議題，彼此之間都產生密不可分的關聯性。查理・傑梅森對於自己認爲的不道德所產生的身體反應，以及對美國文化價值的批判，都是他的危機根源之一；溫斯洛普・科恩的沮喪，也說明了他悔恨的核心關鍵，他堅持軍方與社會要對他所犯下的暴行擔負起相同的責任；或想嚴醫生的醒悟，他在中國文化大革命的重大創痛之後，放棄了報復，但是卻再次因爲政治、體制與道德現實的改變而挫敗。我見過許多類似的情況，就像我自己的遭遇一樣，在人生過程中我們或多或少會屈服，或無法抗拒那些自己並不認同的壓力，只因爲身處情境與周圍參與的人物都期待我們配合，而且老實說，我們也希望能順利處理手邊的事物。然而與此同時我也觀察到相反的情況，如嚴醫生拒絕參與報復的執著，在體認到過去既有的道德經驗與當時的政治情境之下，他決定發出不一樣的聲音，去挑戰當時何謂適宜行爲的既定判斷，我確信自己當年在那次小型全球衛生會議中的反應，非常類似嚴醫師的例子。

暗潮洶湧的家族世界

我為什麼認為需要處理這個議題？這個問題值得我去檢視自己的背景，來澄清身為本書作者的我所面臨的生命挑戰。我總是被各種地方性的、日常的經驗所吸引，小時候，一九四〇年代的布魯克林，在一個複雜、多代富裕的猶太家族中，我好奇地看著事物來來去去，其中有強烈的張力與緩慢的糾結。以經濟大蕭條與二次大戰的動人情節為迅速變遷的背景，有英雄、有惡人，家族中的悲喜劇雖有不同規格，但都是渺小且自我克制的，彷彿反映著另一種現實，就算是由更大的外在事物襯托，也絲毫不重要。我的家庭戲劇蘊含著自己的結構與魅力，還有危險。

我成為一個專注的聆聽者，聽到了很多故事，有些是真的，有些甚至在當時我就知道不是真的；但在我幼稚的心靈中，這些故事與希伯來學校下午課程的聖經故事，以及週末兒童班的冒險圖書，都是一樣的，只是家族的故事更有吸引力，那是更複雜、更貼近自己、來自真實生命經驗的道德課程，可以看到不同性格的人際互動與家族命運的聯繫，是如何經由衝動、艱辛的忍耐，以及眾多根深蒂固的陋習題從仇恨到盲目的貪婪自大）等行為過程，塑造出每個人獨特的性格和事業。這些過程既新奇又僵化，可以從坐在我面前維多利亞式客廳中的家族成員與朋友們眞實的臉龐、身體語言，以及關係上的特性，而辨識出來。在冬天時燈光刺眼，夏天則照耀著金色的光芒的客廳，則有如一個活躍的小型舞台。

我不是一個冷漠的旁觀者，剛好相反，跟著家庭劇情主線一起展開的，還有多重的次要情節，我可能參與其中，或對我深具影響。家族中一小部分與我關係密切的親人——外祖父母、母親、兄弟、繼父，與特別親密的姨媽、姨丈與兩位表兄，都處於一種似乎非常緩慢、偶爾感到難受、但又無法改變的危險衰敗中。一九四〇年代末，郊區正大興開發計畫，我的外祖父卻選擇投資紐約州北邊與紐澤西州幾個小城的市區房地產，過了約十年，因爲所在市區都開始瓦解，他購買的土地都大幅貶值了，當時，他也買了一塊曼哈頓的上好地段，他以爲相當保險，結果卻被市政府徵收（好像是爲了要蓋學校，後來從未建成）。當家族的財務狀況一改變，人際關係也不一樣了，我的外祖父似乎對四個女兒與女婿能否繼承他的事業失去了信心，也放棄投資其他產業　特別是一家大型肥皀公司與一家小房地產公司。潛在的壓力爆發成爲公開的危機，一位姨媽與姨丈帶著三個孩子與我們家決裂（他們的資產與外祖父不相上下），原本密切的家族圈子因此分裂；另一位姨媽死於肝硬化，她丈夫與她的密友發生外遇，他們的兒子於是自我放逐，遠離了家族。

我的姨媽蘿絲、姨丈保羅，還有我母親與繼父，他們並沒有放棄繼承大筆財富的想法，彼此間的關係因此愈來愈緊張，忍不住擔心數十年來視爲理所當然的這個小家族世界會開始分崩離析。我自己都看得出來（外祖父母也不時指出，有如希臘悲劇合唱團一般），這些看起來很了不起的長輩們，雖然身體健康，而且仍熱絡地舉辦家族聚會活動，卻無法阻止逐漸聚攏的黑暗與全面的江河日下。他們的無能或暴殄暗喻了最後的結局，而我就像剛出道的新手，具有讓人喪氣的洞見，知道必須採取一些行動，但是又完全無能爲力。

神祕身世，追尋性格

在這衆多發展中，對我來說有一件重要的事，就是我在小時候擁有兩個姓。在皇冠街的一六一公立小學，我叫亞瑟・史畢爾（Arthur Spier）；在布魯克林的猶太人中心，我的希伯來學校裡，我叫亞瑟・克萊曼（Arthur Kleinman）。史畢爾是我生父的姓，我一歲時，母親就跟他離婚了，我從未見過他，經過多年的憤怒、遺憾與哀傷後，我已經接受這就是我的一部分；克萊曼是我繼父的姓，他在我十二歲時收養我（法律通知文件登在紐約的《愛爾蘭迴聲報》〔Irish Echo〕之中，那是我的德國猶太父親不會注意到的地方），一九四〇年代對於離婚與收養的態度與現在大不相同，當時幾乎被當成禁忌，沒有人對我好好解釋過，後來我才知道自己身世藏有一個非常重要的祕密，我成爲尋找線索的私家偵探，想找出我的雙重身份所具有的意義，也使得我對其他人的談話與故事產生極大興趣。

生父從未出現在我生命中，這件事的原委也從未被澄清過，它成爲一個需要療癒的傷口；它像是一個隱藏的指南針，祕密地調整我的反應；它加強了我對危險的警覺，提早讓我明白記憶與歷史是兩回事，兩者都可能充滿危險；它持續教育我，讓我知道必須超越這個糾結世界與迷霧般的回憶，以更寬廣的視野觀照事物；同時我也知道在那個狹隘的世界中，有一個非常重要又神祕的缺席者：我的生父。外祖母在我耳邊悄悄說，他是布魯克林賓森赫地區（Bensonhurst）之王，一位富有的房地產開發商，除此她便不願再多說。我母親什麼都沒說，但當我追問她（我很不情願這麼做，因爲她對這個話題似乎特別脆弱），她很小聲說出另一個完全不同的版本，一個年邁的霸道丈夫，一生被母親所控制，涉及房地產醜聞，報紙刊登數週之久，合夥人之一是知名的法官，後來自殺，演變成刑事案件，她只得逃離。直到三十多歲，繼父已經過世，我懇求母親告訴我一切，但母親對我的愛以及我對她的愛都非常重要，爲了母子情份，我放棄了眞相，結果導致我在成長過程中強烈需要其他的父親形象、道德導師，也讓我「對人有一種渴望」，如卡夫卡（Franz Kafka, 1883-1924）所說的「天生的醫生特質」。

這些人性的戲劇或故事之所以如此吸引我的注意，不是因爲言語的運用、敘述時的抑揚頓錯或隱喻的力量，而是這些故事對眞實生活的反映，將我提升到眞實經驗的流動之中，與事件一起翻滾，與衆多角色一起生活，又隨這股潮流有力地衝向既定的方向。重複聽過這些家族故事後，我可以閉上眼睛，往前一步加入它們，事實上我已置身其中，置身於充滿嚴肅事件的生命與世界中，可以很淸楚地看見這些事件變化的邏輯：富裕家族逐漸衰敗的命運、愈來愈確定我永遠無法得知生父是誰，以及我的存在對他究竟是否有意義。

修一堂下水道世界的課

我二十一歲時，剛完成史丹福大學主修歷史的學業，在進入史丹福醫學院之前的夏天，父母要我在暑假回到紐約，我找到一個下水道工作。那時候常有由高中生與大學生擔任勞力的「實習工作」，像是在建築工地舉著交通號誌牌之類的，我太熟悉學術研究與週末運動，於是懷著浪漫的想法，認爲自己也能夠體驗一下所謂的「勞工」，現在我相信，當時之所以選擇做這個工作，主要是爲了激怒父母與祖父母，我認爲他們有典型的猶太商人偏見，認爲勞工都很粗俗、沒有思想，並且是「非猶太人」。身爲叛逆之徒，我選擇就讀遙遠西岸的大學，對資本社會採取馬克斯主義的批判態度，我準備好站在勞工階級這一邊，況且，這份工作酬勞不錯，我可以存點錢，等回去讀醫學院，就能結束我已受夠了的四年宿舍生活，與朋友一起住在帕羅奧多區的公寓裡。以前擔任侍者與夏令營的運動諮商員，並不太符合勞力的定義，我從來沒有做過眞正有酬勞的勞力工作，也從未眞正靠近過下水道的世界。

第一天上工時，下水道的臭氣讓我無法動彈，在黑暗、骯髒的地下世界分不清方向，被糞便、尿液與下水道其他「不衛生」東西的臭氣徹底打敗。黏滑又充滿害蟲的陰暗空間、髒空氣與腐臭讓我作嘔，我尋找梯子想要爬上去呼吸新鮮空氣，才做了幾小時，我已經準備要辭職，無法想像往後每天都得爬進這可怕的臭氣與黑暗中，連續工作十二週。

而當我站在梯子下方，對抗著驚慌心情與是否夠堅強的自我質疑時，同事比爾．伯特（Bill Burt）——一位身材粗壯、白髮的愛爾蘭人（他渾圓的臉上總是帶著嘲諷的笑容，還有不斷冒出笑話、笑聲、俏皮格言與一點點歌唱），用大手抓住我的肩膀，不讓我逃脫，還把我壓回噁心的髒水中。「你會沒事的，孩子，一個禮拜後你就聞不到了；再過一個禮拜，你也不會介意一邊工作一邊吃零食；當你眞正離開這裡以後，還會感覺若有所失呢。」

粗魯又實際、模樣就像《金銀島》中海盜頭子的比爾，對我眨眨眼，賣弄地從口袋拉出一條巧克力，剁成兩半，給我一半，自己呑下另一半。我啞口無言，揮手婉拒他的禮物，繼續喘著氣，這時他帶領我加入大夥的賭局，這是賭數目的遊戲——我能不能猜到在十五分鐘之內漂浮過去的保險套數目？每天所有的工人都會下注，出五分錢、一毛錢、兩毛五或幾塊錢來猜數目，正確答案是數個不同工地測量結果的平均値。他又說，贏得的賭金足可吃幾頓好晚餐，很肯定地揚起他濃密的眉毛。儘管我狀況不佳，也忍不住笑了，挑了一個數目下注五分錢；比爾說我選的數目實在高得離譜，在他三十年的下水道工作生涯中，從來沒見這樣的數目出現過。那一天，他一本正經地派我去一輛工程卡車上找一把左手用的扳手。這是不可能的任務嘛，就在判斷哪一把扳手是左手用的時候，我聽到比爾與其他工人都爆出大笑，最後我終於放棄，回去無知地詢問左手扳手到底有什麼特徵，回答的是更劇烈的笑聲；當比爾告訴我根本沒有這種東西時，他的聲音溫暖而有同情心，「別介意，」他說，「幾個禮拜後，你會成為下水道工作的專家。」

除了實習醫生的第一天之外，那天可算是我生命中最長的一天了，我們的上司哈洛．威爾森（Harold Wilson），把我拉到一旁，用他尖細的北方佬腔調警告著，要我工作時小心比爾，哈洛的態度實在太虛偽了，連我這個菜鳥都覺察到其中令人討厭的不誠實，他說比爾會讓我學會壞習慣，說比爾會偷懶、混水摸魚、像兔子一樣狡猾地掩飾一切，並教會我如何混時間。哈洛的手指靠著鼻子，輕聲說他願意親自教導我，第一堂課就是觀察他在每天收工後都會做的事，「你要熱一些湯，倒進一個舊罐子，帶去給鄰居的老寡婦，我家附近有兩個。你也這樣做，孩子，這樣你不僅會成為一個好人，將來有一天，那些老婦人過世後也會留給你一筆錢，這是為未來的盤算，也才可以賺到一些錢！」他的口氣是如此認眞，看來他的鄰居如果沒有這麼做，他一定會親手掐死她們。而比爾如果知道這些話，肯定會搖著頭說哈洛就是這樣子，小氣、算計、虛偽、自以為是，而且殷勤得危險。

工作時的大部分時間，比爾的安排讓我們能避開哈洛的虛張聲勢，和那些圖謀私利的工作指示。哈洛（比爾稱他為可惡的老大）會派我們去修壞掉的計量錶，尋找下水道的破洞，或處理一條阻塞的管道，以過份嚴肅的口氣訓誡我們要按照標準手冊慢慢處理，避免出任何狀況，他告訴我們，避免狀況就是成功的關鍵，不要興風作浪，如果超出了我們的技術，就要求援，這樣就不是我們的責任；如果能夠，最好全丟給其他人，讓他們去搞砸，而不是我們；我們應該報告狀況，而不是報告失敗，最好是永遠別修理東西，那比搞砸要好。「不要在我當班時出狀況！」他訓示我們。

我們會在工程車上待幾個小時，關掉雙向無線電對講機，讓哈洛無法聯絡到我們，然後快速有效率地完成幾項工作，並在找時間喘口氣休息，之後比爾會告訴哈洛，我們在下水道中，所以關掉無線電對講機來節省電池。當有緊急事件通知時，我們通常是最先回應的，這讓哈洛非常不高興，「該死，讓其他人去做！萬一出狀況會怪到我們頭上。」他總是氣沖沖地說。

比爾引導我度過工作上的困難與偶遇的危險。我們從未照標準手冊上的方式去做，大多是爲了正確施工與更有效率，不過也如比爾所說——爲了惹惱哈洛；哈洛堅持要一步一步完全照著做，這樣才能放慢速度，避免新的工作一個又一個來。我們採取同事們所謂的「伯特法」，也就是快速有效地完成日常的維護程序，才有時間迅速回應突發狀況，使沈悶的例行公事更有趣，而且「爲世界多做一些好事」，這樣也有更多時間可以爬上來休息，不需要一直置身於有毒廢氣與髒污之中。比爾曾救過我兩次，沒有讓我從滑溜的走道失足、跌入因夏季風暴而洶湧的廢水中，其中一次我只有一隻手抓著欄杆，另一隻手抓著個大榔頭，我的腳就在廢水激流上方亂踢，比爾及時把我拉起來，訓誡我：「別這樣，會毀了你的髮型喔。」他教導我如何開啓與關閉時常卡住的大閥門；如何準確重設很舊的計量錶，那錶就算是用手電筒直接照射都很難讀到指數；如何疏通堵塞的水管，這是非常麻煩又骯髒的程序；如何修理電線；如何快速評估大型抽水馬達的問題，並與值班的工程師聯絡，想出徹底解決的辦法，而不只是用膠帶臨時包一包；還有如何在壓力下保持冷靜思維，就像有一次我們好像被困在一個小空間，空氣很差，又無法打開下水道的蓋子，我們這一組有三個人慌張地逃向另一個方向，比爾變得無比嚴肅：「絕對不要那樣，絕對不要慌張，要保持冷靜，用心思考。」接著要想出辦法把我們的情況與位置通知外界，讓他們把我們救出去。

玉米煙斗話往事

比爾對我的教育感到很驕傲，有時他會帶剪下的報紙文章給我，通常是關於這個城市的不當管理、浪費與貪污。當我與哈洛激烈爭執他對黑人的歧視態度（哈洛曾說，只要他當家，黑人就絕不能到他的小隊工作，而我是個「愛黑鬼的猶太人」），氣得哈洛準備開除我之前，比爾用他的幽默化解了這件事；當我被一位粗魯的工人稱爲「柔弱的猶太男孩」，準備跟他打架時，比爾在他伸手去拿扳手時抓住了他，然後把我推到一邊，用那把扳手威脅我的對手，當天稍後比爾要求我買一條香菸去向我的敵人致歉，「以免他試圖傷害你，相信我，他一定會的。」一次在一個比較暴力的地區，我很擔心地看到比爾設法阻止四個拿鐵鍊與棒子準備互毆的青少年，其他人都袖手旁觀，只有比爾上前，說警察已經趕來了，他用俏皮話與謊言驅散了那群好勇鬥狠之徒。比爾也在一次狗咬人事件中及時出手，爲一位老人趕走一條兇狠的德國牧羊犬，後來我們違反規定，用工程車送老人回公寓，讓哈洛嘮叨了我們一整個禮拜：「如果你們想當大善人，用你們的時間去做，開自己的車，而且要確定他會付你們錢！」比爾對這段無情的話嗤之以鼻，告訴我，「我們來這個世上就是要做好事，我們只是小人物，但當你能夠出力時，就要盡一己之力。」

大多數時間，比爾坐在卡車或辦公室後面，拿出他的玉米煙斗對我說故事，我瞭解他爲何會屈就一份他人都覺得低下的工作，他開玩笑地承認這是眞的，雖然幽默與閒聊無法掩飾他眼中的失望與羞辱。他談到自己在布魯克林惡名昭彰的豬鎮（Pig Town）貧民窟長大，八年級時休學，在碼頭爲黑手黨跑腿的生活中學習瞭解生活現實，娶了一個他並不愛、但懷了孕的女孩，後來發展成數十年不幸福的家庭生活，兩個女兒總是站在他充滿怨氣的妻子那一邊，也像她一樣放蕩不忠，最後他接受了一直走下坡的事業前景，工作只是爲了「算日子」。比爾還要工作兩年才可以提早退休，領到微薄的退休金，也就是他必須容忍哈洛，接受哈洛與其他人在每天的例行公事中所進行的小小貪污，工人必須賄賂才會不被派到最糟的工作；爲一己之私盜用公家補給，只要別太囂張就好；甚至在工作時間中兼差（只要賄賂哈洛即可）。比爾不願意或不能參與貪污的圈子，部分原因是他已經做了這麼多年，不能冒險被逮到而失去退休金；部分原因則是這樣做會讓他的名譽受損，「也許我是個不願意拿錢的笨蛋。」每次當我們看到特別過份的例子時，他都會這麼說。譬如有一次哈洛把我們從補給部門申請到的新計量錶拿去換成舊的，然後把差價納爲己有，「無所謂啦，」當我們發現後，可惡的老大回答：「在污泥中誰看得出來？而且大家都這麼做，所有人都是，你們別忘了！」比爾有一次告訴我，他偶爾也很想爲他的船偷一些材料，那艘船是他生活的一大樂趣，也是他對未來的希望，但是考慮後，他知道這樣有損他的自尊，那也是我們所有同事對他的期望。

那艘船是他的一切，他向一家廢棄物回收公司買來，把它從海水墳場中拯救回來，給了它第二次生命——拉撒路（Lazarus，聖經中死而復生的痲瘋病人）是個很貼切的名字，他花了「芝麻綠豆」的小錢買下它，但是花了「眞正的大錢」來整修，使拉撒路能繼續漂浮在水上。我們曾經與他的好友一起到長島海峽去釣藍魚，看著老舊的木頭船身與無力的再造引擎，這艘船還能跑就夠讓人驚訝了，但是比爾在狹窄的駕駛艙中握著舵輪，笑容滿面，向我保證說，將來他會弄到更有力的抽水馬達，我們就不需要用手來舀出船艙中的漏水了。在釣魚的時候，比爾要我說說自己的生命故事，我緩慢而痛苦地告訴他，關於我兩個名字的祕密歷史、缺席的父親以及這件事的羞辱，還有我在學術上的成就似乎永遠無法塡補自己誇大的野心，也永遠無法抗拒或瞭解野心的殘暴統治。當夏季逐漸過去，我返回加州的時間愈來愈近，雖然永遠無法直說，但對我而言，我們雙方已建立起默契，比爾成爲一個父親形象。

老海盜的最後訓誡

最後一天上工時，我請比爾吃午餐，爲他買了鮮蝦沙拉三明治與巧克力奶昔，不理會他的抗議，也點了藍莓派。我們待在小快餐店裡，牆上掛著哀傷的緬因海岸油畫，靠著髒污的櫃臺，坐在破掉的高腳凳上，我們想嘲笑這段一起相處的時光，但是並不成功。「你在下水道是絕對不會成功的，你不夠機警，也不夠有野心。」他批評，而我反駁，「如果沒有我在那裡拚命舀水，拉撒路沈沒的速度會快得讓你沒時間對朋友吹牛、釣大魚，其實他們如果夠聰明，就會知道根本沒有魚。」那一天工作結束，我在道別時，大家沒有說什麼，哈洛給了我一份禮物，儘管我見識了很多，他仍然讓我驚訝，那是一本我們的工作紀錄簿，已經用了幾頁，但是用過的頁數都被撕掉，然後用舊聖誕節包裝紙隨便包著，他說可以用在解剖課寫筆記，也提供一些臨別贈言：「如果你會作弊，亞瑟，這也不算壞事，但我希望你在這裡學到如何作弊不被逮到。」然後他只是站起來，用他的大手搭在我的肩膀上，懇求說，「走，快走，孩子，免得讓一個老海盜哭出來。走吧，在這個可悲的世界上多做些好事。」

故事還沒有結束。在醫學院的第一學期很困難，我認眞考慮要退學，兩位剛完成大學課程的朋友邀請我一起去夏威夷，我很想但是又不確定。我寫了一封又長又複雜感傷的信給比爾，提到我向他學了很多，我說朋友們打算當建築工人，在海灘上生活，我說醫學院對我來說實在太難了，覺得自己已與「眞實生活」脫節，也許應該見好就收，去當一個工人與作家，就像約翰·史坦貝克（John Stein beck, 1902-1968）一樣，我從夏季的勞動中學到我也能做工，實際的工作，以前並不瞭解也不看重這方面，其實我可以靠很少的東西就快樂地活著，也可以享受像我們之間那樣的友誼……我以傷感的方式寫了又寫，現在想起來都讓我感到肉麻。

兩週之後，一封署名比爾・伯特的信躺在學校郵箱中，比爾寫著寄給A・克萊曼，字母看來寫得很吃力，句子歪斜著，有許多錯字、許多被劃掉的字，幾乎都不合文法。比爾顯然已經猜出我打算離開醫學院，「別傻了，」他的回信大致上是這麼說的：「你想跟我一樣幹粗活一輩子嗎？別搞砸了，這也許是你唯一的好機會。你想跟我一樣依賴薪水，無法買任何好東西；被迫跟哈洛這樣不誠實的人在一起，無法挺身譴責腐敗貪污，只因爲你非常需要這份工作，而這是你唯一能做的工作嗎？你想要一個死氣沈沈的婚姻、糟糕又不誠實的孩子，心中充滿自己應該可以更好的怨氣？別把這三個月來的感覺當成未來三十年的感覺，別當個笨蛋搞砸機會。如果你退學，別想得到我的同情，我會認爲你什麼都沒學到，像我這樣的可憐工人沒有任何力量，我們是小人物，沒人重視我們，但許多壞人剝削我們，我們被大人物生吞活剝，更糟的是，這是我們自作自受。孩子，如果你放棄成爲醫生，我會過去打斷你的腿！你不需要回信給我，除非你的名字後面有了醫生這個頭銜。」這就是我大概記得的內容——一位良師訓誡我要辨識出兩個不同的世界，並加入我已經準備好的那個世界。

耶路撒冷的奇遇

隔年夏天，在另一個新良師的故事中，比爾的信也扮演了重要的角色。靠著比爾來信的支持，我設法熬過醫學院的第一年，我向父母與外祖父母借了一點錢，前往歐洲尋找美感與智性上的啓發，這是我第一次到歐洲旅行，大部分時間都待在德國大學城，與德國學生相處，靠著在大學讀過兩年的德文與些許預算，我獲得了很豐富的經驗。我很放鬆、快樂，對於選擇醫學院作爲志業感覺更好，但我從未想到要去以色列看看。

我曾經在《談病說痛》一書中描述過，夏季快結束時，我越過萊茵河進入法國，來到靠近科爾馬（Colmar）一個小鎮，住進一間小旅館，到一條長滿雜草的運河邊散步，忽然一陣風暴從東邊吹來，傾盆大雨落下，我衝進一處很高的樹叢中。由於速度太快，我幾乎撞上旁邊公墓的大門，門口上方有「大衛之星」的符號，當我撞上鐵欄杆時，也把大門撞開了，門彈到一塊石碑上，上面刻著盧賓家族的名字。我從出生日期看出來誰是祖父母，誰是小孫子，但他們都死於一九四〇年初期的同一天，這有點奇怪，然後我察看更多紀念碑、更多墳墓，發現有更多人都死在那一天。那一定是某種天災，我猜，大惑不解地站在那裡，讓雨水打在我毫無遮蔽的頭上。雨停了，我慢慢走回鎮上，但心中產生某種黑暗與不祥的情緒，盈繞著我的思緒，我進入旅館，發現櫃臺後是另一位婦人，當時我不會說法語，於是以濃重的德語腔調問她，墓園中的盧賓家族與其他猶太家族發生了什麼事?他們爲什麼都死在同一天?回想起來，這眞是很不尋常的一景。

對那位法國婦人而言，她以前從未見過我，這位年輕的德國學生（似乎還是金髮藍眼）以莽撞而不通順的語言，詢問關於德國入侵亞爾薩斯與大屠殺的事情（當時我根本沒想到這件事），彷佛他從來沒聽過二次世界大戰一般。可想而知她回以憤怒的指責，說都是我的同胞，德國人，入侵佔領了法國，並且對猶太人展開屠殺。我站在那裡看著她，抱歉自己激怒了她，說我是美國人，才剛住進旅館，不是德國人，然後趕緊走出去。我在街上來回走著，心情激動，夏季的快樂泡泡已經破了，變成黑暗的混亂情緒，我再次體會到歷史與記憶在現實表象之下的深沈暗潮。對於自己刻意忘卻戰爭感到震驚，我的同胞被大屠殺，這是不到二十年前發生的事，集體的逃避現實在當時已經極爲盛行，我也理所當然地參與其中，但我卻是以德國人的身份得知這個可怕的事實，法國櫃臺婦人把我當成一個加害者，我同時體驗到了受害者與加害者的雙重意義。

第二天我還是很震驚，決定探索這個我曾經盲目以對的世界，搭飛機前往以色列的特拉維夫（Tel Aviv）。我在海法（Haifa）染上肺病，個人與集體糾結的危機感變得更嚴重深沉，醫生給我抗生素，介紹我到沙漠中一間青年旅館調養，我花了一週時間在納格夫（Negev）咳嗽，最後終於坐上巴士前往耶路撒冷，那時假期只剩下最後幾天了。在巴士上，我拿出比爾・伯特那封已經破舊的信，反覆讀了幾次，每一次我都萬分感激他這篇不通順的散文。

「很重要的信嗎？」鄰座一位高瘦、膚色黝黑的以色列人對我微笑，我不確定地看著他。「你一讀再讀，一定很重要。」他友善地再說一次。我看著他。他穿著褐色的短褲、健行靴、舊短袖襯衫，還有合作農場成員在田地工作時所戴的白色小帽，他的褐髮很短，戴著一副金屬邊太陽眼鏡，他在自我介紹時取下了眼鏡，辛查・艾德勒（Simcha Adler）、年近四十，一口美式英語，他說他在密西根州立大學拿到農業經濟學碩士，現在是沙漠中一個新合作農場的領導人，農場裡都是剛從美國、英國、加拿大與澳洲回歸到以色列的年輕人。

「想不想來看看我們？」他問，專注地凝視我的眼睛。

「我希望可以。」我同樣熱忱地回答，「但我的旅行快要結束了，我必須回家就讀第二年的醫學院。」

「你眞的應該來看看。」辛查溫和地勸我，「我不只是邀請你，你應該加入我們，我的意思是，雖然我不認識你，我很強烈地感覺到你應該成爲我們團體的一員。」

「你怎麼這麼確定？」我微笑說，「你不認識我。你是什麼人？某種招募人嗎？」

「你可以這麼說，」他笑了，「沒錯，我就是個招募人，事實上，我是你的招募人。」

「你在開我玩笑嗎？」我故作嚴肅狀。

「我從來沒這麼認眞過。」他同樣誇張地回答。

我們都笑了，互相握手。

辛查詢問我的事情，我心中正充滿自我疑問與動盪的情緒，辛查是非常會鼓勵人、專注又具有同理心的聆聽者，我的情緒一古腦地全部湧出，以強烈的字眼、影像、感傷故事，與一位年輕人的自我風格交織在一起，我試圖追尋的個人的意義，已無可救藥地與集體的階級、種族、宗教、美感以及國家認同糾結著，辛查透過這一切直視我的眼睛，溫和地笑著，沒有做出任何動作，卻讓我感覺他都瞭解。當我們快到耶路撒冷時，我放慢訴說的速度，然後停止，因爲言語與情緒的盡情發洩而感到空虛，辛查沒有說什麼，我們沈默坐著，下午的陽光讓石牆與建築染上金光，強烈得彷彿號角響起，然後一切驟然結束，巴士轉入了忙碌髒亂的城市街道。

從招募人獲得的啓發

我們從巴士站走向城內，一九六二年時，這是以色列軍隊與約旦軍隊武裝衝突的分界線，自從一九四八年的獨立戰爭之後，這座古城大部分都屬於阿拉伯人。辛查告訴我歷史，猶太人的民兵如何失守聖殿山（Temple Mount），他爲我畫出目前軍事上的地圖位置，我們折返回來，找到一家小咖啡店，辛查點了捲著羊肉、蕃茄與洋蔥的三明治，還有熱茶。

「你想聽我的故事嗎？」他輕聲問，我幾乎沒聽到，他英俊的頭顱往後仰，「我是個生還者，」他幾乎是悄悄地說：「和你的外曾祖父母一樣，我出生在俄國，所有家人都遇害了，我是唯一逃出來的，來到這裡時我還是個小孩，現在我快四十歲了，發生了好多事，我參加過獨立戰爭，上過大學，在美國讀書，然後回來，我想當一個農夫，那是回歸大地的運動，也是對戶外的熱愛。身爲農業經濟學家，我有很多機會拜訪不同地區，我在沙漠中找到一塊地，非常美麗，六年前我號召一群年輕男女，不僅願意建設一個地方，也願意建設自己。我們成立了很特別的團體，彼此分享，一起工作，我們唱歌跳舞，也準備戰鬥，因爲我們正處於戰爭中，隨時都會爆發小型戰鬥，我們是邊界警衛，有些人還是傘兵特種部隊。至於我，嗯，如我所說，我是個招募人，四處旅行，尋找像我們這樣的人，因此我坐在你旁邊，你看起來……唔，像是我們的一份子。」

辛查對我微笑，但雙眼不再炯然，而且看起來有點悲傷，若有所思，「我們會被攻擊，會發生戰爭，但來自全世界的猶太人會與我們一起戰鬥，加入我們是你的傳承，與我們一起生活，或許一起赴死，幫助建設這塊大地，保衛它。我不會說挺身保衛傳承、生還者是你的責任，因爲這比責任還要神聖，我是傳達訊息的人，但我傳達的訊息來自於我們的同胞，不論是活著或已逝的。我爲了他們，也爲了你，來呼喚你。

「請聽我說，仔細地聽！亞瑟・米開爾，」辛查繼續說，稱呼我的希伯來名字，「現在你聽到的是非常重要的事，成爲我們其中之一，你的生活和奮鬥才能夠實現，我們需要你，你也需要我們，所以，我能招募你嗎？」這次他的語氣非常嚴肅。

實在不需要多加考慮，我的回答是如此快速與確定，連自己都感到驚訝，「我不能加入你們，你搞錯了，但是我不會介意，請不要對我錯誤解讀，我是美國人，雖然是猶太裔美國人，但還是美國人，我信仰的是流離（diaspora）的猶太人，而不是祖國，我無法忍受排他性，這樣就會排除比爾・伯特與其他非猶太人了，他們在我的生命中也深具意義。如果以色列的生存受到威脅，我會回來表達支持，但我不能與你們在一起，我不是來自於這裡的，現在我很清楚自己也不屬於這裡。我是流離的猶太人，我對意見不同的人要比對信徒更有同情心。我聽你談到傳承，現在我能夠感受到責任，我曾經姑息刻意的無知與否認，現在我不會忘記，我不再是以前那個人了，我能聽見受害者的哭嚎。

「當那位法國婦人把我當成德國人、加害者時，我覺得很恐怖，並不是所有人都是怪物，大多數人只是姑息，或沒有嘗試去抗議。也許我想像力太豐富了……」

我還有更多話要說，但辛查打斷了我。

「好吧，你不是我們的一份子，不過你自己說如果發生戰爭，你會加入我們，別忘了這個承諾！我要找的不是軀體，我要的是精神。你聽清楚了嗎，亞瑟？」

「我聽清楚了。」我非常慢地回答，目光不確定地看著辛查，他又露出了笑容。

「你自己就是一個招募人，」他笑著說，「我們會懷念你的，我的直覺是正確的。不管你是誰，來自何處，你都聽到了召喚，這次你拒絕了，我應該感到不快，但我完全沒有，我聽進了你的話。誰曉得，也許流離也能說服一個人，強迫你去……不妨這麼說，去招募其他人。祝你平安，我的兄弟。」

自我批判與道德責任的平衡

對這件事我從來沒有後悔，以色列與巴勒斯坦衝突愈演愈烈，我看到種族與宗教國家主義是如何危險地導致無法挽回的政治暴力，雙方「反英雄式」的自我反省，似乎才是唯一能夠帶來希望的道路；傳統的英雄主義只會促成悲劇，雙方都有太多的招募人了。

就如下一章我們要提到的黎佛斯的故事，他在思想上得到解放之後，才明白道德監督可能帶來更多的危險，除非能夠破除那些個人（與集體）道德經驗的地方語言，因爲它們會助長暴力的行爲，當我們誤以爲所堅持的價值受到威脅時，它們便會煽動非人性的行動去對抗。道德責任本身並不足夠，必須要有批判性的想像力才能平衡。這些年來，我從未感覺自己有那種平衡的能力，差得遠了，但現在至少確認了，即使要透過不對等的努力，也要設法找到平衡。

我的流離認同經過數十年後已經變弱了，也許這並不令人意外，我娶了不同信仰的配偶，妻子與我在廣博的價值觀中養育我們的子女：中國文化、美國新教徒文化與猶太文化，我仍然質疑種族與宗教的排他性，我們的朋友網絡及所教導的學生遍及全世界，他們與我的家人組成了最親密、最重要的親友圈。這三十年來，許多博士後進修班、博士班、碩士班學生，以及醫學院學生與大學生都與我一起工作過，我該算是瞭解什麼是學術上的指導了，我所學到的是，將指導變成開放性地處理複雜的道德經驗，鼓勵自我批判的反省，但不是要控制自我，這是很重要的，同時認知到我們在世上就是要實際地去做好事，這是我們道德自我塑造的一部分，爲了達成這個目標，必須冒著開放的風險，願意被他人所改變。認眞專注於研究與教育，亦即必須證明正在進行智性上對自己與他人都有意義的計畫，老師會帶領年輕的學者或醫生入門，像是教導學徒一樣，最後的階段是學徒必須超越老師，進入他自己的智性、情感與道德空間，這不容易達成，而且對兩者都有威脅性，卻是勢在必行。

無論如何，情感、意義與人際關係的情境組成了我的個人世界與主觀自我，從這些交織中浮現了本書的核心主題：經驗的中心——文化、政治與經濟強而有力的影響，讓我們屈服於情感與道德上的不實；危機與我們對危機的反應，能造就、也能毀滅存在的現實；對於有所需要的他人，我們必須擔負起責任、發揮想像力、從事實際的行動，這是全世界公認的呼籲；帶來啓發的挫敗與讓人喪志的勝利（亦即日常生活中的反英雄特質）使生命無法掌控，卻具有希望、出乎意料的轉變、美感與具批判性的倫理反思。

哀傷與樂觀之間的平衡不斷改變，一方面，四位出色的孫子與一個融洽的家庭，帶領我度過艱困的時候；另一方面，與我結褵四十年的妻子瓊安（也是我的合作研究人員），患有嚴重的神經退化疾病，使她視力受損，記憶衰弱，無法獨立自主，這幾乎撼動了我們的情感，她每天卻展露著無比的勇氣與努力。沒有不費力的時光，生命不會完全照著課程表般循序漸進；唯一確定的是不確定的年老與衰弱過程，還有不可免的大難。我早就想寫這樣一本書，但是一直無法完成，因爲那時的成熟度不足，對於生命危機的瞭解也不夠。存在永遠是我們身爲人類的模式，但是生活的基本條件會隨著發展與情況而有所不同，我們繼續生活、生活、生活，抵達與離開新的車站後，旅程與我們自己都不再相同。我們究竟是誰，我們要前往何處，在每一年紀與每一車站，都會發展出不一樣的答案。

【第八章】

道德重整的不朽象徵

——黎佛斯的故事

現在我要回顧一個歷史案例：黎佛斯（William Halse Rivers, 1864-1922），英國劍橋的人類學家與精神科醫生，在二十世紀的最初二十年頗具影響力。我這麼做有兩個理由：第一，黎佛斯的故事很有力地說明了本書的宗旨，道德經驗是瞭解個人與他們世界的關鍵；第二，黎佛斯以自行構思的批判方式，以及重建道德經驗的練習爲基礎，透過教育、研究、心理治療與政治，來改變他人與他們的世界，這成爲他自己眞實道德的核心。黎佛斯的故事總結了前面章節所描述的議題，同時也提供了一個更鉅觀的社會歷史背景，去探究與存在相關的重要問題：必須從我們身處的世界的觀點出發，才能瞭解我們究竟是什麼樣的人。

在劍橋，你敲了門然後進去。房間很美麗，有褐色的木質牆壁，但除此之外，是一團可怕的混亂，書本與紙張，還有人類學的各種寶物四處散佈……黎佛斯從更裡面的書房走出來，房間似乎立刻活了過來，各種東西又變得恰如其份。他站在那裡，相當高瘦，動作輕快，穿著海藍色衣服，乍看之下，印象是很寬的肩膀與突出的下巴，以及非常敏銳的心靈。他握手，請我坐下，自己也坐下，說我明確地知道自己要什麼，也知道怎麼去爭取，他拿下眼鏡，手從眼前揮過，這也許是他最讓人熟悉的姿勢，然後等待……他像是一個突然從不知何處回到這個世界的人，雖然大致說來他並不怎麼喜歡這個世界。學校的廚房送來了茶……我們不知如何談到了我曾讀過一點人類學，甚至也聽過表親間交叉聯姻與分類系統。黎佛斯的拘謹消失了，桌上的書被拿走了幾本，我們花了一點時間仔細研究複雜的關係圖表。這只是很短暫的一次會面，但之後回想起來，我突然明白，黎佛斯並沒有把我當成一個大學生，而是以同儕的方式在對待我。

那就是黎佛斯的方式，當時如此，後來也如此，那是他對人的強大影響力，尤其是對年輕人。

這是英國心理學家與記憶研究的創始人費德瑞克・巴勒特（Frederic Bartlett,

1886-1969）在李查・史洛伯丁（Richard Slobodin, 1915-2005）關於黎佛斯的書中所做的描述。巴勒特回憶一九〇九年黎佛斯在劍橋聖約翰學院（St. John's College）的情景：「他的力量並不在於他所說或寫的……而是在於他本人。」

「我向黎佛斯道別，最後一次關上房間的門。我離開的這個人曾經幫助我，他比我所認識的任何人都更瞭解我。」齊格菲・薩松（Siegfried Sasson, 1886-1967）寫道，這位著名的反戰詩人在一九一七年時曾經是黎佛斯在克雷拉哈特（Craiglockhart）軍醫院的病人。在《雪斯頓的進程》（*Sherston's Progress*）一書中，薩松描述當他回到法國戰壕，受傷，被送回倫敦醫院後，黎佛斯前來看他的經過：

> 這時候，毫無預期也沒有預警，黎佛斯走進來，關上門。安靜而警覺，明確而毫不遲疑地，他似乎把房間中所有必須驅逐的東西都清空了……我那個無用的惡魔逃走了，因為他的出現足以駁斥錯誤的思緒。我知道參戰後的我非常孤獨，我知道我還有許多要學習，他是唯一能幫助我的人……他沒說一個字，坐在床邊，他的微笑就足以為我的一切遭遇帶來祝福。『喔，黎佛斯，自從上次見過面之後，我經歷了很有趣的一段時間！』我叫道。我知道這是我一直在

等待的。

另一段關於黎佛斯的描述來自於哈登（Alfred Cort Haddon, 1855-1940），他在劍橋成立人類學研究所並擔任指導，是黎佛斯長達三十年的同事與朋友。一九二二年哈登在黎佛斯的訃聞中寫道：「他認為所有人類狀況都適合心理學與人種學（十九世紀與二十世紀初用來形容人類學比較性跨文化的研究方式）的研究。」他生命最後的階段也說明了這一點，倫敦的朋友知道他對社會勞動情況感興趣，邀請他代表倫敦大學擔任議會的工黨候選人，他同意這麼做，因爲他覺得自己的專門知識在當時的批判氛圍中應該有所用，吸引他的不是政治影響力，而只是希望爲他人盡力，引述他自己的話：「對於一個畢生致力於科學研究與教育的人，進入現實政治界可不是小事情，但當今時代如此不祥，我國與世界的前景都堪憂，如果大家認為我對政治能有所貢獻，我就不能拒絕。」

力行眞實道德的典範

派蒂．巴克（Pat Barker, 1943-）在一九九二年出版的動人小說《重生》（*Regeneration*）中，以黎佛斯爲主角，在書的結尾有極富創意的安排，以一個驚人的故事作爲「裝飾」，黎佛斯向他的好友與合作夥伴亨利・海德（Henry Head, 1861-1940）報告「被平凡小事改變生命的經驗」，派蒂讓黎佛斯回憶他在美拉尼西亞（Melanesian）的社會進行人種誌研究時，他搭乘南十字號探勘船的旅行。一群剛皈依基督教的美拉尼西亞島民登船，黎佛斯進行他慣常的田野調查，來蒐集關於親族與經濟交易的資料。他問島民，他們會如何使用一枚金幣，「你們會分享它嗎？如果是的，你們會跟誰分享？這問題引起島民的注意，因爲對他們而言，那是很大的一筆錢……不管如何，最後的情況是，我們都盤腿坐在甲板上，距離陸地有數哩之遠，他們決定以其人之道還治其人之身，問我同樣的問題。」所以他們要黎佛斯說明他要如何使用一枚金幣，以及他會跟誰分享，黎佛斯回答因爲他未婚，他不用跟任何人分享。「他們都感到難以置信，怎麼會有這樣的人？於是他們繼續發問，一個問題接著一個問題，在那種情況下，你知道的，如果有人笑了起來，大家都會跟著大笑，最後笑聲源源不絕。等我問完後，他們全都在甲板上打滾，突然間我明白了，我告訴他們的任何事都會引起同樣的反應，性愛、壓迫、罪惡感、恐懼，包括相關悲慘種種的那一套，也會得到完全一樣的反應，他們一點都不會感覺排斥或否定或……認同或其他什麼的，因爲那些東西全都太怪異了。我突然明白，他們對我們社會的反應，就像我對他們社會的反應一樣合理。你知不知道，那個時刻眞是

愛德華時代的見證人與英雄。雖然黎佛斯來自於英國皇家文化，並且參與其中，但他讓自己成爲一個對國家主義、殖民主義與階級主義的批判者，這些主義帶來了一次大戰的災禍，他嘗試重整他的世界，剛開始是一個遲疑、謙虛、甚至隱居的學者，後來他將自己改造爲一位公衆知識份子，面對並挑戰時代的重大社會議題。他的生命故事距離我們這個時代，雖然已有八十年之久，卻象徵著另一個不同的道德時期，以及我們外在與內在世界的轉變過程。我重述黎佛斯的故事，主要是因爲他是以力行眞實道德，而爲重整道德經驗的典範。

黎佛斯出生在一八六四年的英國維多利亞時期，有點附庸風雅的中上層階級家庭，父親是一個鄉野教會牧師，以治療口吃的特殊方法而出名，他兒子畢生都有口吃問題。黎佛斯先接受醫學教育，專攻神經學與心理學，不過他很早就放棄了臨床醫學，而選擇生理學（是當時主要的基礎醫學科學）的研究，進而發展出看似不同的各種學科，如心理學、動物學與外科手術。

一八九〇年代初期，黎佛斯前往劍橋發展實驗心理學，他一直對心理學非常感興趣，另一位也曾經是生理學家的哈登邀請黎佛斯加入他們，一起前往托瑞斯海峽（Torres

Strait，位於澳洲北邊，靠近新幾內亞）研究當地島民的社會、生理與歷史狀況，黎佛斯將督導對當地住民的心理測驗。在不到一年的田野調查中，黎佛斯變成人類學家，對親族與其他社會組織的研究產生了興趣，他引用系統化的田野調查方法，展開嚴密的個人田野調查，對美拉尼西亞社會與南印度的圖達斯山區部落（Todas）進行早期的人種誌調查。事實上他可謂是現代人種誌學家的先驅，他的研究報告爲人種誌學建立了新標準，至今仍經常在人類學課程中被介紹。

黎佛斯不管在學術上研究什麼，都投注大量精神，專注學習，得到豐盛的成果。當他是個忙碌的全職人類學家時，他也持續生理學的研究，研究人體疲倦狀態，以及最著名的是與海德（Head）合作進行周邊神經的實驗，後來成爲他在醫學方面的重大成就，因爲這個實驗建立了神經被切斷後能夠重新生長的新理論。

炮火震撼下的思索

在一次世界大戰中，黎佛斯因爲自願協助戰事回到臨床醫學的領域。他身爲心理治療師的卓越天賦，在治療受到砲火震撼（shell-shocked）的官兵時開始展露，這些人被精神科的分類診斷爲焦慮性精神官能症（anxiety neurosis）、精神耗弱（neurasthenia，當時對於耗弱與相關官能症狀的醫學流行術語），或較輕微的歇斯底里（hysteria）症狀。薩松是他治療的病人中最著名的一個，當時是受勛的士兵，因爲寫信公開向英國政府抗議戰爭，而在一九一七年時被送去治療。薩松是一位詩人，他認爲自己是公開表示抗議，並不想接受治療。他的朋友，羅伯・葛瑞夫（Robert Graves, 1895-1985）也是文壇人士，同樣因戰爭患有精神耗弱，安排薩松住院治療，以免他遭受軍法審判，如前面所摘要的內容，黎佛斯對薩松有很大的影響，薩松視黎佛斯爲他「個人的救星」，這種半宗教式的關係也讓薩松不致過度陷溺與朋友勞倫斯（也就是阿拉伯的勞倫斯）之間無法表達的同性戀慾望，而導致「受折磨的內在自我」。黎佛斯採取一種保護性的心理治療，也就是能夠避免暴露內在深刻傷痕的談話性治療，讓薩松與其他人溫和緩慢地重建起破碎的情感，治療被傷害的自我形象。正如他對薩松的影響，薩松也同樣強烈影響了黎佛斯，使得他創造出一種自我探索的方式，能引人觸及危險禁忌的性領域。

身爲軍官，黎佛斯上尉必須判斷他的病人適不適合繼續服役，或者該送他們回到悲慘的法國戰壕。那是「大屠殺的年代」，如艾瑞克・霍布斯邦（Eric Hobsbawm, 1917-）在《極端的年代》（*The Age of Extremes*）一書中所寫的：「在英國陸軍服役、年齡二十五歲以下的牛津與劍橋大學學生，其中四分之一都在一九一四年陣亡。」數百萬人參與了西線的壕溝戰役，「他們隔著沙包與敵人對望，生活充滿老鼠蝨子，也如同老鼠蝨子……長達數日、甚至數週不斷的砲火轟炸——德國作家描述為『鋼鐵的風暴』，用來『軟化』敵人，逼敵人躲進地底，直到適當時機，大群人馬爬過圍有尖刺鐵絲網的沙包圍牆，進入『無人禁區』，這裡一片混亂，充滿積水的彈坑、斷裂樹樁、泥巴與無人收拾的屍體，前方則是機關槍的掃射範圍。」

毫不令人意外地，在這種強大的壓力下，士兵必定爲之崩潰。「砲火震撼」是頗爲恰當的形容，意義雖不甚正確，但在文化上卻是很合理的說法，長時間的轟炸造成生理上的創傷，如腦震盪等症狀，而這些症狀可區分爲兩類：癱瘓、變成啞巴、心因性耳聾，與其他行動與感官上的障礙，主要發生在工人階級的士兵身上；或是顫抖、口吃、激動、恐慌、惡夢、失眠，以及其他認知與情緒方面的症狀，則是發生在軍官身上，他們通常來自中上階級與貴族。

自我「重生」之後

砲火震撼與沮喪、回憶重現等其他症狀，在診斷上被視爲創傷後壓力症候群，精神科醫生與心理學家也已瞭解這些症狀自有其心理學上的根源，以及生理與社會的風險因素，然而經過數十年的時間，某些症狀的呈現方式已經變得不同，於是原先對於這種歇斯底里、情緒劇烈起伏的理解，已經失去了它的文化特徵並逐漸消失，而某些診斷名詞如精神耗弱等，也不再被使用。

在黎佛斯的年代，病患與醫生藉由這些症狀來達到實際的目的——將士兵從極端危險的戰場上撤離，於是這些診斷被污名化，患者都被認爲是裝病、懦夫或瘋子。多虧黎佛斯，他堅持這些症狀不僅是頭部的生理創傷，也是心理創傷，與其他的病理狀況一樣合理，值得人道的關注、施以有效的醫療處理。黎佛斯尊貴的科學地位，使戰場的精神官能症被廣爲接納，他自己也如此稱呼這些症狀，只是軍方仍抱持相當多的懷疑，包括軍醫，英國軍事精神病院的歷史學家班恩・夏普（Ben Shephard）曾明確寫過關於戰場精神官能症的評論，描述軍醫裡有兩種對立學派：「強硬派」擔心會導致大量人員利用這個方法來逃避參戰，於是不強調心理上的問題；「溫和派」包括了黎佛斯，則試圖描述、解釋與治療嚴重而廣泛的戰爭情緒創傷。

如黎佛斯所說，進入一次大戰時，他是帶著勇氣、忠誠與堅忍等傳統的理念，爲國家的野心犧牲奉獻；但是與大多數同胞不同的是，黎佛斯的人種誌經驗讓他質疑殖民地與傳教政策，他認爲是這些政策導致整個部落社會人口衰退，帶來其他惡劣影響。在美拉尼西亞，他批評教會與殖民地政府官員破壞當地原住民的宗教儀式，攻擊其傳統的核心價值，因此剝奪了當地住民的存在意義，他們的信仰後來逐漸衰敗，對社會與繁衍的責任也跟著消失。他在二十世紀初期傾向相對主義（relativism）的立場，如巴克的小說中所描述，他背棄了令人不快的跨文化比較，爲在地情境對人的生活方式所具有的重要影響而辯護，他明確地反對當時的種族主義科學。黎佛斯的看法並不合乎傳統，但在另一方面，他也不反對戰爭，直到慘痛的傷亡、他和薩松與其他病人的醫療經驗，才讓他改變想法。到戰爭結束時，黎佛斯相信，他的忠誠是很慘痛地被誤用了，他在他自己的「重生」中體認到薩松的角色。

黎佛斯在戰爭結束後回到聖約翰學院，繼續人類學研究，他再次轉化自己，這次成爲一位公衆知識份子，自在地與許多具影響力的人物交往，爲自己的多重事業領域計畫未來的發展，他成爲一個領導者，對時事暢所欲言，並積極參與勞工階級的議題與社會主義運動，朋友們都覺得他更有自信、更快樂，也更完整了。黎佛斯再次發揮他的潛能，從事大量學術研究。當時他以工黨代表的身份，參加倫敦大學在英國內閣席次的選舉。一天晚上，他一個人在大學辦公室，突然腸子劇烈絞痛，糾纏，因而阻斷了血液循環，使得部分腸子壞死，排泄物進入腹腔，造成血液感染，導致壞血症、休克與死亡。

他無法求救，到了次日早上已回天乏術。

道德—心理治療—政治的關係

開始研究醫學與人類學時，我把黎佛斯當成一位失敗的前輩，因爲他在醫學與人類學的研究是分離的，他沒有在這二者不同的知識領域與運用上建造起連接的橋樑（現在稱爲醫學人類學）——一九六〇年代初，當我在史丹福讀醫學時，這二者已經距離遙遠，老師甚至說它們之間沒有任何關係。

本章剛開始時對黎佛斯的描述，反映了本書所架構的議題：經驗、經驗的道德模式，以及這些模式的改變與意義會帶領我們到何處。黎佛斯是道德經驗與其變化的典範，可以引導我們進一步探索他的生命與研究。

黎佛斯透過心理症狀與人類價值的關係，實踐眞實道德，這是他在心理治療的寫作上一再強調的（他必須一再大聲疾呼，因爲當時佛洛伊德學派在菁英階層中蔚爲潮流）：性只是內在衝突造成精神官能症的根源之一，而且不一定是最基本的根源。對黎佛斯而言還有更基本的根源，就是當生命受到威脅時，爲了生存所做出的的直覺反應，這也是他在大戰中無法不面對、在臨床上屢見不鮮的情況。黎佛斯相信，他治療的軍官患有精神官能症狀，是因爲內在情緒的衝突，大部分是潛意識的，來自自我生存與軍隊價值的衝突，他們需要勇敢地固守戰壕，不能逃走，也無法戰鬥，只能被動地在砲火下求生，砲火可隨意取走士兵生命，他們卻無法擁有一點點的控制——這眞是恐怖的現實。以此看來，他的軍官病人在道德世界上的衝突——家族、學校與必須忍受的軍事作戰情況，正是他們罹病的根源。他們的疾病都源自於道德上的失調。

黎佛斯對自己的內在描述不多，卻讓心理動力學（psychodynamics）邁入不同的方向，從性轉向道德，黎佛斯在他的書《衝突與夢》（*Conflict and Dream*）之中分析薩松「和平主義者之夢」時，談到了他與薩松的關係，薩松在書中被稱爲B，B建議黎佛斯閱讀巴布斯（Henri Barbusse, 1873-1935）的書《炮火》（*Le Feu*），這本書開啓了他的反戰思維。

> 在分析（B病人）時，我清楚記得當我閱讀《英文評論》（*English Review*）雜誌，曾想到這種情況可能發生：我試圖將病人的『錯誤和平主義』轉變為符合傳統的態度，結果卻是我自己變成病人的觀點了。整個大戰時我都相當支持作戰，直到德國投降為止……雖然我表現出來的是支持戰鬥到底，也毫無疑問

地因為自私的動機希望戰爭盡快結束，才可以回去進行被戰爭中斷的研究，但我很清楚，如果只在乎自己的立即利益，我會希望戰爭立刻結束，不管未來的後果是什麼，因此我心中顯然有衝突，一方面是關於自己利益的『和平主義』；另一方面是部分根據合理動機，部分跟隨著大眾觀點，希望能戰鬥到底。《英文評論》中的文章可能加強了衝突中的自我利益方面，提供合理的支持：由於德國經濟即將崩毀，和談成為可能；與B病人的談話一定也激化了我內在的衝突，不過很難說是哪一方面被加強了。

黎佛斯的結論是：

只要我還是皇家陸軍醫療團（Royal Army Media Corps）的軍官，我與B病人關於他對戰爭態度的討論，便會受到我的成見影響，我不再保有討論此議題的自由立場，畢竟我的態度可能受到自身官方立場所左右。身為一個研究科學的學生，唯一的目標應該是追求真相，我實在不願意去懷疑我所表達的意見可能會被自己的立場需求所影響，我充分覺察到與B的關係有一絲緊張。基於這一點，只要我穿著制服，我就不是自由之身，即使戰時無人是自由之身，但我的官方立場顯然影響了我與B對談中所表達觀點的真誠度。

治療就像田野調查，需要進入病人的個人世界中，讓他回到那個恐怖世界的回憶，再次體驗面對戰爭的經歷。黎佛斯以道德經驗來影響他的病人，讓他們面對眞正的風險——生存，以及害怕自己會在前線的終極男性考驗中蒙羞。黎佛斯讓他們走向自我解放的意識，認出社會給予他們的戰爭立場有多麼薄弱，即使無法防止他們受到傷害，但他的人種誌說明方式至少讓他們能夠看到風險所在，並明白爲何如此衝突。黎佛斯稱呼他的心理治療：「自識能力」（autognosis，即self-knowledge），我覺得這個名詞很適當，雖然從深層心理學的觀點看來顯得諷刺。從他自己故事裡的衝突經驗，可以看出黎佛斯在認知上的轉變：自識能力不僅與心理狀態有關，同時還必須包括社會與政治立場。其實早在傅科（Foucault, 1926-1984）與後現代主義之前，黎佛斯便已經明白到權力與知識是不可分的。想要從道德的角度去理解情緒，需要一種能夠強調表面的心理治療，以保護病人不致迷失在自我深處，遮蔽了與道德和政治間的聯繫。

我相信之所以有那麼多黎佛斯的朋友爲他始終堅持的科學方法所吸引，是因爲他深深觸及了他人的道德經驗；尤其是他在重要時刻展現的非凡判斷力，並且透過他所堅信的某種相互自識力量去影響他人。換言之，黎佛斯的治療力量與他的人際影響力，來自於他在田野、病房、甚至在老年院的人種誌研究，剛開始是一種專制與片面的研究（他早年與托瑞斯海峽探測隊的研究），但是後來變成對於世界、自我眞實性，以及實際生活承諾的共同探索。

黎佛斯在《衝突與夢》書中分析自己的夢，觀察到「對於改變與新奇的渴望，是我的心智構成中最強的元素之一」。從他的生命歷程可以看到這些特性：在他回應劍橋的召喚，參加托瑞斯海峽探勘隊，從實驗心理學家變成人類學家；然後在戰時躍回臨床醫學；後來又從傳統的愛國主義者轉變為異議人士。黎佛斯經歷了自己的蛻變，並且相信這些蛻變對自己及對其他人生命的重要性，但他同時也瞭解，如果要使這種蛻變具有改變他人觀點的潛力，必定要源自個人對於環境、以及如何在環境中自處（或被影響）的認識。這個認識不是一般的知識，而是來自道德經驗中的特定張力與衝突。

黎佛斯相信，道德與現行醫療層面之間的關係，無法完整詮釋每個單一個體的情況，心理治療的主流看法忽略了還有更大的社會力量（包含政治、經濟、社會階級、文化）有力地約束著病人與治療師的世界。事實上，日常生活中的道德、醫療與政治層面的相互關係，才是疾病產生的眞正原因，也才是治療轉型能否成功的重要因素。如果從更宏觀的角度去看這一連串的因果關係和變化，便可以發現我們所要做的不只是提升個人轉變的可能性而已，也要讓社會的蛻變成爲可能，才能成爲防範、修正與重建世界的來源，這就是黎佛斯最後所嘗試、但未完成的可能性：賦予自己一個新的「政治人物」的身分。身爲醫療人類學與社會醫學領域備受尊崇的大師之一，他的作爲即使未造成直接的影響，卻成爲一股永遠存在的挑戰力量。如同我在稍早的章節中，嘗試對於故事主角的世界經驗所做的詮釋一樣，建構一個聯繫主體性和社會經驗的架構，無論在理論或實務上都是相當重要的。

持續挑戰既有的道德準則

在心理治療上有一種道德實踐的政治運作。對於在伊拉克、阿富汗、哥倫比亞或剛果等地區的政治暴力受害者的處遇方式，如果只是將他們診斷爲創傷後壓力症候群患者，治療他們記憶上的病理情況，卻未能處理其所承受的政治暴力與創傷，也無法回答在這些危險情況下該如何實踐眞實道德，這樣是不夠的，只會將政治暴力的創傷視爲個人的情感與回憶問題，在介入治療的過程中忽略其緣由和因果關係。基於這一點，黎佛斯沒有誤認在心理治療或政治上的議題，人最終要重建一個世界，而在此之前必須重建自己成爲道德和政治上的媒介。

黎佛斯在戰前與戰時所強調的是清楚的道德樣板教條，由他的朋友、同事與學生所共享，這些人大多處於權勢階級。文化上對於人的行爲規範，以及年輕人如何經過社會化成爲成年人，所採取的主題如：勇氣、忠誠、忍耐、堅定、男子氣概、正直行善、擔負責任等等道德字眼，不僅反映了時代的文化，也建立了社會價值，用以引導情感、自我感以及我所謂的道德經驗。這種道德式的世界，讓黎佛斯能對其他人展現強大的個人影響力，他成爲這種語言的大師，得以發展其事業，如我們所見，他在當代獲得極大的成功，得到社會殊榮與極高的學術地位；但黎佛斯開始明白他的時代標準是有危險性，而且非常危險，與同儕們不同的是，黎佛斯開始瞭解每一個士兵、工人，與他們的領導者所秉持的價值及其情緒反應，都被用來當成戰爭的燃料了，透過愛國主義的政治操弄，創造出前所未見的災難；他也開始瞭解英國帝國主義、種族主義，以及由危險道德價值發展出來的階級社會生活所具有的毀滅性。因此，他的結論是：人類（他指的是父權與權威式的人類世界）必須被重建，以移除權力與毀滅之間那座易燃的道德橋樑。這個世界需要不同的生活模式，才能挑戰既有的道德文化，以免爲時太晚。

黎佛斯開始反對當初造就了他影響力的文化價值，他努力協助薩松與其他軍官重建生活，走向新的、更有能力的方向，並不是告訴他們應該怎麼做，這種威權模式已被他視爲造成社會問題的根源，而是透過一種新的人種誌心理治療形式，鼓勵他們去面對造就他們、並讓他們陷於如此困境的文化、政治與道德力量。

反英雄，新典範

黎佛斯是歐洲歷史學家與社會評論家東尼・裘德（Tony Judt, 1948-）所謂的「道德責任重擔」的最好象徵，裘德描寫這種重擔如何將里昂・布魯（Leon Blum, 1872-1950）、卡謬（Albert Camus, 1913-1960）與雷蒙・阿倫（Raymond Aron, 1905-1983）這些法國政治知識份子的生活、行動和他們的時代連接在一起；黎佛斯是另一個例子，道德責任的重擔如何能夠讓一個人的改變，影響其他人的生活，也爲世界的重要課題帶來深遠的影響。

比較文學家維克多・布倫伯（Victor Brombert, 1923-）以福樓拜（Flaubert, 1821-1880）所說的「沒有怪物也沒有英雄」，來強調某種負面的英雄或反英雄，說他們是當前世事的「入侵者與騷擾者」，布倫伯在《讚美反英雄》（*In Praise of Antiheroes*）書中寫道：「負面英雄也許要比傳統英雄更能挑戰我們的假設，質疑我們看事情，或看自己的方式。」

猶太浩劫生還者，也是作家的普利摩・李維（Primo Levi, 1919-1987）被布倫伯視爲典範，主要是因爲李維的作品挑戰了善與惡之間的尖銳對立，描寫了善惡之間的灰色生命地帶，平凡男女在此做出可怕的事情，對李維而言，灰色地帶是一個局部的文化世界，日常生活的正常標準與道德也會製造出恐怖與淒涼的人世。我以這種反英雄的觀念，描述了稍早章節中的幾位主人翁。

黎佛斯也可能會被布倫伯當成另一種負面英雄或反英雄——黎佛斯在他的政治生涯尚未開始之前便過世了；他的研究在當時雖然頗具影響力，但長遠下來並沒有改變人類學或醫學的發展，甚至大部分已遭遺忘；他入侵與騷擾了當時的道德勢力，不是以革命份子的姿態，而是來自既有權力結構的核心；他從造就了他與他事業的文化價值中脫身而出。黎佛斯的生活說明了：我們必須先覺察到既有的正常道德標準可能具有危險，然後，打造一個更具包容性的生活空間，讓所有人都能夠建造他們自己的道德事業，能夠從中選擇建立不同的道德規範及正常生活；如此，我們才能夠以更賦予個人主體性的方式，將情感與價值觀結合在一起。我們可以說這種轉變是從投入他人身上開始，漸漸地轉移到內在自我最重要的部分。

【結語】

我們面對的生存處境

說故事非常有魅力。糾纏我們記憶的不僅是影像與文字，而是在影像與文字背後的實際經驗世界。我稱之爲溫斯洛普・科恩的這個自我騷擾的男人，被他在二次大戰的從軍經驗所糾纏，四十年來他無法改變這個破壞性的回憶，從一個祕密的慘劇變成公開的懺悔與哀悼，他述說自己是如何謀殺了一位手無寸鐵的日本軍醫，當對方只是專注地照料受傷的士兵，這段可怕的證詞也糾纏著我。後來他懲罰自己在夢中與幻想中一再回到這段可怕的經歷，當我們進行治療時，有時我眞的感覺那位死去醫生的幽靈也在辦公室裡，成爲沈默的目擊者，被回憶成一張臉、手臂舉起，以及被子彈打穿的身軀倒下來，溫斯洛普・科恩將這一幕拆解然後又組回，如此他也將自己拆解了，然後回憶自己是誰，拒絕任何面具，將這樁謀殺當成根源，以及沒有時間性的當下，敘述、再敘述，這件事是無法忘卻或熬過去的。溫斯洛普・科恩每天都重活一遍他的過去，載滿驚訝、悲傷與恐懼。

溫斯洛普・科恩堅持我不能以詮釋的方式，來消解這駭人的回憶，不能爲他戴上面具，或爲他的作爲找理由，我也必須進入其中，與他一起重新活過這段經驗，不是當成遙遠的病理分析，而是逼近地體驗其道德的煎熬。我花了數十年才讓自己擺脫專業解釋的自我保護，眞正聆聽他的聲音。這也是生活，他不斷地如此要求，不要說它是無法解釋、但技術上可解決，而是如實地看待它，爲我們自己的作爲感到羞愧。溫斯洛普・科恩對於絕對誠實的要求、對這件慘劇的畢生忠誠，以及不願保護自己和我擺脫道德的糾纏，這些正是我所謂的「渴望失敗」。如伊蒂與比爾・伯特因事業的失敗，而渴望更好的人類存在方式；莎莉・威廉斯將自己吸毒與愛滋病的經驗，轉變成群衆運動的動力，來爲這個世界做些好事；溫斯洛普透過沮喪所進行的懺悔，不僅是對自己的鞭打懲罰，他承認人性中潛藏的某種東西，並提出抗議，溫斯洛普是爲了我們兩個——其實是爲了所有人——而感到懺悔與羞愧，因爲在戰爭中，我們改變了自己的性格與作爲，甚或是命令他人做出令人不堪的事。

就像傑梅森牧師的情況，溫斯洛普・科恩也堅持存在著一個分裂的世界，與一個分裂的自我。對他而言，實際的道德經驗（我們能夠做到的事）與理想的倫理反思（我們經過社會化後，期望自己去做或不去做的事）是兩個不同的世界，被一條無法跨越的鴻溝所分隔，其中一邊是可以讓人知道的部分，另一邊則絕口不對任何人提及。在前者，也就是倫理考量的範圍之內，如果我們身處在不公義的世界裡，我們會提出伸張正義的訴求；而後者，對日常道德經驗的層面而言，爲了應付實際生活的大小瑣事，我們會去做必須做的事情，甚至最終會做出不符合公義的行爲。危險、恐懼與權力，都是實際道德經驗的特徵，它們在倫理的世界中扮演十分重要的角色，卻不常爲人察覺和重視。

對溫斯洛普．科恩而言，自我也是分裂的，在他的雙重模式中，一個批判的、反思的意識，與一個熱情的、實際的意識相互競爭。反思的自我，爲我們的行動提供合理的解釋；但是這些行動——亦即我們在生活中的實際作爲——除了理性的選擇之外，也來自熱情與意願。思維周詳的解釋時常只是藉口，多在造成事實之後才揑造出來，而我們所做的其實是內在的爆發，例如無可控制的怒火。充滿熱情的實際自我，被困在（我所謂的）我們的個人道德世界中，也就是威廉．詹姆士所謂的眞實現實中；反思的自我則被困在倫理的思維與渴望之中。

道德曠野中的轉化潛力

道德經驗的實際世界與實際自我運作，對溫斯洛普．科恩來說，都充滿了痛苦、憤怒、不確定與失望，當然他會承認，其中也有活力、野心與奮鬥。倫理世界與反思自我，對他而言，是樂觀、希望與確定的舒適島嶼。看著這個世界，感到絕望，是對溫斯洛普・科恩的訓誡，那是世界的狀態，是我們的狀態。在他不帶慰藉的批判中，我們幾乎可以聽到舊約聖經中的先知在呼籲，要對抗過於輕易接納邪惡的現實，以及虛僞地擁戴自我正義的理念（我們知道那理念並不是眞的要對抗邪惡）。

我發現這種分歧的看法，似乎符合我在個案中談到的實際道德經驗與想像的倫理期望，這種情況非常令人困擾，雖然本來就是如此，但是也會造成誤導。因爲在分裂的世界與分裂的自我中，還有空間可以進行自省的批判、負責的行動與道德的轉化，伊蒂、嚴醫生、莎莉・威廉斯與黎佛斯的故事，都爲我們示範了眞實世界、實際自我與倫理空間之間的橋樑。倫理想像力與責任在道德經驗的亂流中能夠穩住，也必須穩定下來，就算是在最荒蕪孤絕的道德曠野中，也有批判、抗議與實際改變的努力空間；不過，儘管有這種二元性，溫斯洛普・科恩不留情的看法，是對付國家溫情主義與商業廣告那些輕鬆謊言的解藥，這些虛假與謊言希望我們相信文化中存在著非黑即白的絕對分界：好人與壞人，英雄與怪物。分裂世界與自我的能力可以讓生活變得比較能忍受，因爲我們可以魚與熊掌兼得：我們認出了生活中道德與政治的危險，並宣稱已遠離它們，處於自己的理想空間，如此一來就不需要道德責任或倫理反思，去對抗我們的限制、失敗、過度反應，以及其他在日常道德經驗中可能遭遇的實際危險。然而上述這種方式，其實是對於經驗中最困難部分的一種錯誤認知。

那些對我們來說眞正重要的事物，總是同時帶來最正面和最負面的影響。溫斯洛普・科恩改變了自己，也改變了我，他的抗議具有改變他人、甚至他自己世界的潛能，雖然也許有限，這個世界並沒有改變得太多，這可從第二次美伊戰爭中，發生在阿布格拉比監獄的虐囚事件中看得出來；這個世界仍然有改變的可能，則可從大衆的抗議、政治上的譴責，與法律上對最新虐囚事件的回應看得出來。學習去重視反英雄主義者未能達成的遠大抱負，並且看到他們重建道德想像力與責任的潛力，讓我們能夠將最重要的事情中所面臨到的最大危險，轉變爲對個人和整個世界都更美好的事物。

在嚴仲叔身上，我看到當復仇心仍然熾烈而危險時，竟能夠不可思議地經過轉化，創造出完全不同甚且更好的道德現實，這會讓我們對經驗有什麼樣的瞭解？對於嚴醫生而言，當時那並不是勝利（現在也不是），事實上，最後他離開了醫院，也離開中國，算是一連串的失敗；但是在那個失望、背叛與失落的故事中，還是有某種東西，它無法只是被定義爲失敗，其中還有自我批判、對個人道德世界與其危險的抗議，以及轉化的潛能。以此看來，失敗不盡然是負面的，失敗甚至可以具有創造性。

當然嚴仲叔的自我描述是爲了讓我印象深刻，後來也果眞如此，對一位置身安全環境、研究中國、同時也表示支持知識份子對政治暴力表達道德抗議的美國學者表達意見，嚴醫生很淸楚要如何敘述故事好讓我感到欽佩。假設中國人在建立人際關係時，會採取高道德姿態作爲談話的策略，那麼嚴醫生的確是把我拉進他的人際關係中了。我不確定他的經驗是否還反映了其他的價值，其中也許有他不願意公開表達的部分，但是他宣稱自己是受害者、也是共謀者，他談到那些爲了求生存而必須做的事，讓他深深感到後悔。令我印象最深刻的是，他說在生命過程中逐漸瞭解一個不愉快的事實：他的家族長久以來都屈從於權勢，反抗這種家族的傳統，曾經是激勵他留在中國工作的原因，卻也因而使他明白家人的作爲不僅僅是一傳統規範，或許也是在亂世裡唯一能夠生存下去的方式。在看不見希望的生活之中，不可能會有英雄、成功與獨善其身的神話存在。而在如此受到政治壓迫的環境下，改變可能是迫於需要，是罕見又受限的，而且不是爲了變得更好。

錯置時代的美德經驗

在傑梅森牧師的情況，轉變的可能性從個人世界轉移到自我，而且是以很美國的方式，從自我到上帝。在這裡，肉體成爲欺騙掙扎的舞台，情緒與性靈把羞愧轉化爲救贖，將痛苦轉化爲「好事，非常好的事」。二○○二年諾貝爾文學獎得主因惹・卡爾特斯（Imre Kertész，1929-），匈牙利猶太人，浩劫倖存者，在《給未出世孩子的安息禱告》（*Kaddish for an Unborn Child*）一書中，他寫道：「在痛苦的過程中，我活出了某種真理。」傑梅森牧師體驗到的眞理，也許與他渴望能自我控制有關，於是也打開了宗敎皈依與希望的奇特可能。

然而，他克服性衝動的勝利是短暫的，這種警訊般的勝利是每天都必須重新贏得的；另一種看法是，這種儀式化的遺忘與將性慾昇華爲可忍受的痛苦，就是需要克服的某種絕望。傑梅森牧師有一次告訴我，讓他如此信服的是，每一次他都不確定昇華是否會發生。

例如，在康拉德（Joseph Conrad, 1857-1924）的作品《勝利》（*Victory*）與《吉姆爺》（*Lord Jim*）中，主人翁都會先面對一種生命危機，需要採取有效的行動，但是卻失敗了，無法克服這種存在性的挑戰。後來經歷一段因失敗而受限的生活後，英雄再度面臨危機，需要決斷行動，面對著再次失敗的恐懼，最後，他終於成功地讓自己與世界都被改變了。這種英雄行動，我本來覺得可以用來解釋某些人何以能夠成功地面對重病經驗，安然置身於可預期的殘障處境，他們似乎奇蹟地達到了當時我所謂的超正常（super-normality）狀態，但是，現在我要挑戰這個稍早所做成的結論——我質疑這種英雄形象的安排。

反英雄的詮釋似乎比較符合傑梅森的境遇，對於傑梅森牧師是「好事，非常好的事」，對於絕大多數的慢性疼痛病患卻是不必要的受苦。無所不在的止痛藥廣告告訴我們：不需要忍受任何不適，除了在運動時會提到「沒痛苦就沒進步」（no pain, no gain）是唯一例外，我們的社會已把痛苦當成一件徹底的壞事。

但在較早的歷史年代或不同的跨文化情境中，對於痛苦的認知與反應卻不是如此，在基督年代的第一世紀，歐洲世界就已深入而堅實地爲痛苦與受苦的文化價值重新定位，痛苦經驗在宗教上受到重視，甚至吸引個人去追尋。痛苦與受苦創造了一種與神聖溝通的新特殊管道，以達成救贖。

傑梅森牧師雖然瞭解自己的困境，但是仍然無法防止強烈的性慾來襲，他的瞭解是屬於心理的，而不是過去基督聖徒那種對痛苦與受苦的祈禱式反思，儘管如此，他堅持相信自己痛苦的救贖特質，在過去的聖徒年代會受到相當程度的文化支持。由此看來，傑梅森牧師生錯了時代，他的道德經驗與所處時代是不合的，也讓人不禁想問宗教以及痛苦對美國社會的意義，如果傑梅森牧師將自己的痛苦視為上帝的懲罰，他仍然生錯了時代，因為在二十一世紀的美國，痛苦不應該是神聖與救贖，而是世俗與醫療的。

道德重整，打破惡性循環

莎莉・威廉斯的故事是關於重病的轉化潛能，對許多人而言，這種轉化並不會帶來好的結果，病人耗盡心力，時常落入恐懼、孤單與絕望之中，但是對莎莉・威廉斯以及我所認識的其他不算少數的人來說，慢性疾病可以帶來希望及創意行動，重建自我與人際關係。新的莎莉・威廉斯從愛滋病與毒癮的可怕經驗中重生，也改變了她的家庭關係、友誼、藝術生涯，以及她與公眾世界的關係。莎莉從為自己到一心為他人服務的轉變，並沒有帶來如溫情電影般的快樂結局，她的故事更符合我們不確定與無法主宰的人類處境，一如法蘭西・康佛特（Frances Cornford, 1886-1960）詩句中所描寫的「漫長的渺小」（the long littleness），個人的生命終究會默默無名地淹沒在龐大的社會之中。莎莉・威廉斯的故事有一種沈靜而永遠無法完成的高貴失敗。

莎莉的繪畫也是，她面對了藝術家與作家都必須克服的恐懼——試圖以美感的方式來表達真實，但是從未成功過。奧登在他的詩作〈棲息地的感恩〉（Thanksgiving for a

Habitat）中表達了這種冰冷的恐懼：

上帝可能在審判日
將你貶為
羞慚的淚水
在心中默唸
你可能寫出的
詩，如果
你的生命是善

黎佛斯則將我們從藝術的領域帶回到道德的危險，身處一個殖民地主義、種族主義與國家侵略主義盛行的時代，黎佛斯在事業上達到許多方面的成就，他對於學生、同事與病人的有力影響，要歸功於一個道德至上與道德化的年代，以及他身體力行的美德。

黎佛斯在民族誌學的研究與擔任軍方精神科醫生的經驗，讓他先是開始質疑這種道德取向，後來將之批評爲一種破壞性的力量，確定這就是導致世界大戰的深沈文化，以及人們心理恐懼的根源。他的民族誌方式是深入參與研究對象的世界;他在心理治療上的策略,能協助病人達到一種批判性的覺察,讓他們重新喚起自己的道德想像力與責任;他在政治上呼籲社會改革,是為了要消除道德危險,以更合乎人性的方式來重建道德經驗。

在我看來,黎佛斯所做的努力是,消解他所屬時代的道德價值,拆除在文化常態與內在情感常態中遭受嚴重威脅的部分。黎佛斯瞭解社會的常態可以顯現在身體上,文化價值能引導我們的儀態、姿勢,甚至情感以及對自己的認知,傾向採取團體視為好與認同的方向,如此我們才能成為正常與道德的人,也就是符合該特定團體與社會的正常與道德。依黎佛斯的看法,如果對團體與社會來說最重要的事是具危險性的,這種正常化與道德化的過程,就會創造出真正危險的個人行為模式,因此英國陸軍軍官在法國與比利時的戰壕中,體驗到將創痛正常化為勇氣(以及相對的,將恐懼與失落病理化成懦弱),他們如果不參與無謂的殺戮,只能走上崩潰一途,不論如何,正常化都帶來傷害與殺戮。

時刻覺察我們的道德力

黎佛斯的結論是:標準與正常都必須重新界定,道德必須重整,心理治療與政治行

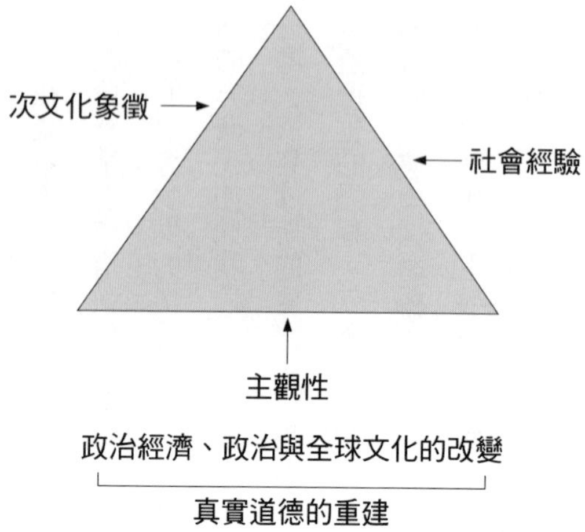

動可以重新建立世界與人們的道德，將最危險的轉化爲增進和平與幸福的基礎；道德重建可以打破危險的惡性循環，防止道德經驗被誤用或濫用。黎佛斯沒有機會實現政治上的行動計畫，也活得不夠久，看不到他的心理治療方式所帶來的長期影響，所以我的詮釋似乎已超越了實際的證據。對黎佛斯而言，道德的批判、想像與責任，是社會改革與自我重建的基礎，兩者缺一不可。

本書所關注的是，來自於政治活動與政治經濟上大規模動盪的歷史力量，是如何改變了我們的眞實道德。這種轉變是來自於三種不同事物的交互作用：文化意義、社會經驗與主觀性（內在情感與自我感），如上圖所示。

政治經濟與政治力量的大規模轉變，如目前正在進行中的高度全球化世界，改變了我們原本視為理所當然的文化意義，以及社會化的集體經驗，隨之而來的是個人自我的改變，於是我們的信仰、共同的行為方式、對於自我的認知等，也都因此變得不同。除此之外，上述的改變還會進一步影響我們如何看待自己與他人，於是痛苦、幸福、以及回應人性問題的道德實踐等，也都不斷地隨著各地環境的變化而改變；而身處其中的我們，也因此有了不同以往的嶄新面貌。我以這種新架構，來為我們在這個時代的生活找出意義，如果真的關心國家安全，現在應該關切我們與所屬世界的演變；關切我們（與其他人）的道德經驗與倫理遠景的品質。

同時，我們也必須覺察到另一種全球化的轉變，例如網路與電視上大量流通的資訊（包括理念與價值），讓人對人類處境更有批判的能力，能夠抗拒帶有威脅性的改變，鼓勵人們想像新的、不同的道德現實。我們當前時代的這種雙面道德價值，一面是悲觀的，另一面是樂觀的，兩者都有助於瞭解這個世界將帶我們到何處，以及我們會帶領世界走向何方。

在伊蒂英年早逝的幾年之後，她沈靜有效、但知名度不高的事業，有了讓人困惑又警醒的後續發展。我在參加一場會議時認識了兩個人，一位是歐洲人類學家，一位是美國人道援助專家，他們都曾在伊蒂服務過的國家工作，而他們都不記得她，那位歐洲人類學家可能沒見過她；美國專家一開始把她錯認成另一位女性，當我更正他的錯誤印象後，他聳聳肩，若有所思地說有太多像伊蒂這樣值得被記住的人，他們對團體貢獻良多，個體性雖然鮮明而不容忽視，但最後還是會消失在人海之中，有太多人道援助計畫開始、結束，然後又重新開始，他繼續以一種冷漠的哲學態度說，加入這一行的所有個體都必須不停地自問，自己的參與是否眞的重要？如果沒有參與，是否會有任何差別？參與的這個計畫到底對自己的生活會有什麼影響？

我記得離開他時的感受是震驚、失望又無奈，當時我就決定不再拖延，要馬上寫下伊蒂的故事，但就在著手寫作的同時，我發現自己的回憶也發生了蛻變：伊蒂從一個英雄類型變成了反英雄。我逐漸明白，伊蒂被人錯認、遺忘或毫無所悉是很正常的，畢竟，伊蒂不是電影明星，沒有那種名氣與戲劇性魅力。她只是一個平凡人，我很遺憾地必須接受她會被人遺忘的現實，她沒有得到名或利，她在相識的人際圈裡雖然活躍而熱情，但這個圈子並不大。在她離開非洲後，新一代的外國專家在變遷的環境中開始了新計畫，有不同的案主與夥伴，他們都不曾寫過或讀過她的工作歷史；然而，儘管有這些限制，對我而言，伊蒂仍然象徵了人類美好的眞誠。

說了這麼多，我明白自己已經超過身為道德經驗的旁觀者與記錄者的界線，就如同我為莎莉・威廉斯喝采，讚美她透過受苦從「佔有者」變成了「給予者」，我從描述變成了評論，從道德變成了倫理，這可能是無法避免的。而對於我們應該如何生活，這些故事究竟告訴了我們什麼？

首先，我們必須確認對自己而言最重要的是什麼，不妨試著從家庭、自我與生命情境之中，找尋自己的位置，然後思考它是如何與目前所投入的使命產生連結。因此可以瞭解，伊蒂不是不知道她父母對於進步政治（progressive politics）、解放神學以及有關賠償歸還文獻（works of reparation and restitution）的熱衷，是由於她的祖父與納粹同流合污，以及她母親那一邊大布爾喬亞式家族的自私貪婪與自傲，她也看得出來自己的事業與生活都受到了和父母相同的影響。莎莉・威廉斯明白自己不再保持沈默、要為愛滋病與毒癮問題大聲疾呼，是受到早年經驗的激勵，那是一個祕密，無法說出來的家庭暴力、酗酒與沮喪的世界。在比爾・伯特、辛查・艾德勒以及後來的導師們身上，我明白了父親的缺席，以及我在自我建立過程中迫切追尋的父親形象，令我如此渴望成為他人導師與治療者，同時也瞭解為何我在最初時會追尋道德上的英雄。

用黎佛斯的字眼來說，「自識能力」的過程，讓我們更能夠自我覺察到塑造自己的力量，以及推動我們所前往的方向，讓我們看到許許多多的衝突、矛盾、無意義的瑣事，以及一件又一件令人困惑、失誤的決定，再加上內在出現無數抗拒自我領悟的力量，在在都阻止我們更進一步、更批判地檢視自我生存的深層結構。或許在這個世界上不可能有人做到這點：在行爲的當下，還能夠完全覺察到週遭的危險及因應能力的限制，並且接受生命的終結除了痛苦與死亡之外，我們的生活與工作，也只不過是微不足道、不適當與容易被遺忘的事情而已。這也說明了道德經驗爲何如此高難度，以及人性化到足以令人沮喪的原因。

最後，我們需要問很少人願意直接面對的問題：究竟什麼才是眞正重要的事？在本書中，我想要說明的是，面對我們生存的處境，便是眞正重要的事。在衆多的文化意義、社會經驗與主觀性之下，有一種人類共同面對的狀況，其核心是喪失、威脅與不確定的生命經驗，這是眞實道德的主要戰場。但是精神科醫生與人類學家的工作讓我相信，對每個人而言，重要的事物都不一樣，如書中各章節故事所顯示的，個體間的差別很驚人。雖然在我們的世界與生活的實際情況中找出什麼才是眞正事關緊要的事物，似乎是很麻煩而且難以確定的，但我相信在塑造一個生活時，這確實是一個眞實而有效的方法。

懷抱熱情，勇敢前行

在亨利・詹姆斯（Henry James, 1843-1916）的短篇小說〈中間歲月〉（The Middle Years）中，主角是面臨死亡的作家，由一位年輕醫生照料著，這位醫生心中懷著成為作家的祕密願望。作家想要以治療者與藝術家的身份為醫生指點迷津，透露關於生命與世界的唯一眞理：「我們都是在黑暗中摸索——盡自己所能，付出所有。我們的懷疑就是我們的熱情，而熱情是我們的任務。」我想這句話的意思是：我們對懷疑都有著熱情的焦慮，因為懷疑可能會破壞自我控制、瓦解能力，並且以本書的看法：懷疑能錯置並扭曲最有可能運作、但在他人看來卻非常危險的道德經驗。懷疑本身——一種不確定的感覺與提出質疑的需求，也是我們必須熱情擁抱的，因為我們必須質詢自己的眞實道德。熱情是我們的任務，因為沒有熱情的能力與參與，將永遠無法達到伊蒂所做出的那種承諾，或像嚴醫生將復仇轉化為療癒，或表達出任何我們最深沈的自我身份與自我認知，來對抗傳統，並拒絕隨波逐流。

當我們為了掌握人性經驗而掙扎奮鬥時，熱情是不可或缺的要素，否則的話，我們便會屈服於安逸的自我幻覺，只是滿足於社會生活的機械化需求，最終失去了道德的理想。對事物抱持著懷疑的熱情，是眞實道德的必要條件，因爲我們需要賦予道德經驗一種倫理上的願景。當懷疑是我們的熱情，而熱情是我們的任務時，就能夠驅動倫理的質疑與行動。換句話說，當熱情意味著必須忍受痛苦，亨利・詹姆斯那具有洞察力的文字，便與我們的責任產生共鳴，要我們認眞接受人類處境的限制，同樣重要的是，要瞭解熱情也來自於歡樂、諷刺與幽默，這些也是度過人生的重要特質。

那麼，要如何生活？該做什麼？這些龐大的問題是倫理、宗教與政治理論的基礎，我不準備回答這些問題，或是開出任何特定處方，連我自己也是在苟延殘喘，我敢說沒有人有這樣的處方。但是，經過一輩子與其他人處於混亂的道德經驗，讓我知道主觀與客觀、絕對與相對、對與錯，如此單純的區分是沒有幫助的，甚至可能讓我們陷入更擾人的麻煩中；然而，光是採取複雜、不確定與無法做決定的立場也是不夠的，因爲那些煩擾的問題並不會自動消失，不過是被我們自己的弱點，以及只要生活舒適、受到保護、永遠有乾淨的浴室與空調系統可用，就願意放棄堅持的自私心態所掩飾，這種方式會讓熱情與目標變得空洞，成爲犬儒主義與虛無主義，最後使我們無法行動，否定了改變自己與世界的能力。

即使自認缺乏能力足以勝任，我們依然保持對他人的承諾，努力想爲這個封閉的世界做一些善事，對於促進自我與他人的發展保有熱情；認眞採取批判性的自我反思，目標是重建道德價值、或是拒絕配合危險的道德價值；在失敗中重新鼓起希望，尋找勇氣與耐力，甚至當體驗到勝利的空虛時，也不要完全喪失信心……這些儘管聽來陳腔濫調，仍然是眞實、有用的，特別是在一個商業宣傳與政治浮誇無所不在的時代，眞實與有用仍然是有價值的。就如同仁慈與正直，就像列維納斯堅持著倫理應該先於認知，對他人的承認與肯定要先於質疑，準備接受隨時可能發生、預料之外的轉變，只要能夠抓住機會，並適當引導，這種轉變便能夠重新帶來活力。我們必須正視道德經驗的本質：以我們所擁有、以及未來能擁有的一切，來定義身爲人類的我們，使我們自己與世界眞實。

「一位醫學院學生的頭像」，我一直對畢卡索的這幅畫深深著迷。這幅畫中的臉孔是一張非洲面具，一隻眼睛睁著，另一隻閉著。醫學院的學生學會對病人與世界的痛苦與受苦睁開一隻眼睛，但也會閉上另一隻眼睛，以保護自己不因痛苦與受苦變得脆弱；保護他們的信念，相信他們能做好事，使世界變得更好，也保護他們的自我利益，例如事業發展與經濟收入等。我要把這幅畫的尖銳意涵用來說明我們如何過活，我們的一隻眼睛睁開，以面對世界的危險，與人類處境的不確定性；另一隻眼睛閉上，這樣我們才不會看見或感覺到這些事物，才能平常過日子。不過，也許閉上一隻眼睛，我們才能看

畢卡索，一位醫學院學生的頭像（為「亞維農姑娘」習作）
（1907, Conger Goodyear Fund, Museum of Modern Art, USA. Digital Image © The Museum of Modern Art/Licensed by SCALA/Art Resource, NY）

見、感覺與做出有價值的事情來；也許那睜開的一隻眼睛是去看我們的可能性與希望，另一隻眼睛緊閉，是害怕前方的風暴與懸崖；或者，也許就像所有的人性，其中的意涵是完全不一樣的，對於畢卡索而言可能有另外的重要意義，因爲當我在看其他也是將人臉描繪成非洲面具的畢卡索畫作時，其中一隻眼睛似乎也總是閉著——這究竟是一種故弄玄虛的風格，還是對於存在的不安洞見？

致謝

本書花了多年，太多年了，才寫成。我一開始詳細地寫了幾個歷史與哲學章節，想要架構出本書的生命故事，不過後來我認爲，對於我想要寫、也必須寫的這本書而言，這些章節太過學術了，所以又將它們都抽出來，儘管如此，我還是擔心它們會對於我忠實的好友與長期助理瓊安・吉斯比（Joan Gillespie）在世的最後時光造成負擔……我感到很遺憾，能夠與她一起共事的可貴經驗，將令我永遠深深感恩。

由我目前的助理瑪麗安・古瑞奇（Marilyn Goodrich）接手工作，將整個手稿打字輸入電腦，也包括了多次的修訂與編輯，我衷心感激她優異的工作表現與溫暖可親的個性。我也要感謝幾位研究助理：恩瑞・費茲—亨利（Erin Fitz-Henry）、傑西・蓋瑞曼（Jesse Grayman），特別是彼得・班森（Pete Benson），還有克里斯・保羅（Cris Paul）的協助。

關於黎佛斯這一章，特別要歸功於我住在英國劍橋大學三一學院大師宿舍的那段時間，對於這個機會，我要謝謝我的同事阿馬提亞・桑（Amartya Sen），他當時是學院的院長。在劍橋時，大學圖書館的參考書管理員很好心，讓我能接觸到哈登所收集關於黎佛斯生平與學術事業的相關資料。在劍橋時，安妮塔・賀勒（Anita Herle）、馬丁・羅斯爵士（Sir Martin Roth）與我的討論，也令我獲益良多。

我曾在以下幾次研討會發表本書的前言與結語，以及關於黎佛斯的章節：哈佛大學醫學人類學系週五上午研討會、哈佛醫學院社會醫學系教授研討會、哈佛教授俱樂部精神分析歷史晚餐研討會、安赫斯特大學（Amherst College）、迪克森大學（Dickinson College）、威廉斯大學（Williams College）、加州大學柏克萊分校、史丹福大學、普林斯頓大學、哥倫比亞大學、加州大學戴維斯分校、加州大學洛杉磯分校、凱斯西儲大學（Case Western Reserve）、約翰霍普金斯大學、紐約州立大學下州醫學中心、西奈山醫學院、曼徹斯特大學、倫敦大學與香港中文大學，還有其他的場合，我誠摯感謝聽眾的回應，有助於本書理念的成形。我必須感謝許多同事與朋友的協助，實在太多而無法一一列出，他們每個人都應該知道我從他們的回應學到許多，我非常重視他們的支持。

我忘了對於一個在自己領域專精的學者來說，要寫出一本能夠被廣泛閱讀的書，將複雜的理念和研究發現，以知識與經驗的對話空間呈現出來，是多麼不容易的一件事。提姆・巴勒特（Tim Bartlett）、凱蒂・哈米爾（Kate Hamill）與彼得・吉納（Peter Ginna）大力協助我寫出清楚直接的文句與可被理解的訊息。

偉大的德國社會學家馬克斯・韋伯（Max Weber, 1864-1920）研究人類的社會，當他精神崩潰時，有人問他為何花那麼多時間與精力想要瞭解困苦的人類處境，據說他回答——他想要看看自己能夠承受到什麼地步。這本書也是考驗我自己的承受力，也許超過了我所能承受的，我之所以沒有崩潰（雖然很接近），一定是從家人得到的愛與協助，謹向他們獻上本書。

【附錄一】

參考文獻

書目

* Arthur Kleinman, "Experience and Its Moral Modes: Culture, Human Conditions, and Disorder," in G. B. Peterson, ed., *The Tanner Lectures on Human Values* (Salt Lake City: University of Utah Press, 1999), 20:357-420. (This scholarly essay also can be downloaded from the Web at www.tannerlectures.utah.edu.)
* Arthur Kleinman, "Ethics and Experience: An Anthropological Approach to Health Equity," in Sudhir Anand, Fabienne Peter, and Amartya Sen, eds., *Public Health, Ethics and Equity*, 269-82 (Oxford: Oxford University Press, 2004)
* Talal Asad, *Genealogies of Religion: Discipline and Reasons of Power in Christianity and Islam* (Baltimore, MD: Johns Hopkins University Press, 1993)
* Joao Biehl, *Vita: Life in a Zone of Abandonment* (Berkeley: University of California Press, 2005)
* Pierre Bourdieu, *The Logic of Practice* (Stanford: Stanford University Press, 1990)
* Pierre Bourdieu, ed., *La Misere du Monde* (Paris: Editions du Seuil, 1993)
* Georges Canguilhem, *The Normal and the Pathological* (New York: Zone Books, 1991)
* Rebecca S. Chopp, *The Praxis of Suffering: An Interpretation of Liberation and Political Theologies* (Maryknoll, NY: Orbis Books, 1986)
* Lawrence Cohen, No *Aging in India* (Berkeley: University of California Press, 1992)
* Thomas Csordas, ed., *Embodiment and Experience: The Existential Ground of Culture and Se//*(Cambridge: Cambridge University Press, 1994)
* Veena Das, "Moral Orientations to Suffering," in L. C. Chen, A. Kleinman, and N. Ware, eds., *Health and Social Change: An International Perspective* (Cambridge, MA: Harvard University Press, 1994)
* Veena Das et al, eds., *Remaking a World* (Berkeley: University of California Press, 2001)

* John Dewey, *Human Nature and Conduct* (New York: Modern Library, 1957 [1922])
* Paul Farmer, AIDS *and Accusation: The Geography of Blame in Haiti* (Berkeley: University of California Press, 1992)
* Ludwig Fleck, *Genesis and Development of a Scientific Fact* (Chicago: University of Chicago Press, 1979)
* Michel Foucault, *The Birth of the Clinic* (New York: Vintage, 1973)
* Clifford Geertz, *Local Knowledge* (New York: Basic Books, 1987)
* Jonathan Glover, *Humanity: A Moral History of the Twentieth Century* (London: Jonathan Cape, 1999)
* Byron Good, *Medicine, Rationality and Experience* (Cambridge: Cambridge University Press, 1994)
* Mary Jo DelVecchio Good et al., eds., *Pain as Human Experience* (Berkeley: University of California Press, 1992)
* John Grey, *false Down: The Delusions of Global Capitalism* (London: Granta Books, 1998)
* Michael Jackson, ed., *Things as They Are: Introduction to Phenomena-logical Anthropology* (Bloomington: Indiana University Press, 1996)
* Martin Jay, *Songs of Experience: Modern American and European Variations on a Universal Theme* (Berkeley: University of California Press, 2005)
* James Kellenberger, *Relationship Morality* (University Park: Pennsylvania State University Press, 1995)
* Arthur Kleinman, *The Illness Narratives* (New York: Basic Books, 1988)
* Arthur Kleinman, *Rethinking Psychiatry* (New York: Free Press, 1988)
* Arthur Kleinman, Veena Das, and Margaret Lock, eds., *Social Suffering* (Berkeley: University of California Press, 1997)
* George Lakoff and Mark Johnson, *Philosophy in the Flesh: The Embodied Mind and its Challenge to Western Thought*(New York: Basic Books, 1999)
* Roger Lancaster, *Life Is Hard: Machismo, Danger and the Intimacy of Power in Nicaragua* (Berkeley: University of California Press, 1992)
* Margaret Lock, *Encounters with Aging* (Berkeley: University of California Press, 1993)
* Margaret Lock, *Twice Dead* (Berkeley: University of California Press, 2003)
* Michel Moody-Adams, *Fieldwork in Familiar Places* (Cambridge, MA: Harvard University Press, 1997)

* Tanya Luhrmann, *Of Two Minds: The Growing Disorder in American Psychiatry* (New York: Knopf, 2000)
* Adriana Petryna, *Life Exposed* (Princeton: Princeton University Press, 2002)
* Nancy Scheper-Hughes, *Death Without Weeping: The Violence of Everyday Life in Brazil* (Berkeley: University of California Press, 1992).
* Robert Desjarlais et al., *World Mental Health* (Oxford: Oxford University Press, 1995)
* Paul Farmer, *Pathologies of Power* (Berkeley: University of California Press, 2003)
* Paul Farmer, Margaret Connors, and Janie Simmons, eds., *Women, Poverty and AIDS: Sex, Drugs and Structural Violence* (Monroe, ME: Common Courage Press, 1996)
* Jim Yong Kim et al., eds., *Dying for Growth* (Monroe, ME: Common Courage Press, 2000).
* Jasper Becker, *Hungry Ghosts: Mao's Secret Famine* (New York: Free Press, 1996)
* Jung Chang, *Wild Swans: Three Daughters of China* (New York: Simon and Schuster, 1991)
* Jung Chang and Jon Halliday, *Mao: The Unknown Story* (New York: Knopf, 2005)
* Xiaotong Fei, *From the Soil: The Foundations of Chinese Society* (Berkeley: University of California Press, 1992)
* Jicai Feng, *Ten Years of Madness: Oral Histories of China's Cultural Revolution* (San Francisco: China Books and Periodicals, 1996)
* Jun Jing, *The Temple of Memories: History, Power and Morality in a Chinese Village* (Stanford: Stanford University Press, 1996)
* Erik Mueggler, *The Age of Wild Ghosts: Memory, Violence and Place in Southwest China* (Berkeley: University of California Press, 2001)
* Elizabeth Perry and Mark Selden, eds., *Chinese Society*, 2nd ed. (New York: Routledge, 2003)
* Orville Schell, *Mandate of Heaven* (New York: Simon and Schuster, 1994)
* Anne F. Thurston, *Enemies of the People* (New York: Alfred Knopf, 1987)
* Yunxiang Yan, *The Flow of Gifts: Reciprocity and Social Networks in a Chinese Village* (Stanford: Stanford University Press, 1996)

* Yunxiang Yan, *Private Life under Socialism: Love, Intimacy, and Family Change in a Chinese Village, 1949-1999* (Stanford: Stanford University Press, 2003)
* Peter Barham, *Forgotten Lunatics of the Great War* (New Haven: Yale University Press, 2004)
* Pat Barker, *Regeneration* (New York: Dutton,1992)
* Pat Barker, *The Eye in the Door* (New York: Dutton, 1994)
* Pat Barker, *The Ghost Road* (New York: Dutton, 1995)
* Joanna Bourke, *An Intimate History of Killing: Face to Face Killing in 2oth Century Warfare* (New York: Basic Books, 1999)
* Henry Head, "William Halse Rivers Rivers, 1864-1922," *Proceedings of the Royal Society of London*, series B, 95 (1923): xliii-xlvii
* C. Haddon, F. C. Bartlett, and Ethel S. Fegan, "Obituary. Williams Halse Rivers Rivers," *Man* 22 (1922): 97-104
* Anita Herle and Sandra Rouse, eds., *Cambridge and the Torres Strait: Centenary Essays on the 1898 Anthropological Expedition* (Cambridge: Cambridge University Press, 1998)
* Eric Hobs-bawm, *The Age of Extremes: A History of the World, 1914-1991* (New York: Pantheon, 1994)
* lan Langham, *The Building of British Social Anthropology: W. H. R. Rivers and His Cambridge Disciples in the Development of Kinship Studies, 1898-1931* (Dordrecht, Holland: D. Reidel, 1981)
* Eric Leed, No *Man's Land: Combat and Identity in World War I* (Cambridge and New York: Cambridge University Press, 1979)
* Paul Moeyes, *Siegfried Sassoon: Scorched Glory: A Critical Study* (New York: St. Martin's Press, 1997)
* W. H. R. Rivers, *Instinct and the Unconscious*, 2nd edition (Cambridge: Cambridge University Press, 1924 [1920])
* W. H. R. Rivers, "The Psychological Factor," in W. H. R. Rivers, ed., *Essays on the Depopulation of Melanesia* (Cambridge: Cambridge University Press, 1922)
* W. H. R. Rivers, *Conflict and Dream* (New York: Harcourt, Brace, 1923)
* W. H. R. Rivers, *Psychology and Ethnology* (New York: Harcourt, Brace, 1926)
* Siegfried Sassoon, *Sherston's Progress* (London: Faber and Faber, 1936)
* Ben Shephard, *A War of Nerves: Soldiers and Psychiatrists in the Twentieth Century* (Cambridge, MA: Harvard University

Press, 2001)

* Richard Slobodin, W. *H. R. Rivers: Pioneer Anthropologist, Psychiatrist of the Ghost Road* (Gloucestershire, UK: Sutton, 1997 [1978])
* George Stocking Jr., *Malinowski, Rivers, Benedict and Others: Essays on Culture and Personality* (Madison: University of Wisconsin Press, 1986)
* Allan Young, *The Harmony of Illusions* (Princeton: Princeton University Press, 1995)
* George Frederick Drinka, *The Birth of Neurosis: Myth, Malady, and the Victorians* (New York: Simon and Schuster, 1984)
* Marijke Gijswijt-Hofstra and Roy Porter, eds., *Cultures of Neurasthenia: From Beard to the First World War* (Amsterdam: Rodopi, 2001)
* F. G. Gosling, *Before Freud: Neurasthenia and the American Medical Community* (Urbana: University of Illinois Press, 1988)
* Mark S. Micale, *Approaching Hysteria* (Princeton: Princeton University Press, 1994)
* Edward Shorter, *From Paralysis to Fatigue: A History of Psychosomatic Illness in the Modern Era* (New York: Free Press, 1993)
* Henri Ellenberger, *Discovery of the Unconscious* (New York: Basic Books, 1981) 79. Marcel Gauchet and Gladys Swain, *Madness and Democracy: The Modern Psychiatric Universe*, trans. Catherine Porter (Princeton: Princeton University Press, 1999)
* Sudhir Anand, Fabienne Peter, and Amartya Sen, eds., *Public Health, Ethics and Equity* (Oxford: Oxford University Press, 2004)
* Judith Andre, *Bioethics as Practice* (Chapel Hill: University of North Carolina Press, 2002)
* Charles L. Bosk, *Forgive and Remember: Managing Medical Failure* (Chicago: University of Chicago Press, 1981)
* Allan Brandt and Paul Rozin, eds., *Morality and Health* (New York: Routledge, 1997)
* John Broome, *Weighing Lives* (Oxford: Oxford University Press, 2004)
* Alien Buchanan, Dan Brock, Norman Daniels, and Daniel Wikler, *From Chance to Choke: Genetics and Justice* (Cambridge: Cambridge University Press, 2000)
* Daniel Callahan, *The Troubled Life* (Washington, DC: Georgetown University Press, 2000)

* John D. Caputo, *Against Ethics* (Bloomington: Indiana University Press, 1993)
* Deen K. Chatterjee, *Ethics of Assistance: Morality and the Distant Needy* (Cambridge: Cambridge University Press, 2004)
* David DeGrazia, *Human Identity and Bioethics* (Cambridge: Cambridge University Press, 2005)
* Arthur Kleinman, Allan Brandt, and Renee Fox, eds., "Bioethics and Beyond," special issue of *Daedalus*, volume 128, number 4, fall 1999
* Thomas W. Pogge, ed., *Global Justice* (London: Blackwell, 2001)
* Martha Nussbaum and Amartya Sen, eds., *The Quality of Life* (Oxford: Oxford University Press, 1993)
* Peter Singer, *Rethinking Life and Death: The Collapse of Our Traditional Ethics* (New York: St. Martin's Press, 1994)
* Ronald C. Kessler, Patricia Bergland, et al., "Lifetime Prevalence and Age-of-Onset Distribution of DSM-IV Disorders in the National Comorbidity Survey Replication," *Archives of General Psychiatry* 62 (2005): 593-602
* David Healy, *The Anti-Depressant Era* (Cambridge: Harvard University Press, 1997)
* Renee C. Fox, "The Medicalization and Demedicalization of American Society," in *Essays in Medical Sociology*, 465-83 (New York: John Wiley, 1979)
* Renee C. Fox, *The Stranger* (New York: Knopf, 1988 [1942])
* Renee C. Fox, *The Plague* (New York: Knopf, 1948 [1947])
* Renee C. Fox, *The Fall* (New York: Knopf, 1991 [1956])
* *The First Man* (New York: Random House, 1996 [1994])
* Herbert Lottmann, *Albert Camus: A Biography* (Corte Madera, CA: Gingko Press, 1979)
* *Survival in Auschwitz* (New York: Touchstone, 1996 [1958])
* *Drowned and the Saved* (New York: Simon and Schuster, 1988 [1986])
* Carole Angler, *The Double Bond: Primo Levi, a Biography* (New York: Farrar, Straus and Giroux, 2003)
* Emmanuel Levinas, *Totality and Infinity*, trans. Alphonso Lingis (Pittsburgh: Duquesne University Press, 1969)
* Emmanuel Levinas, *Otherwise than Being: Or Beyond Essence*, trans. Alphonso Lingis (Pittsburgh: Duquesne University Press, 1998)

* Emmanuel Levinas, *Entre Nous*, trans. Michael B. Smith (New York: Columbia University Press, 2000)
* Emmanuel Levinas, "Useless Suffering"; *Time and the Other*, trans. Richard A. Cohen (Pittsburgh: Duquesne University Press, 1987)
* Robert Bernasconi and David Wood, eds., *The Provocation of Levinas: Rethinking the Other* (London: Routledge, 1998)
* John Llewelyn, *Emmanuel Levinas: The Genealogy of Ethics* (London: Routledge, 1995)
* Linda Simon, *Genuine Reality: A Life of William James* (New York: Harcourt Brace and Co., 1998)
* William James, *Varieties of Religious Experience* (Cambridge: Harvard University Press, 1985 [1902])
* William Joseph Gavin, *William James and the Reinstatement of the Vague* (Philadelphia: Temple University Press, 1992)
* Gerald E. Myers, *Williams fames: His Life and Thought* (New Haven: Yale University Press, 1986)
* Harold Bloom, *The Anxiety of Influence* (Oxford: Oxford University Press, 1975)
* Takeo Doi, *Understanding Amae: The Japanese* Concept of Need-Love (Kent: Global Oriental, 2005)
* Alexander Nehamas, *Virtues of Authenticity* (Princeton: Princeton University Press, 1998)
* Charles Taylor, *The Ethics of Authenticity* (Cambridge: Harvard University Press, 1991)
* Lionel Trilling, *Sincerity and Authenticity* (Cambridge: Harvard University Press, 1972)
* C. A. J. Coady, *Testimony: A Philosophical Study* (Oxford: Clarendon Press, 1992)
* Veena Das, "Wittgenstein and Anthropology," *Annual Review of Anthropology* 27 (1998): 171-95
* Shoshana Felman and Dori Laub, *Testimony: Crises of Witnessing in Literature, Psychoanalysis and History* (London: Routledge, 1992)
* Lawrence L. Langer, *Holocaust Testimonies: The Ruins of Memory* (New Haven: Yale University Press, 1991)
* Tony Judt, *The Burden of Responsibility: Blum, Camus, Aron, and the French Twentieth Century* (Chicago: University of Chicago Press, 1998)
* Victor Brombert, *In Praise of Antiheroes: Figures and Themes in Modern European Literature*, 1830-1980 (Chicago: University of Chicago Press, 1999)
* Stanley Hoffman, "Passion and Compassion: The Glory of Albert Camus," *World Policy Journal*, winter 1995, 85-90

* Ian Kershaw, *Hitler, 2.* vols. (New York: Norton, 1999-2000)
* Catherine Merridale, *Night of Stone: Death and Memory in Russia* (London: Granta Books, 2000)
* Moore, "The Inquisitor's Nightmare," *Times Literary Supplement*, February 9, 2001,10-11
* Good et al., eds., *Pain as Human Experience; Kleinman, The Illness Narratives; Kleinman et al., eds., Social Suffering*; Roselyne Rey, *The History of Pain* (Cambridge, MA: Harvard University Press, 1993)
* Elaine Scarry, *The Body in Pain: The Making and Unmaking of the World* (New York and Oxford: Oxford University Press, 1985)
* Susan Sontag, *Regarding the Pain of Others* (New York: Farrar, Straus and Giroux, 2002)
* Joao Biehl, *Vita: Life in a Zone of Abandonment* (Berkeley: University of California Press, 2005)
* Farmer, *AIDS and Accusation*
* Farmer, Connors, and Simmons, eds., *Women, Poverty and AIDS*
* Salmaan Keshavjee et al., "Medicine Betrayed: Hemophilia Patients and HIV in the US," *Social Science and Medicine* 53 (2001): 1081-94
* Paul Monette, *Borrowed Time: An AIDS Memoir* (New York: Harcourt Brace Jovanovich, 1988)
* Abraham Verghese, My *Own Country: A Doctor's Story* (New York: Vintage, 1994); George Whitmore, *Someone Was Here: Profiles in the AIDS Epidemic* (New York: New American Library, 1988)
* William James, *The Varieties of Religious Experience* (Cambridge, MA: Harvard University Press, 1985 [1902])
* Georges Bernanos, *The Diary of a Country Priest* (New York: Carroll and Graf, 1937)
* Linda Barnes et al., eds., *Religion and Healing in America* (New York: Oxford University Press, 2005)
* John Bowker, *Problems of Suffering in Religions of the World* (Cambridge: Cambridge University Press, 1970)
* Thomas Csordas, *The Sacred Self* (Berkeley: University of California Press, 1994)
* John R. Hinnells and Roy Porter, eds., *Religion, Health and Suffering* (London: Kegan Paul International, 1999)
* C. S. Lewis, *The Problem of Pain* (New York: Collier Books, 1962)
* Judith Perkins, *The Suffering Self: Pain and Narrative Representation in the Early Christian Era* (London: Routledge, 1995)

* Wayne Proudfoot, *Religious Experience* (Berkeley: University of California Press, 1985)
* Dorothee Soelle, *Suffering* (Philadelphia: Fortress Press, 1984)
* Mark Duffield, *Global Governance and the New Wars* (New York: Zed Books, 2001)
* Arturo Escobar, *Encountering Development: The Making and Unmaking of the Third World* (Princeton, NJ: Princeton University Press, 1995)
* James Ferguson, *The Anti-Politics Machine: "Development," Depoliticization, and Bureaucratic Power in Lesotho* (Minneapolis: University of Minnesota Press, 1994)
* Mariella Pandolfi, "Contract of Mutual (In)Difference: Governance and Humanitarian Apparatus in Contemporary Albania and Kosovo," *Indiana Journal of Global Legal Studies* 10, 1(2003):369-81
* Mariella Pandolfi, "Une souverainete mouvante et supracoloniale. L'industrie humanitaire dans les Balkans ," *Multitudes* 3 (2000): 97-105
* Samantha Power, *A Problem from Hell: America and the Age of Genocide* (New York: Perennial, 2003)
* Philip Gourevitch, *We Wish to Inform You That Tomorrow We Will Be Killed with Our Families* (New York: Picador 1999)
* William Reno, *Warlord Politics in African States* (Boulder, CO: Lynne Rienner, 1998)
* Paul Richards, *Fighting for the Rainforest: War, Youth, and Resources in Sierra Leone* (Portsmouth, NH: Heinemann, 1996)
* M. Turshen and C. Twagiramariya, eds., *What Women Do in Wartime* (London: Zed Books, 1998)
* Carolyn Nordstrom, *Shadows of War* (Berkeley: University of California Press, 2004)
* Myriam Anissimov, *Primo Levi: Tragedy of an Optimist*, trans. Steve Cox (Woodstock, NY: Overlook Press, 1999)
* W. Jackson Bate, *Samuel Johnson* (New York: Harcourt Brace Jovanovich, 1975)
* Ronald W. Clark, *Freud: The Man and the Cause* (New York: Random House, 1980)
* Bernard Crick, *George Orwell: A Life* (Boston: Little, Brown and Co., 1980)
* Tracy Kidder, *Mountains beyond Mountains: The Quest of Dr. Paul Farmer, a Man Who Would Cure the World* (New York: Random House, 2004)
* Olivier Todd, *Albert Camus: A Life*, trans. Benjamin Ivry (New York: Alfred A. Knopf, 1997)

* W. H. Auden, *Collected Poems* (New York: Vintage International, 1991 [1976])
* Joseph Conrad, *Lord Jim* (New York: Penguin, 1988)
* Joseph Conrad, *Victory* (New York: Penguin, 1996)
* Frances Cornford, "Youth," in *Poems* (Cambridge: Bowes and Bowes, 1910)
* Henry James, "The Middle Years," in *The Turn of the Screw and the Aspern Papers* (New York: Penguin, 1986)
* Leo A. Lensing, "Franz Would Be with Us Here," *Times Literary Supplement*, February 28, 2003,13-15
* Imre Kertesz, *Kaddish for an Unborn Child*, trans. Christopher Wilson and Katharina Wilson (Evanston, IL: Northwestern University Press, 1997 [1990])
* Philip Larkin, *Collected Poems* (New York: Farrar, Straus and Giroux, 2004)
* John Greenleaf Whittier, "Barbara Frietchie," in *Complete Poetical Works of John Greenleaf Whittier* (Boston: Houghton Mifflin, 1895)

電影

* *Hiroshima Man Amour* (1959, Alain Resnais)
* *Floating in the Air Followed by the Wind* (1976, Gunther Pf aff)
* *The Blue Kite* (1993, Zhuangzhuang Tian)
* *The Wall* (1998, Alain Berliner)
* *All About My Mother* (1999, Pedro Almodovar)
* *It's My Life* (2001, Brian Tilley)
* *From the Other Side* (2002, Chantal Akerman)
* *Beijing Bicycle* (2.002., Xiaoshuai Wang)
* *The Pianist* (2002, Roman Polanski)
* *Three Rooms of Melancholia* (2005, Pirjo Honkasalo).

【附錄二】

延伸閱讀

*《生活之道：現代臨床醫學之父奧斯勒醫師生活與行醫哲學》（2007），威廉・奧斯勒醫師（William Osler），立緒。

*《道德情感論》（2007），亞當・史密斯（Adam Smith），達人館。

*《道德不能罷免》（2006），陳傳興，如果。

*《國家的品格》（2006），藤原正彥，大塊文化。

*《耶穌在哈佛的26堂課：現代人的道德啓示錄》（2005），哈維・考克斯（Harvey Cox），啓示。

*《我的美感體驗：道德美學引論》（2005），曾昭旭，台灣商務。

*《關於惡》（2005），中島義道，小知堂。

*《愛無國界：法默醫師的傳奇故事》（2005），崔西・季德（Tracy Kidder），天下文化。

*《生死無盡》（2004），余德慧，心靈工坊。

*《發現亞當斯密：一個關於財富、轉型與道德的故事》（2004），強納森・懷特（Jona-

than B. Wight），經濟新潮社。
*《道德哲學史講演錄》（2004），約翰・羅爾斯（John Rawls），左岸文化。
*《心理治療的道德責任》（2004），威廉・竇赫提（William J. Doherty），心靈工坊。
*《生命史學》（2003），余德慧，心靈工坊。
*《正義論》（2003），約翰・羅爾斯（John Rawls），桂冠。
*《全球化的許諾與失落》（2002），Joseph E. Stiglitz，大塊文化。
*《宗教、道德與幸福的弔詭》（2002），孫效智，立緒。
*《開始》（2001），鄂文・拉胥羅（Ervin Laszlo），大塊文化。
*《宗教經驗之種種》（2001），威廉・詹姆斯（William James），立緒。
*《談病說痛》（1995），凱博文（Arthur Kleinman），桂冠。
*《生與死：現代道德困境的挑戰》（一九九五），波伊曼（Louis P. Pojman），桂冠。
*《文化與道德》（1994），赫屈（Elvin Hatch），時報出版。

心靈工坊 |PsyGarden|

Master 025

道德的重量

不安年代中的希望與救贖

What Really Matters: living a moral life amidst uncertainty and danger

作者—凱博文（Arthur Kleinman） 審閱—余德慧 譯者—劉嘉雯、魯宓

出版者—心靈工坊文化事業股份有限公司
發行人—王浩威 總編輯—徐嘉俊 執行編輯—周旻君
通訊地址—106 台北市信義路四段 53 巷 8 號 2 樓
郵政劃撥—19546215 戶名—心靈工坊文化事業股份有限公司
電話—02）2702-9186 傳真—02）2702-9286
Email—service@psygarden.com.tw 網址—www.psygarden.com.tw

製版・印刷—彩峰造藝印像股份有限公司
總經銷—大和書報圖書股份有限公司
電話—02）8990-2588 傳真—02）2290-1658
通訊地址—248 新北市新莊區五工五路 2 號（五股工業區）
初版一刷—2007 年 9 月 初版四刷—2023 年 4 月
ISBN—978-986-6782-07-7 定價—350 元

國家圖書館出版品預行編目資料

道德的重量：不安年代中的希望與救贖
／凱博文（Arthur Kleinman）作；劉嘉雯、魯宓譯. –
初版. – 臺北市：心靈工坊文化，2007 [民 96] 面；公分
譯自：What Really Matters: living a moral life amidst uncertainty and danger

ISBN: 978-986-6782-07-7（平裝） 1.社會人文 2.倫理道德論 3.哲學

177.2 96015268